LR

Chinesisch-Deutsches Lernwörterbuch Verben

1500 Verben in 3500 Wortkombinationen
aus Wirtschaft, Politik, Gesellschaft und Kultur

Monika Mey

Reichert Verlag Wiesbaden

Coverbild: Britt Küppers

Bibliografische Information der Deutschen Nationalbibliothek
Die Deutsche Nationalbibliothek verzeichnet diese Publikation
in der Deutschen Nationalbibliografie; detaillierte bibliografische Daten
sind im Internet über http://dnb.d-nb.de abrufbar.

978-3-89500-636-4
www.reichert-verlag.de

Printed in Germany

Vorwort

„Gibt es irgendwelche Tricks, mit denen man Chinesisch leichter und schneller lernen kann?“ – diese wohl am häufigsten gestellte Frage von Chinesischlernenden an ihren Lehrer hat mich dazu motiviert die vorliegende systematische Sammlung häufig vorkommender chinesischer Wortkombinationen zu erstellen. Denn der beste Weg Chinesisch zu lernen und sich einen leistungsstarken Wortschatz aufzubauen ist, einzelne Wörter miteinander zu vernetzen und sie als Kombinationen im Gedächtnis zu verankern.

Dieses Wörterbuch ausgewählter Wortkombinationen soll Chinesischlernenden helfen, die Wörter, die sie bereits kennen, effektiver zu benutzen. Wie die meisten Wörterbücher hilft dieses, die Bedeutung unbekannter Wörter herauszufinden. Dieses Buch hilft aber außerdem, bereits bekannte Wörter im richtigen Kontext zu benutzen.

Man kann die Wortkombinationen, an die man sich bisher nur mehr vage erinnert hat, auch dazu nutzen, seinen Wortschatz zu reaktivieren. Schon allein das Überfliegen der Einträge frischt das Gedächtnis auf, man erinnert sich an weitere Ausdrucksmöglichkeiten oder benutzt den einen oder anderen Eintrag, um einen Aufsatz, ein Gespräch oder eine Rede vorzubereiten.

Für Lerner mit mittleren oder fortgeschrittenen Schriftzeichenkenntnissen ist dieses Buch am nützlichsten, aber auch Anfänger können es gewinnbringend einsetzen. Es beantwortet viele Fragen, die sich unweigerlich stellen, wenn man korrektes Chinesisch schreiben oder sprechen will. Übersetzer und Dolmetscher können ebenfalls systematisch ihr Wissen damit vertiefen.

Als Basis für dieses Wörterbuch fungieren häufig gebrauchte Verben zu deren Auswahl das „Lexicon of Common Words in Contemporary Chinese“ (Xiàndài Hànyǔ Chángyòng Cíbiǎo, Beijing 2008) zu Rate gezogen wurde. Das so entstandene Lernwörterbuch enthält nun mehr als 1500 Stichwörter in Form von Verben und mehr als 3500 Wortkombinationen aus den verschiedensten Themenbereichen. Ein großer Teil beruht auf journalistischem Wortschatz aus Zeitungsartikeln und Texten aus dem Internet zu Themen wie Politik, Wirtschaft, Gesellschaft und Kultur, wobei die Bereiche Technik, Sport und Gesundheit gleichermaßen berücksichtigt sind. Außerdem ist die moderne chinesische Umgangs- bzw. Alltagssprache mit ihren Trendvokabeln, sowie in geringerem Umfang auch vulgäre Straßensprache enthalten.

Die Schriftzeichen sind gemäß dem Standard der VR China in Kurzzeichen gedruckt und die Stichwörter nach der internationalen Standard-Umschrift der VR China (Hànyǔ Pīnyīn) geordnet.

Da die Anzahl der Stichwörter überschaubar ist, habe ich auf ein Radikalsystem zum Auffinden der Schriftzeichen verzichtet und nach der Gesamtstrichzahl sortiert. Hinter dem Schriftzeichen im ersten Teil des Buches ist sowohl die Aussprache angegeben als auch gegebenenfalls das mehrsilbige Wort, in dem es vorkommt. Auf diese Art und Weise kann man mehrsilbige Wörter nicht nur nach ihrer ersten Silbe finden.

Der zweite Teil dieses Wörterbuches vermittelt dem Lerner ein Gefühl für typisch chinesische Wortkombinationen, so dass er in Zukunft den häufig gemachten Fehler, nämlich wortwörtlich aus seiner Muttersprache ins Chinesische zu übersetzen, vermeiden wird.

„Gibt es irgendwelche Tricks, mit denen man Chinesisch leichter und schneller lernen kann?“ – Das Erfolgsprogramm in zwei Schritten lautet:

1. Lernen Sie die Wörter, wie sie häufig zusammen gebraucht werden!

2. Lernen Sie die Wörter in der richtigen Reihenfolge zu gebrauchen!

Die wichtigsten Arten von Wortkombinationen, die in diesem Buch aufgelistet sind, bestehen aus:

- Verb + Substantiv
- Verb + Verb + Substantiv
- Verb + Komplement
- Verb + Adjektiv

- Präposition + Substantiv + Verb
- Fragewort + Verb
- Adverb + Verb
- Passivmarker + Verb

Dieses Lernwörterbuch hat nicht den Anspruch, alle in der modernen chinesischen Sprache existierenden Wortkombinationen zu enthalten. In diesem Fall wäre es als Lernwörterbuch zu umfangreich. Die Auswahl habe ich deshalb nach Häufigkeit der Schriftzeichen und nach Nützlichkeit für den Lernenden getroffen.

Bei Fragen zur Grammatik sollte der Lerner sein normales Lehrbuch zu Rate ziehen oder seinen Lehrer befragen. Zusätzliche und umfassende grammatische Erklärungen hätten die Einträge so kompliziert gemacht, dass die Wortkombinationen untergegangen wären.

Mein besonderer Dank gilt Xu Yichao, Li Mu, Andrea Spitzer, Lu Chunmei, Jiang Jie und Wang Ning für die Unterstützung beim Korrekturlesen sowie Silke Obermeier vom Reichert Verlag für ihren unerschrockenen Umgang mit chinesischen Zeichensätzen. Daneben danke ich allen meinen Schülern, die nach langen Jahren des unermüdlichen Chinesischlernens der Meinung sind:

„Es ist zu spät, um aufzuhören!"

Monika Mey, München, 2010

Inhalt

Benutzen Sie diesen Teil, wenn Sie die Aussprache des gesuchten Wortes nicht wissen. Sie finden hier alle Stichwörter. Mehrsilbige Wörter sind unter jedem Schriftzeichen auffindbar.

Benutzen Sie diesen Teil, wenn Sie die Wörter schon kennen und Sie häufige Wortkombinationen damit nachschlagen möchten.

Benutzen Sie diesen Teil wie ein traditionelles deutsch-chinesisches Wörterbuch. Hier können Sie auch nach Substantiven suchen, um somit das dazu passende chinesische Verb im zweiten Teil des Buches zu finden.

Verzeichnis der Stichwörter

1 Strich

2 Striche

3 Striche

4 Striche

比	bǐ		
比较	bǐjiào		
比	bǐ	对比	duìbǐ
比	bǐ	相比	xiāngbǐ
不会	bú-huì		
不要	bú-yào		
不用	bú-yòng		
不	bu	对不起	duì-bu-qǐ
不	bù	非...不可	fēi ... bùkě
不	bu	看不起	kàn-bu-qǐ
不	bu	来不及	lái-bu-jí
不	bu	忍不住	rěn-bu-zhù
不	bu	少不了	shǎo-bu-liǎo
不	bu	舍不得	shě-bu-de
不	bu	用不了	yòng-bu-liǎo
不	bu	用不着	yòng-bu-zháo
长	cháng	延长	yáncháng
仇	chóu	报仇	bàochóu
从事	cóngshì		
从	cóng	服从	fúcóng
订	dìng		
订婚	dìnghūn		
订	dìng	预订	yùdìng
斗	dòu	奋斗	fèndòu
斗	dòu	战斗	zhàndòu
队	duì	插队	chāduì
队	duì	排队	páiduì
反对	fǎnduì		
反复	fǎnfù		
反抗	fǎnkàng		
反映	fǎnyìng		
反	fǎn	违反	wéifǎn
分	fēn		
分别	fēnbié		
分布	fēnbù		
分裂	fēnliè		
分配	fēnpèi		

分析	fēnxī		
分	fēn	划分	huàfēn
公布	gōngbù		
公开	gōngkāi		
公	gōng	办公	bàngōng
化	huà		
化	huà	融化	rónghuà
化	huà	现代化	xiàndàihuà
化	huà	消化	xiāohuà
幻想	huànxiǎng		
计	jì		
计划	jìhuà		
计算	jìsuàn		
计	jì	估计	gūjì
计	jì	设计	shèjì
见	jiàn		
见面	jiànmiàn		
见	jiàn	接见	jiējiàn
见	jiàn	看见	kànjiàn
见	jiàn	听见	tīng-jiàn
见	jiàn	预见	yùjiàn
见	jiàn	遇见	yùjiàn
介绍	jièshào		
开	kāi		
开动	kāidòng		
开放	kāifàng		
开会	kāihuì		
开始	kāishǐ		
开玩笑	kāi wánxiào		
开学	kāixué		
开演	kāiyǎn		
开展	kāizhǎn		
开	kāi	打开	dǎkāi
开	kāi	公开	gōngkāi
开	kāi	离开	líkāi
开	kāi	展开	zhǎnkāi
开	kāi	召开	zhàokāi

历	lì	经历	jīnglì
气	qì	打气	dǎqì
气	qì	生气	shēngqì
欠	qiàn		
切	qiē		
区别	qūbié		
劝	quàn		
认	rèn		
认得	rènde		
认识	rènshí		
认为	rènwéi		
认	rèn	承认	chéngrèn
认	rèn	否认	fǒurèn
认	rèn	确认	quèrèn
少	shǎo		
少不了	shǎo-bu-liǎo		
少	shǎo	减少	jiǎnshǎo
少	shǎo	缺少	quēshǎo
升	shēng		
世	shì	去世	qùshì
世	shì	逝世	shìshì
示威	shìwēi		
手	shǒu	动手	dòngshǒu
手	shǒu	握手	wòshǒu
手	shǒu	招手	zhāo shǒu
天	tiān	聊天	liáotiān
为	wéi		
为难	wéinán		
为	wéi	成为	chéngwéi
为	wéi	认为	rènwéi
为	wéi	以为	yǐwéi
为	wéi	作为	zuòwéi
心	xīn	操心	cāoxīn
心	xīn	担心	dānxīn
心	xīn	放心	fàngxīn
心	xīn	关心	guānxīn
心	xīn	疑心	yíxīn

牙	yá	刷牙	shuā yá
以为	yǐwéi		
以	yǐ	加以	jiāyǐ
以	yǐ	可以	kěyǐ
忆	yì	回忆	huíyì
引	yǐn		
引出	yǐnchū		
引导	yǐndǎo		
引发	yǐnfā		
引起	yǐnqǐ		
引诱	yǐnyòu		
引	yǐn	吸引	xīyǐn
予	yǔ	给予	jǐyǔ
允许	yǔnxǔ		
扎	zā		
扎	zhā		
长	zhǎng		
长得	zhǎngde		
长	zhǎng	成长	chéngzhǎng
长	zhǎng	生长	shēngzhǎng
长	zhǎng	增长	zēngzhǎng
支持	zhīchí		
支援	zhīyuán		
止	zhǐ		
止	zhǐ	防止	fángzhǐ
止	zhǐ	禁止	jìnzhǐ
止	zhǐ	停止	tíngzhǐ
止	zhǐ	制止	zhìzhǐ
止	zhǐ	阻止	zǔzhǐ
中断	zhōngduàn		
中	zhōng	集中	jízhōng

5 Striche

白	bái	明白	míngbái
包	bāo		
包含	bāohán		
包括	bāokuò		

包	bāo	打包	dǎbāo
必须	bìxū		
布置	bùzhì		
布	bù	颁布	bānbù
布	bù	分布	fēnbù
布	bù	公布	gōngbù
布	bù	宣布	xuānbù
册	cè	注册	zhùcè
出	chū		
出版	chūbǎn		
出产	chūchǎn		
出发	chūfā		
出汗	chūhàn		
出来	chūlái		
出去	chūqù		
出售	chūshòu		
出席	chūxí		
出现	chūxiàn		
出院	chūyuàn		
出租	chūzū		
出	chū	登出	dēngchū
出	chū	发出	fāchū
出	chū	提出	tíchū
出	chū	突出	tūchū
出	chū	演出	yǎnchū
出	chū	引出	yǐnchū
出	chū	展出	zhǎnchū
出	chū	做出	zuòchū
处	chǔ		
处理	chǔlǐ		
处死	chǔsǐ		
处	chǔ	判处	pànchǔ
打	dǎ		
打败	dǎbài		
打扮	dǎbàn		
打包	dǎbāo		
打倒	dǎdǎo		

打的	dǎdī		
打掉	dǎdiào		
打赌	dǎdǔ		
打断	dǎduàn		
打工	dǎgōng		
打嗝	dǎgé		
打鼾	dǎhān		
打击	dǎjī		
打开	dǎkāi		
打雷	dǎléi		
打破	dǎpò		
打气	dǎqì		
打球	dǎqiú		
打扰	dǎrǎo		
打扫	dǎsǎo		
打闪	dǎshǎn		
打算	dǎsuàn		
打听	dǎtīng		
打通	dǎtōng		
打仗	dǎzhàng		
打针	dǎzhēn		
打字	dǎzì		
代表	dàibiǎo		
代替	dàitì		
代	dài	交代	jiāodài
代	dài	现代化	xiàndàihuà
对比	duìbǐ		
对不起	duì-bu-qǐ		
对待	duìdài		
对付	duìfu		
对得起	duì-de-qǐ		
对	duì	反对	fǎnduì
发	fā		
发表	fābiǎo		
发财	fācái		
发出	fāchū		
发达	fādá		

发动	fādòng		
发疯	fā fēng		
发挥	fāhuī		
发掘	fājué		
发明	fāmíng		
发胖	fāpàng		
发烧	fāshāo		
发射	fāshè		
发生	fāshēng		
发誓	fāshì		
发现	fāxiàn		
发言	fāyán		
发炎	fāyán		
发扬	fāyáng		
发音	fāyīn		
发展	fāzhǎn		
发	fā	爆发	bàofā
发	fā	出发	chūfā
发	fà	理发	lǐfà
发	fā	启发	qǐfā
发	fā	引发	yǐnfā
犯	fàn		
犯罪	fànzuì		
付	fù		
付	fu	对付	duìfu
功	gōng	成功	chénggōng
归	guī		
号	hào	挂号	guàhào
乎	hu	在乎	zàihu
汇报	huìbào		
击	jī		
击	jī	打击	dǎjī
击	jī	点击	diǎnjī
记	jì		
记得	jìde		
记载	jìzǎi		
记	jì	登记	dēngjì

记	jì	忘记	wàngjì
加	jiā		
加紧	jiājǐn		
加强	jiāqiáng		
加入	jiārù		
加塞儿	jiāsāir		
加深	jiāshēn		
加速	jiāsù		
加以	jiāyǐ		
加油	jiā yóu		
加	jiā	参加	cānjiā
加	jiā	施加	shījiā
加	jiā	增加	zēngjiā
叫	jiào		
叫做	jiàozuò		
节哀	jié'āi		
节约	jiéyuē		
纠正	jiūzhèng		
可	kě		
可怜	kělián		
可能	kěnéng		
可以	kěyǐ		
可	kě	非...不可	fēi ... bùkě
乐意	lèyì		
礼	lǐ	敬礼	jìnglǐ
立	lì		
立	lì	成立	chénglì
立	lì	创立	chuànglì
立	lì	建立	jiànlì
立	lì	树立	shùlì
立	lì	挺立	tǐnglì
令	lìng		
令	lìng	命令	mìnglìng
灭	miè		
灭	miè	歼灭	jiānmiè
灭	miè	消灭	xiāomiè
平衡	pínghéng		

平静	píngjìng		
扑	pū		
去	qù		
去世	qùshì		
去	qù	出去	chūqù
去	qù	略去	lüèqù
去	qù	上去	shàngqù
去	qù	失去	shīqù
去	qù	下去	xiàqù
让	ràng		
扔	rēng		
闪	shǎn		
闪	shǎn	打闪	dǎshǎn
申请	shēnqǐng		
生	shēng		
生病	shēngbìng		
生产	shēngchǎn		
生活	shēnghuó		
生气	shēngqì		
生长	shēngzhǎng		
生	shēng	产生	chǎnshēng
生	shēng	发生	fāshēng
生	shēng	写生	xiěshēng
失败	shībài		
失去	shīqù		
失	shi	丧失	sàngshi
失	shī	损失	sǔnshī
失	shī	消失	xiāoshī
示	shì	表示	biǎoshì
示	shì	显示	xiǎnshì
示	shì	指示	zhǐshì
甩	shuǎi		
台	tái	下台	xiàtái
叹	tàn		
讨	tǎo		
讨论	tǎolùn		
讨	tǎo	检讨	jiǎntǎo
头	tóu	低头	dītóu

头	tóu	点头	diǎntóu
头	tóu	回头	huítóu
未	wèi		
务	wù	服务	fúwù
写	xiě		
写生	xiěshēng		
写	xiě	描写	miáoxiě
讯	xùn		
讯问	xùnwèn		
训	xùn		
训练	xùnliàn		
业	yè	毕业	bìyè
业	yè	营业	yíngyè
议论	yìlùn		
议	yì	建议	jiànyì
议	yì	抗议	kàngyì
印	yīn	复印	fùyīn
印	yìn		
印刷	yìnshuā		
用	yòng		
用不了	yòng-bu-liǎo		
用不着	yòng-bu-zháo		
用	yòng	应用	yìngyòng
用	yòng	运用	yùnyòng
用	yòng	不用	bú-yòng
用	yòng	雇用	gùyòng
用	yòng	利用	lìyòng
用	yòng	使用	shǐyòng
孕	yùn	怀孕	huáiyùn
占	zhàn		
占领	zhànlǐng		
占线	zhànxiàn		
仗	zhàng	打仗	dǎzhàng
召集	zhàojí		
召开	zhàokāi		
正	zhèng	改正	gǎizhèng
正	zhèng	纠正	jiūzhèng
主张	zhǔzhāng		

6 Striche

安定	āndìng		
安排	ānpái		
安慰	ānwèi		
安葬	ānzàng		
安装	ānzhuāng		
闭	bì		
毕业	bìyè		
冰	bīng	滑冰	huábīng
并	bìng	吞并	tūnbìng
产	chǎn		
产生	chǎnshēng		
产	chǎn	出产	chūchǎn
产	chǎn	生产	shēngchǎn
成	chéng		
成功	chénggōng		
成立	chénglì		
成为	chéngwéi		
成长	chéngzhǎng		
成	chéng	变成	biànchéng
成	chéng	达成	dáchéng
成	chéng	完成	wánchéng
成	chéng	形成	xíngchéng
成	chéng	养成	yǎngchéng
成	chéng	赞成	zànchéng
成	chéng	造成	zàochéng
成	chéng	组成	zǔchéng
吃	chī		
吃惊	chījīng		
吃亏	chīkuī		
吃腻	chīnì		
冲	chōng		
充	chōng		
充	chōng	补充	bǔchōng
传	chuán		
传播	chuánbō		
传染	chuánrǎn		
传说	chuánshuō		

传	chuán	流传	liúchuán
闯	chuǎng		
创	chuàng		
创建	chuàngjiàn		
创立	chuànglì		
创造	chuàngzào		
创作	chuàngzuò		
存	cún		
存	cún	储存	chǔcún
存	cún	保存	bǎocún
达	dá		
达到	dádào		
达成	dáchéng		
达	dá	表达	biǎodá
达	dá	到达	dàodá
达	dá	发达	fādá
达	da	溜达	liūda
达	dá	转达	zhuǎndá
当	dāng		
当	dàng	上当	shàngdàng
当	dāng	应当	yīngdāng
当作	dàngzuò		
导致	dǎozhì		
导	dǎo	领导	lǐngdǎo
导	dǎo	引导	yǐndǎo
导	dǎo	指导	zhǐdǎo
吊	diào		
丢	diū		
动	dòng		
动手	dòngshǒu		
动员	dòngyuán		
动作	dòngzuò		
动	dòng	发动	fādòng
动	dòng	感动	gǎndòng
动	dòng	激动	jīdòng
动	dòng	开动	kāidòng
动	dòng	劳动	láodòng

动	dòng	推动	tuīdòng
夺走	duózǒu		
夺	duó	掠夺	lüèduó
夺	duó	争夺	zhēngduó
防	fáng		
防止	fángzhǐ		
访问	fǎngwèn		
仿佛	fǎngfú		
访	fǎng	采访	cǎifǎng
仿	fǎng	模仿	mófǎng
负	fù		
负担	fùdān		
负责	fùzé		
负	fu	欺负	qīfu
改	gǎi	修改	xiūgǎi
巩固	gǒnggù		
观察	guānchá		
观赏	guānshǎng		
观	guān	参观	cānguān
关	guān		
关怀	guānhuái		
关心	guānxīn		
关	guān	有关	yǒuguān
过	guò		
过来	guòlái		
过期	guòqī		
过	guò	超过	chāoguò
过	guò	经过	jīngguò
过	guò	路过	lùguò
过	guò	难过	nánguò
过	guò	通过	tōngguò
汗	hàn	出汗	chūhàn
好象	hǎoxiàng		
好	hǎo	问好	wèn hǎo
合	hé		
合适	héshì		
合作	hézuò		

合	hé	符合	fúhé
合	hé	集合	jíhé
合	hé	结合	jiéhé
合	hé	联合	liánhé
合	hé	配合	pèihé
合	hé	适合	shìhé
合	hé	折合	zhéhé
后悔	hòuhuǐ		
后	hòu	落后	luòhòu
划	huá		
划	huà		
划分	huàfēn		
划	huà	计划	jìhuà
欢呼	huānhū		
欢迎	huānyíng		
欢	huān	联欢	lián huān
欢	huan	喜欢	xǐhuan
回	huí		
回答	huídá		
回顾	huígù		
回来	huílái		
回收	huíshōu		
回头	huítóu		
回忆	huíyì		
回	huí	收回	shōuhuí
会	huì		
会客	huìkè		
会	huì	不会	bú-huì
会	huì	聚会	jùhuì
会	huì	开会	kāihuì
会	huì	误会	wùhuì
纪录	jìlù		
纪念	jì’niàn		
夹	jiā		
价	jià	评价	píngjià
奸	jiān	强奸	qiángjiān
奸	jiān	通奸	tōngjiān

江	jiāng	投江	tóu jiāng
讲	jiǎng		
讲话	jiǎnghuà		
讲解	jiǎngjiě		
讲究	jiǎngjiu		
交	jiāo		
交代	jiāodài		
交换	jiāohuàn		
交流	jiāoliú		
决定	juédìng		
决	jué	解决	jiějué
扛	káng		
考	kǎo		
考虑	kǎolǜ		
考	kǎo	参考	cānkǎo
考	kao	思考	sīkao
扣	kòu		
夸	kuā		
夸张	kuāzhāng		
扩大	kuòda		
论	lùn	辩论	biànlùn
论	lùn	评论	pínglùn
论	lùn	谈论	tánlùn
论	lùn	讨论	tǎolùn
论	lùn	议论	yìlùn
买	mǎi		
忙	máng	帮忙	bāngmáng
名	míng	报名	bàomíng
企图	qǐtú		
庆祝	qìngzhù		
曲身	qūshēn		
曲	qū	歪曲	wāiqū
权	quán	授权	shòuquán
任	rèn		
任	rèn	担任	dānrèn
任	rèn	信任	xìnrèn
纫	rèn		

扫	sǎo		
扫荡	sǎodàng		
扫	sǎo	打扫	dǎsǎo
杀	shā		
伤	shāng		
伤害	shānghài		
伤心	shāngxīn		
设计	shèjì		
设置	shèzhì		
设	shè	建设	jiànshè
似的	shìde		
收	shōu		
收回	shōuhuí		
收获	shōuhuò		
收集	shōují		
收拾	shōushi		
收	shōu	回收	huíshōu
收	shōu	接收	jiēshōu
收	shōu	吸收	xīshōu
守	shǒu		
守岁	shǒusuì		
守	shǒu	遵守	zūnshǒu
死	sǐ		
死	sǐ	处死	chǔsǐ
讼	sòng	诉讼	sùsòng
岁	suì	守岁	shǒusuì
同	tóng	陪同	péitóng
同情	tóngqíng		
同意	tóngyì		
吐	tǔ		
吐	tù		
团结	tuánjié		
团聚	tuánjù		
团圆	tuányuán		
托	tuō		
托	tuō	委托	wěituō
驮	tuó		

问	wèn		
问好	wèn hǎo		
问	wèn	访问	fǎngwèn
问	wèn	讯问	xùnwèn
问	wèn	慰问	wèiwèn
污染	wūrǎn		
吸	xī		
吸取	xīqǔ		
吸收	xīshōu		
吸烟	xīyān		
吸引	xīyǐn		
吸	xī	呼吸	hūxī
吓	xià		
向	xiàng	趋向	qūxiàng
协定	xiédìng		
行	xíng		
行	xíng	进行	jìnxíng
行	xíng	举行	jǔxíng
行	xíng	施行	shīxíng
行	xíng	实行	shíxíng
行	xíng	送行	sòngxíng
行	xíng	执行	zhíxíng
休	xiū		
休假	xiūjià		
休息	xiūxi		
休	xiū	退休	tuìxiū
许	xǔ		
许诺	xǔnuò		
许	xǔ	允许	yǔnxǔ
寻	xún		
寻找	xúnzhǎo		
压	yā		
压迫	yāpò		
压制	yāzhì		
压	yā	镇压	zhènyā
延	yán		
延长	yáncháng		
扬	yáng		
扬	yáng	表扬	biǎoyáng
扬	yáng	发扬	fāyáng
扬	yáng	赞扬	zànyáng
有	yǒu		
有关	yǒuguān		
有	yǒu	享有	xiǎngyǒu
有	yǒu	具有	jùyǒu
有	yǒu	没有	méiyǒu
约	yuē		
约定	yuēdìng		
约	yuē	节约	jiéyuē
再说	zàishuō		
在	zài		
在乎	zàihu		
字	zì	打字	dǎzì
字	zì	签字	qiānzì
争	zhēng		
争夺	zhēngduó		
争取	zhēngqǔ		
执行	zhíxíng		
至于	zhìyú		
壮大	zhuàngdà		
自豪	zìháo		
自觉	zìjué		

7 Striche

把持	bǎchí		
把握	bǎwò		
伴	bàn		
扮	bàn	打扮	dǎbàn
报仇	bàochóu		
报道	bàodào		
报告	bàogào		
报名	bàomíng		
报	bào	汇报	huìbào
别	bié	分别	fēnbié

别	bié	告别	gàobié
别	bié	区别	qūbié
补	bǔ		
补充	bǔchōng		
步	bù	跑步	pǎobù
步	bù	散步	sànbù
财	cái	发财	fācái
抄	chāo		
吵	chǎo		
吵架	chǎojià		
扯	chě		
彻	chè	贯彻	guànchè
沉	chén		
陈述	chénshù		
承	chéng	继承	jìchéng
迟到	chídào		
迟	chí	推迟	tuīchí
吹	chuī		
呆	dāi		
低头	dītóu		
低	dī	降低	jiàngdī
钉	dīng		
冻	dòng		
抖	dǒu	颤抖	chàndǒu
妒	dù	忌妒	jìdù
妨	fáng		
妨碍	fáng'ài		
否定	fǒudìng		
否认	fǒurèn		
扶	fú		
佛	fú	仿佛	fǎngfú
附带	fùdài		
改	gǎi		
改变	gǎibiàn		
改革	gǎigé		
改进	gǎijìn		
改善	gǎishàn		

改造	gǎizào		
改正	gǎizhèng		
告	gào		
告别	gàobié		
告诉	gàosu		
告	gào	报告	bàogào
告	gào	警告	jǐnggào
告	gào	转告	zhuǎn'gào
攻	gōng	进攻	jìngōng
贡献	gòngxiàn		
估计	gūjì		
含	hán		
含	hán	包含	bāohán
护	hù	爱护	àihù
护	hù	保护	bǎohù
护	hù	维护	wéihù
护	hù	拥护	yōnghù
花	huā		
怀	huái		
怀念	huáiniàn		
怀疑	huáiyí		
怀孕	huáiyùn		
怀	huái	关怀	guānhuái
坏	huài	破坏	pòhuài
还	huán		
系	jì		
忌妒	jìdù		
歼灭	jiānmiè		
坚持	jiānchí		
坚定	jiāndìng		
戒	jiè		
近	jìn	接近	jiējìn
近	jìn	靠近	kàojìn
进	jìn		
进攻	jìngōng		
进来	jìnlái		
进入	jìnrù		

进行	jìnxíng		
进	jìn	促进	cùjìn
进	jìn	改进	gǎijìn
进	jìn	前进	qiánjìn
进	jìn	推进	tuījìn
进	jìn	跃进	yuèjìn
进	jìn	增进	zēngjìn
究	jiu	讲究	jiǎngjiu
究	jiū	研究	yánjiū
究	jiū	追究	zhuījiū
拒绝	jùjué		
抗	kàng		
抗议	kàngyì		
抗	kàng	抵抗	dǐkàng
抗	kàng	反抗	fǎnkàng
克服	kèfú		
快	kuài	凉快	liángkuài
旷	kuàng		
困	kùn		
来	lái		
来不及	lái-bu-jí		
来得及	lái-bu-jí		
来	lái	出来	chūlái
来	lái	过来	guòlái
来	lái	回来	huílái
来	lái	进来	jìnlái
来	lái	看来	kànlái
来	lái	起来	qǐlái
来	lái	上来	shànglái
来	lái	听起来	tīng-qǐ-lái
来	lái	下来	xiàlái
劳动	láodòng		
劳驾	láojià		
励	lì	鼓励	gǔlì
励	lì	奖励	jiǎnglì
利用	lìyòng		
利	lì	胜利	shènglì

连	lián		
连...带	lián ..... dài		
疗	liáo		
疗	liáo	治疗	zhìliáo
没	méi		
没有	méiyǒu		
免	miǎn		
免	miǎn	避免	bìmiǎn
纳	nà	采纳	cǎinà
扭	niǔ		
弄	nòng		
弄错	nòngcuò		
努力	nǔlì		
判	pàn		
判处	pànchǔ		
判断	pànduàn		
判	pàn	批判	pīpàn
判	pan	谈判	tánpan
抛	pāo		
批	pī		
批判	pīpàn		
批评	pīpíng		
批准	pīzhǔn		
屁	pì	放屁	fàngpì
评	píng		
评价	píngjià		
评论	pínglùn		
评	píng	批评	pīpíng
启	qǐ		
启发	qǐfā		
弃	qì	放弃	fàngqì
抢	qiǎng		
求	qiú		
求	qiú	要求	yāoqiú
求	qiú	征求	zhēngqiú
扰	rǎo	打扰	dǎrǎo
扰	rǎo	干扰	gānrǎo

忍	rěn		
忍不住	rěn-bu-zhù		
忍耐	rěnnài		
忍受	rěnshòu		
删除	shānchú		
伸	shēn		
身	shēn	翻身	fānshēn
身	shēn	曲身	qūshēn
声明	shēngmíng		
识	shí		
识	shí	认识	rènshí
识	shí	意识	yìshí
束	shù	结束	jiéshù
私	sī	营私	yíngsī
私	sī	走私	zǒusī
诉讼	sùsòng		
诉	su	告诉	gàosu
诉	sù	控诉	kòngsù
听	tīng		
听话	tīng huà		
听到	tīng-dào		
听得懂	tīng-de-dǒng		
听见	tīng-jiàn		
听起来	tīng-qǐ-lái		
听说	tīngshuō		
听完	tīng-wán		
听	tīng	打听	dǎtīng
投	tóu		
投江	tóu jiāng		
投票	tóu piào		
投降	tóuxiáng		
投资	tóuzī		
吞	tūn		
吞并	tūnbìng		
完成	wánchéng		
完	wán	听完	tīng-wán
忘	wàng		

忘记	wàngjì		
违	wéi		
违反	wéifǎn		
围	wéi		
围绕	wéirǎo		
位于	wèiyú		
吻	wěn		
吻	wěn	亲吻	qīnwěn
希望	xīwàng		
闲聊	xiánliáo		
形成	xíngchéng		
形容	xíngróng		
言	yán	发言	fāyán
译	yì		
译	yì	翻译	fānyì
抑制	yìzhì		
应	yīng		
应当	yīngdāng		
应该	yīnggāi		
迎	yíng		
迎接	yíngjiē		
迎	yíng	欢迎	huānyíng
应	yìng		
应用	yìngyòng		
应	yìng	答应	dāyìng
应	yìng	适应	shìyìng
应	yìng	响应	xiǎngyìng
犹豫	yóuyù		
员	yuán	动员	dòngyuán
运	yùn		
运输	yùnshū		
运用	yùnyòng		
张	zhāng	夸张	kuāzhāng
张	zhāng	主张	zhǔzhāng
找	zhǎo		
找	zhǎo	寻找	xúnzhǎo
折	zhé		

折合	zhéhé		
针	zhēn	打针	dǎzhēn
诊	zhěn		
证明	zhèngmíng		
证	zhèng	保证	bǎozhèng
助	zhù		
助	zhù	帮助	bāngzhù
助	zhù	援助	yuánzhù
住	zhù		
住宿	zhùsù		
住院	zhù yuàn		
住	zhù	居住	jūzhù
住	zhù	忍不住	rěn-bu-zhù
住	zhù	遮住	zhēzhù
抓	zhuā		
抓紧	zhuājǐn		
走	zǒu		
走私	zǒusī		
走	zǒu	夺走	duózǒu
阻止	zǔzhǐ		
足	zú	满足	mǎnzú
作	zuò		
作为	zuòwéi		
作	zuò	操作	cāozuò
作	zuò	创作	chuàngzuò
作	zuò	当作	dàngzuò
作	zuò	动作	dòngzuò
作	zuò	工作	gōngzuò
作	zuò	合作	hézuò
作	zuò	制作	zhìzuò
作	zuò	著作	zhùzuò
坐	zuò		
坐	zuò	乘坐	chéngzuò

8 Striche

拔	bá		
败	bài	打败	dǎbài
败	bài	腐败	fǔbài
败	bài	失败	shībài
版	bǎn	出版	chūbǎn
拌	bàn		
抱	bào		
备课	bèikè		
备	bèi	具备	jùbèi
备	bèi	预备	yùbèi
备	bèi	责备	zébèi
备	bèi	准备	zhǔnbèi
变	biàn		
变成	biànchéng		
变	biàn	改变	gǎibiàn
变	biàn	转变	zhuǎnbiàn
表达	biǎodá		
表示	biǎoshì		
表现	biǎoxiàn		
表演	biǎoyǎn		
表扬	biǎoyáng		
表	biǎo	代表	dàibiǎo
表	biǎo	发表	fābiǎo
采	cǎi		
采访	cǎifǎng		
采购	cǎigòu		
采集	cǎijí		
采纳	cǎinà		
采取	cǎiqǔ		
参观	cānguān		
参加	cānjiā		
参考	cānkǎo		
查	chá	调查	diàochá
查	chá	检查	jiǎnchá
拆	chāi		
尝	cháng	品尝	pǐncháng
炒	chǎo		

承认	chéngrèn		
持	chí	坚持	jiānchí
持	chí	维持	wéichí
持	chí	支持	zhīchí
抽	chōu		
抽烟	chōuyān		
除	chú	废除	fèichú
除	chú	删除	shānchú
除	chú	消除	xiāochú
刺	cì		
带	dài	附带	fùdài
担	dān		
担任	dānrèn		
担心	dānxīn		
担	dān	负担	fùdān
到	dào		
到达	dàodá		
到	dào	得到	dédào
到	dào	迟到	chídào
到	dào	达到	dádào
到	dào	感到	gǎndào
到	dào	听到	tīng-dào
到	dào	遇到	yùdào
到	dào	遭到	zāodào
的	de	似的	shìde
的	dī	打的	dǎdī
抵	dǐ		
抵抗	dǐkàng		
迭	dié	重迭	chóngdié
定	dìng		
定做	dìngzuò		
定	dìng	安定	āndìng
定	dìng	否定	fǒudìng
定	dìng	规定	guīdìng
定	dìng	坚定	jiāndìng
定	dìng	决定	juédìng
定	dìng	肯定	kěndìng

定	dìng	确定	quèdìng
定	dìng	协定	xiédìng
定	dìng	约定	yuēdìng
定	dìng	制定	zhìdìng
度	dù		
贩	fàn		
放	fàng		
放大	fàngdà		
放假	fàngjià		
放屁	fàngpì		
放入	fàngrù		
放弃	fàngqì		
放心	fàngxīn		
放	fàng	播放	bōfàng
放	fàng	解放	jiěfàng
放	fàng	开放	kāifàng
非...不可	fēi ..... bùkě		
废	fèi		
废除	fèichú		
奋斗	fèndòu		
服	fú		
服从	fúcóng		
服务	fúwù		
服	fu	佩服	pèifu
服	fú	屈服	qūfú
服	fú	说服	shuōfú
服	fú	征服	zhēngfú
咐	fu	嘱咐	zhǔfu
该	gāi		
该	gāi	应该	yīnggāi
供	gōng		
供	gōng	提供	tígōng
购	gòu	采购	cǎigòu
固	gù	巩固	gǒnggù
刮	guā		
拐	guǎi		
贯彻	guànchè		

规定	guīdìng		
轰	hōng		
呼	hū		
呼吸	hūxī		
呼	hu	称呼	chēnghu
呼	hū	欢呼	huānhū
呼	hu	招呼	zhāohu
抱	bào	拥抱	yōngbào
忽视	hūshì		
画	huà		
话	huà	讲话	jiǎnghuà
话	huà	说话	shuō huà
话	huà	听话	tīng huà
驾	jià		
驾驶	jiàshǐ		
驾	jià	劳驾	láojià
拣	jiǎn		
建	jiàn		
建立	jiànlì		
建设	jiànshè		
建议	jiànyì		
建	jiàn	创建	chuàngjiàn
建	jiàn	修建	xiūjiàn
降	jiàng		
降低	jiàngdī		
降	jiàng	下降	xiàjiàng
经过	jīngguò		
经历	jīnglì		
居住	jūzhù		
居	jū	聚居	jùjū
具备	jùbèi		
具有	jùyǒu		
肯	kěn		
肯定	kěndìng		
刻	kè		
刻	kè	雕刻	diāokè
拉	lā		

拦	lán		
怜	lián	可怜	kělián
练	liàn		
练习	liànxí		
练	liàn	训练	xùnliàn
拢	lǒng		
录	lù		
录音	lùyīn		
录	lù	纪录	jìlù
卖	mài		
明白	míngbái		
明确	míngquè		
明	míng	发明	fāmíng
明	míng	声明	shēngmíng
明	míng	说明	shuōmíng
明	míng	证明	zhèngmíng
命令	mìnglìng		
抹	mǒ		
牧	mù		
闹	nào		
念	niàn		
念	niàn	留念	liúniàn
念	niàn	怀念	huáiniàn
念	niàn	纪念	jì'niàn
念	niàn	想念	xiǎngniàn
爬	pá		
怕	pà		
怕	pà	害怕	hàipà
怕	pà	恐怕	kǒngpà
拍	pāi		
泡	pào		
佩服	pèifu		
披	pī		
凭	píng		
泼	pō		
迫	pò		
迫	pò	压迫	yāpò

歧视	qíshì		
屈	qū		
屈服	qūfú		
屈	qu	委屈	wěiqu
取	qǔ		
取得	qǔdé		
取消	qǔxiāo		
取	qǔ	采取	cǎiqǔ
取	qǔ	吸取	xīqǔ
取	qǔ	争取	zhēngqǔ
丧	sàng		
丧失	sàngshi		
绍	shào	介绍	jièshào
舍不得	shě-bu-de		
舍得	shěde		
实践	shíjiàn		
实习	shíxí		
实现	shíxiàn		
实行	shíxíng		
驶	shǐ	驾驶	jiàshǐ
始	shǐ	开始	kāishǐ
使	shǐ		
使用	shǐyòng		
事	shì	从事	cóngshì
视	shì		
视	shì	忽视	hūshì
视	shì	歧视	qíshì
视	shì	轻视	qīngshì
视	shì	透视	tòushì
视	shì	重视	zhòngshì
饰	shì	修饰	xiūshì
饰	shì	装饰	zhuāngshì
试	shì		
受	shòu		
受	shòu	难受	nánshòu
受	shòu	忍受	rěnshòu
受	shòu	享受	xiǎngshòu

受	shòu	遭受	zāoshòu
述	shù	陈述	chénshù
述	shù	复述	fùshù
述	shù	叙述	xùshù
刷	shuā		
刷牙	shuā yá		
刷	shuā	印刷	yìnshuā
松	sōng		
肃清	sùqīng		
索	suǒ	探索	tànsuǒ
抬	tái		
突出	tūchū		
图	tú	力图	lìtú
图	tú	企图	qǐtú
拖	tuō		
玩	wán		
玩	wán	开玩笑	kāi wánxiào
委屈	wěiqu		
委托	wěituō		
卧	wò		
析	xī	分析	fēnxī
线	xiàn	占线	zhànxiàn
现	xiàn	表现	biǎoxiàn
现	xiàn	出现	chūxiàn
现	xiàn	发现	fāxiàn
现	xiàn	实现	shíxiàn
现代化	xiàndàihuà		
限制	xiànzhì		
降	xiáng		
降	xiáng	投降	tóuxiáng
享受	xiǎngshòu		
享有	xiǎngyǒu		
胁	xié	威胁	wēixié
欣赏	xīnshǎng		
幸	xìng	荣幸	róngxìng
姓	xìng		
学	xué		

学习	xuéxí		
学	xué	教学	jiàoxué
学	xué	开学	kāixué
押	yā		
炎	yán	发炎	fāyán
岩	yán	攀岩	pān yán
依靠	yīkào		
拥护	yōnghù		
拥挤	yōngjǐ		
泳	yǒng	游泳	yóuyǒng
油	yóu	加油	jiā yóu
育	yù		
责备	zébèi		
责	zé	负责	fùzé
择	zé		
择	zé	选择	xuǎnzé
制	zhì	控制	kòngzhì
招	zhāo		
招待	zhāodài		
招呼	zhāohu		
招手	zhāo shǒu		
征	zhēng		
征服	zhēngfú		
征求	zhēngqiú		
知道	zhīdao		
知	zhī	通知	tōngzhī
织	zhī		
织	zhī	组织	zǔzhī
治	zhì		
治疗	zhìliáo		
治	zhì	统治	tǒngzhì
制	zhì		
制定	zhìdìng		
制造	zhìzào		
制止	zhìzhǐ		
制作	zhìzuò		
制	zhì	限制	xiànzhì
制	zhì	压制	yāzhì
制	zhì	抑制	yìzhì
征	zhēng	象征	xiàngzhēng
转	zhuǎn	旋转	xuánzhuǎn
注册	zhùcè		
注意	zhùyì		
驻	zhù		
转	zhuǎn		
转变	zhuǎnbiàn		
转达	zhuǎndá		
转告	zhuǎn'gào		
转	zhuàn		
组	zǔ		
组成	zǔchéng		
组织	zǔzhī		

9 Striche

哀	āi	节哀	jié'āi
按	àn		
按摩	ànmó		
帮	bāng		
帮忙	bāngmáng		
帮助	bāngzhù		
保	bǎo		
保持	bǎochí		
保存	bǎocún		
保护	bǎohù		
保留	bǎoliú		
保密	bǎomì		
保卫	bǎowèi		
保证	bǎozhèng		
背	bēi		
背	bèi		
便	biàn	大便	dàbiàn
便	biàn	小便	xiǎobiàn
测	cè		
测量	cèliáng		

测验	cèyàn		
查	chá		
差	chà		
尝	cháng		
持	chí		
持续	chíxù		
持	chí	把持	bǎchí
持	chí	保持	bǎochí
重迭	chóngdié		
重复	chóngfù		
除	chú		
穿	chuān		
促进	cùjìn		
带	dài		
带	dài	连...带	lián ... dài
带	dài	携带	xiédài
待	dài		
待续	dàixù		
待	dài	等待	děngdài
待	dài	对待	duìdài
待	dài	接待	jiēdài
待	dài	招待	zhāodài
挡	dǎng		
荡	dàng	扫荡	sǎodàng
点	diǎn		
点击	diǎnjī		
点头	diǎntóu		
毒	dú		
独霸	dúbà		
罚	fá		
费	fèi		
费	fèi	浪费	làngfèi
费	fèi	消费	xiāofèi
疯	fēng	发疯	fā fēng
封	fēng		
复述	fùshù		
复习	fùxí		

复印	fùyīn		
复	fù	重复	chóngfù
复	fù	答复	dáfù
复	fù	反复	fǎnfù
复	fù	恢复	huīfù
革	gé	改革	gǎigé
给	gěi		
挂	guà		
挂号	guàhào		
贺	hè	祝贺	zhùhè
狠	hěn		
恨	hèn		
胡说	húshuō		
挥	huī		
挥	huī	发挥	fāhuī
挥	huī	指挥	zhǐhuī
恢复	huīfù		
活	huó		
活	huó	干活	gànhuó
活	huó	生活	shēnghuó
活	huo	养活	yǎnghuo
急	jí	着急	zháojí
挤	jǐ		
挤	jǐ	拥挤	yōngjǐ
给予	jǐyǔ		
架	jià	吵架	chǎojià
荐	jiàn	推荐	tuījiàn
奖励	jiǎnglì		
浇	jiāo		
觉	jiào	睡觉	shuìjiào
结	jié		
结合	jiéhé		
结婚	jiéhūn		
结束	jiéshù		
结	jié	团结	tuánjié
结	jié	总结	zǒngjié
举	jǔ		

举行 jǔxíng
举 jǔ 选举 xuǎnjǔ
觉得 juéde
觉悟 juéwù
觉 jué 感觉 gǎnjué
绝种 juézhǒng
绝 jué 拒绝 jùjué
砍 kǎn
看 kàn
看病 kànbìng
看不起 kàn-bu-qǐ
看见 kànjiàn
看来 kànlái
看样子 kàn yàngzi
看 kàn 察看 chákàn
咳嗽 késou
客 kè 会客 huìkè
括 kuò 包括 bāokuò
括 kuò 概括 gàikuò
览 lǎn 游览 yóulǎn
览 lǎn 展览 zhǎnlǎn
炼 liàn 锻炼 duànliàn
临摹 línmó
骂 mà
冒 mào
冒 mào 感冒 gǎnmào
迷 mí
面 miàn 见面 jiànmiàn
耐 nài
耐 nài 忍耐 rěnnài
趴 pā
派 pài
盼 pàn
胖 pàng 发胖 fāpàng
拼 pīn
品 pǐn
品尝 pǐncháng
盼望 pànwàng
牵 qiān
前进 qiánjìn
窃 qiè 盗窃 dàoqiè
亲吻 qīnwěn
亲 qīn 探亲 tànqīn
轻视 qīngshì
轻 qīng 减轻 jiǎnqīng
染 rǎn
染 rǎn 传染 chuánrǎn
染 rǎn 污染 wūrǎn
绕 rǎo 围绕 wéirǎo
绕 rào
荣幸 róngxìng
荣 róng 繁荣 fánróng
洒 sǎ
神 shén 留神 liúshén
牲 shēng 牺牲 xīshēng
省 shěng
省得 shěngde
省略 shěnglüè
胜利 shènglì
胜 sheng 战胜 zhànsheng
施加 shījiā
施行 shīxíng
拾 shí
拾 shi 收拾 shōushi
是 shì
适合 shìhé
适应 shìyìng
适于 shìyú
适 shì 合适 héshì
树立 shùlì
说 shuō
说服 shuōfú
说话 shuō huà
说谎 shuōhuǎng

说明	shuōmíng		
说	shuō	据说	jùshuō
说	shuō	再说	zàishuō
说	shuō	听说	tīngshuō
说	shuō	解说	jiěshuō
说	shuō	胡说	húshuō
说	shuō	传说	chuánshuō
思考	sīkao		
思索	sīsuo		
送	sòng		
送行	sòngxíng		
送	sòng	播送	bōsòng
逃	táo		
逃跑	táopǎo		
挑	tiāo		
贴	tiē		
挺	tǐng		
挺立	tǐnglì		
统一	tǒngyī		
统治	tǒngzhì		
退	tuì		
退休	tuìxiū		
挖	wā		
歪曲	wāiqū		
威胁	wēixié		
威	wēi	示威	shìwēi
闻	wén		
诬蔑	wūmiè		
侮辱	wǔrǔ		
误	wù	耽误	dānwù
误会	wùhuì		
席	xí	出席	chūxí
席	xí	缺席	quēxí
洗	xǐ		
显	xiǎn		
显得	xiǎnde		
显示	xiǎnshì		

相比	xiāngbǐ		
相信	xiāngxìn		
响	xiǎng		
响应	xiǎngyìng		
响	xiǎng	影响	yǐngxiǎng
相	xiàng	照相	zhàoxiàng
削	xiāo		
卸	xiè		
卸	xiè	推卸	tuīxiè
信	xìn		
信任	xìnrèn		
信	xìn	相信	xiāngxìn
修	xiū		
修改	xiūgǎi		
修建	xiūjiàn		
修理	xiūlǐ		
修饰	xiūshì		
须要	xūyào		
须	xū	必须	bìxū
叙	xù		
叙述	xùshù		
宣	xuān		
宣布	xuānbù		
选	xuǎn		
选举	xuǎnjǔ		
选择	xuǎnzé		
削	xuē		
削弱	xuēruò		
研究	yánjiū		
研	yán	钻研	zuānyán
养	yǎng		
养	yǎng	培养	péiyǎng
养成	yǎngchéng		
养活	yǎnghuo		
要求	yāoqiú		
咬	yǎo		
要	yào		

要	yào	不要	bú-yào
要	yào	须要	xūyào
要	yào	需要	xūyào
音	yīn	发音	fāyīn
音	yīn	录音	lùyīn
映	yìng		
映	yìng	反映	fǎnyìng
诱惑	yòuhuò		
诱	yòu	引诱	yǐnyòu
院	yuàn	出院	chūyuàn
院	yuàn	住院	zhù yuàn
炸	zhá		
炸	zhà		
战斗	zhàndòu		
战胜	zhànsheng		
珍惜	zhēnxī		
挣	zhèng		
指	zhǐ		
指导	zhǐdǎo		
指挥	zhǐhuī		
指示	zhǐshì		
种	zhǒng	绝种	juézhǒng
种	zhòng		
种	zhòng	耕种	gēngzhòng
重视	zhòngshì		
重	zhòng	着重	zhuózhòng
祝	zhù		
祝贺	zhùhè		
祝愿	zhùyuàn		
祝	zhù	庆祝	qìngzhù
追	zhuī		
追究	zhuījiū		
总结	zǒngjié		

10 Striche

爱	ài		
爱护	àihù		
爱	ài	敬爱	jìng`ài
爱	ài	恋爱	liàn'ài
爱	ài	热爱	rè'ài
罢工	bàgōng		
颁布	bānbù		
病	bìng		
病	bìng	看病	kànbìng
病	bìng	生病	shēngbìng
捕	bǔ		
捕	bǔ	逮捕	dàibǔ
倡	chàng	提倡	tíchàng
称	chēng		
称呼	chēnghu		
乘	chéng		
乘坐	chéngzuò		
耽误	dānwù		
倒	dǎo		
倒	dǎo	打倒	dǎdǎo
倒	dào		
递	dì		
调	diào	强调	qiángdiào
调查	diàochá		
逗	dòu		
读	dú		
读	dú	阅读	yuèdú
顿	dùn	停顿	tíngdùn
饿	è		
粉碎	fěnsuì		
浮	fú		
赶	gǎn		
赶紧	gǎnjǐn		
赶路	gǎnlù		
高	gāo	提高	tígāo
格	gé	及格	jígé
耕种	gēngzhòng		
恭维	gōngwéi		
顾	gù		

顾	gù	回顾	huígù
顾	gu	照顾	zhàogu
害	hài		
害怕	hàipà		
害羞	hàixiū		
害	hài	伤害	shānghài
害	hài	损害	sǔnhài
害	hài	陷害	xiànhài
耗	hào		
哼	hēng		
候	hòu	等候	děnghòu
换	huàn		
换	huàn	交换	jiāohuàn
换	huàn	替换	tìhuàn
悔	huǐ	后悔	hòuhuǐ
获得	huòdé		
获	huò	收获	shōuhuò
积累	jīlěi		
积	jī	累积	lěijī
继承	jìchéng		
继续	jìxù		
监督	jiāndū		
较	jiào	比较	bǐjiào
借	jiè		
紧	jǐn	赶紧	gǎnjǐn
紧	jǐn	加紧	jiājǐn
紧	jǐn	抓紧	zhuājǐn
捐	juān		
捐献	juānxiàn		
烤	kǎo		
课	kè	备课	bèikè
课	kè	下课	xià kè
恐	kǒng		
恐怕	kǒngpà		
哭	kū		
捆	kǔn		
浪费	làngfèi		

离	lí		
离婚	líhūn		
离开	líkāi		
离	lí	脱离	tuōlí
恋爱	liàn'ài		
凉快	liángkuài		
凉	liáng	着凉	zháoliáng
谅解	liàngjiě		
谅	liàng	原谅	yuánliàng
流	liú		
流传	liúchuán		
流	liú	交流	jiāoliú
留	liú		
留念	liúniàn		
留神	liúshén		
留下	liúxià		
旅行	lǚxíng		
旅游	lǚyóu		
虑	lǜ	考虑	kǎolǜ
埋	mái		
拿	ná		
难道	nándào		
难过	nánguò		
难受	nánshòu		
难	nán	为难	wéinán
能	néng		
能够	nénggòu		
能	néng	可能	kěnéng
诺	nuò	许诺	xǔnuò
陪	péi		
陪同	péitóng		
配	pèi		
配合	pèihé		
配	pèi	分配	fēnpèi
破	pò		
破坏	pòhuài		
破	pò	打破	dǎpò

起	qǐ		
起飞	qǐfēi		
起来	qǐlái		
起义	qǐyì		
起	qǐ	对不起	duì-bu-qǐ
起	qǐ	对得起	duì-de-qǐ
起	qǐ	看不起	kàn-bu-qǐ
起	qǐ	引起	yǐnqǐ
起	qǐ	听起来	tīng-qǐ-lái
倾	qīng		
请	qǐng		
请	qǐng	申请	shēnqǐng
请	qǐng	邀请	yāoqǐng
缺	quē		
缺乏	quēfá		
缺少	quēshǎo		
缺席	quēxí		
热	rè		
热爱	rè'ài		
容	róng		
容	róng	形容	xíngróng
辱	rǔ	侮辱	wǔrǔ
润	rùn		
弱	ruò	削弱	xuēruò
晒	shài		
扇	shān		
烧	shāo		
烧	shāo	发烧	fāshāo
烧	shāo	燃烧	ránshāo
捎	shāo		
射	shè		
射	shè	发射	fāshè
逝世	shìshì		
速	sù	加速	jiāsù
损害	sǔnhài		
损失	sǔnshī		
索	suǒ		

索	suo	思索	sīsuo
谈	tán		
谈论	tánlùn		
谈判	tánpan		
谈	tán	漫谈	màntán
谈	tán	座谈	zuòtán
烫	tàng		
疼	téng		
调	tiáo		
调解	tiáojiě		
调情	tiáoqíng		
调整	tiáozhěng		
通	tōng		
通过	tōngguò		
通奸	tōngjiān		
通知	tōngzhī		
通	tōng	打通	dǎtōng
透	tòu		
透视	tòushì		
涂	tú		
挽	wǎn		
挽救	wǎnjiù		
悟	wù		
悟	wù	觉悟	juéwù
息	xi	休息	xiūxi
牺牲	xīshēng		
陷害	xiànhài		
消	xiāo		
消除	xiāochú		
消费	xiāofèi		
消化	xiāohuà		
消灭	xiāomiè		
消失	xiāoshī		
消	xiāo	取消	qǔxiāo
晓得	xiǎode		
笑	xiào		
笑	xiào	开玩笑	kāi wánxiào

笑	xiào	微笑	wēixiào
羞	xiū	害羞	hàixiū
绣	xiù		
烟	yān	抽烟	chōuyān
烟	yān	吸烟	xīyān
验	yàn		
验	yàn	测验	cèyàn
样	yàng	看样子	kàn yàngzi
涌	yǒng		
预备	yùbèi		
预订	yùdìng		
预感	yùgǎn		
预见	yùjiàn		
预习	yùxí		
圆	yuán	团圆	tuányuán
原谅	yuánliàng		
阅读	yuèdú		
晕	yūn		
栽	zāi		
载	zǎi		
载	zài		
载	zǎi	记载	jìzǎi
造	zào		
造成	zàochéng		
造	zào	创造	chuàngzào
造	zào	改造	gǎizào
造	zào	制造	zhìzào
展出	zhǎnchū		
展开	zhǎnkāi		
展览	zhǎnlǎn		
展	zhǎn	发展	fāzhǎn
展	zhǎn	开展	kāizhǎn
站	zhàn		
涨	zhǎng		
振	zhèn		
值	zhí		
值得	zhíde		

致	zhì		
致	zhì	导致	dǎozhì
皱	zhòu		
逐	zhú		
准	zhǔn		
准备	zhǔnbèi		
准	zhǔn	批准	pīzhǔn
捉	zhuō		
资	zī	投资	tóuzī
租	zū		
租	zū	出租	chūzū
钻	zuān		
钻研	zuānyán		
座谈	zuòtán		

11 Striche

猜	cāi		
偿	cháng	赔偿	péicháng
唱	chàng		
崇敬	chóngjìng		
措	cuò		
逮捕	dàibǔ		
盗窃	dàoqiè		
得	dé		
得到	dédào		
得	dé	懂得	dǒngdé
得	de	对得起	duì-de-qǐ
得	dé	获得	huòdé
得	de	记得	jìde
得	de	觉得	juéde
得	de	来得及	lái-de-jí
得	dé	取得	qǔdé
得	de	认得	rènde
得	de	舍不得	shě-bu-de
得	de	舍得	shěde
得	de	省得	shěngde
得	dé	算得	suàndé

得	de	听得懂	tīng-de-dǒng
得	de	显得	xiǎnde
得	de	晓得	xiǎode
得	dé	赢得	yíngdé
得	de	长得	zhǎngde
得	de	值得	zhíde
得	děi		
掉	diào		
掉	diào	打掉	dǎdiào
堵	dǔ		
渡	dù		
断	duàn		
断	duàn	打断	dǎduàn
断	duàn	判断	pànduàn
断	duàn	中断	zhōngduàn
堆	duī		
符	fú		
符合	fúhé		
盖	gài		
够	gòu		
够	gòu	能够	nénggòu
惯	guàn		
焊接	hànjiē		
患	huàn		
谎	huǎng	说谎	shuōhuǎng
婚	hūn	订婚	dìnghūn
婚	hūn	结婚	jiéhūn
婚	hūn	离婚	líhūn
混	hùn		
寄	jì		
假	jià	放假	fàngjià
假	jià	休假	xiūjià
检查	jiǎnchá		
检讨	jiǎntǎo		
剪	jiǎn		
减	jiǎn		
减轻	jiǎnqīng		

减少	jiǎnshǎo		
教	jiāo		
教学	jiàoxué		
接	jiē		
接触	jiēchù		
接待	jiēdài		
接见	jiējiàn		
接近	jiējìn		
接收	jiēshōu		
接着	jiēzhe		
接	jiē	焊接	hànjiē
接	jiē	迎接	yíngjiē
惊	jīng	吃惊	chījīng
救	jiù		
救	jiù	挽救	wǎnjiù
据说	jùshuō		
掘	jué	发掘	fājué
控诉	kòngsù		
控制	kòngzhì		
累积	lěijī		
累	lěi	积累	jīlěi
理	lǐ		
理发	lǐfà		
理解	lǐjiě		
理	lǐ	办理	bànlǐ
理	lǐ	处理	chǔlǐ
理	lǐ	管理	guǎnlǐ
理	lǐ	修理	xiūlǐ
理	lǐ	整理	zhěnglǐ
聊天	liáotiān		
聊	liáo	闲聊	xiánliáo
猎	liè		
领	lǐng		
领导	lǐngdǎo		
领	lǐng	率领	shuàilǐng
领	lǐng	占领	zhànlǐng
留	liú	保留	bǎoliú

掠夺	lüèduó		
略去	lüèqù		
略	lüè	省略	shěnglüè
密	mì	保密	bǎomì
描	miáo		
描写	miáoxiě		
排	pái		
排队	páiduì		
排	pái	安排	ānpái
培养	péiyǎng		
捧	pěng		
票	piào	投票	tóu piào
骑	qí		
清	qīng	肃清	sùqīng
情	qíng	调情	tiáoqíng
情	qíng	同情	tóngqíng
球	qiú	打球	dǎqiú
商量	shāngliàng		
深入	shēnrù		
深	shēn	加深	jiāshēn
授	shòu		
授权	shòuquán		
售	shòu		
售	shòu	出售	chūshòu
梳	shū		
率领	shuàilǐng		
宿	sù	住宿	zhùsù
随	suí		
弹	tán		
探	tàn		
探亲	tànqīn		
探索	tànsuǒ		
掏	tāo		
添	tiān		
停	tíng		
停顿	tíngdùn		
停止	tíngzhǐ		

偷	tōu		
推	tuī		
推迟	tuīchí		
推动	tuīdòng		
推翻	tuīfān		
推广	tuīguǎng		
推荐	tuījiàn		
推进	tuījìn		
推敲	tuīqiāo		
推卸	tuīxiè		
脱	tuō		
脱离	tuōlí		
脱	tuō	摆脱	bǎituō
望	wàng		
望	wàng	盼望	pànwàng
望	wàng	希望	xīwàng
维持	wéichí		
维护	wéihù		
维	wéi	恭维	gōngwéi
惜	xī	珍惜	zhēnxī
续	xù		
续	xù	持续	chíxù
续	xù	待续	dàixù
续	xù	继续	jìxù
旋	xuán		
旋转	xuánzhuǎn		
雪	xuě	滑雪	huáxuě
淹	yān		
掩	yǎn		
移	yí		
营	yíng		
营私	yíngsī		
营业	yíngyè		
悠	yōu		
跃	yuè		
跃进	yuèjìn		
粘	zhān		

着	zháo	用不着	yòng-bu-zháo
着急	zháojí		
着凉	zháoliáng		
着	zhe	接着	jiēzhe
睁	zhēng		
职	zhí	撤职	chèzhí
职	zhí	辞职	cízhí
著	zhù		
著作	zhùzuò		
着	zhuó		
着重	zhuózhòng		
综	zōng		
做	zuò		
做出	zuòchū		
做	zuò	定做	dìngzuò
做	zuò	叫做	jiàozuò

12 Striche

逼	bī		
编	biān		
编辑	biānjí		
遍及	biànjí		
裁	cái		
插	chā		
插队	chāduì		
超	chāo		
超过	chāoguò		
趁	chèn		
储存	chǔcún		
喘	chuǎn		
搭	dā		
答应	dāyìng		
答	dá		
答复	dáfù		
答	dá	回答	huídá
答	dá	解答	jiědá
道歉	dàoqiàn		
道	dào	报道	bàodào
道	dào	难道	nándào
道	dao	知道	zhīdao
登	dēng		
登出	dēngchū		
登记	dēngjì		
等	děng		
等待	děngdài		
等候	děnghòu		
等于	děngyú		
赌	dǔ	打赌	dǎdǔ
短	duǎn	缩短	suōduǎn
缝	féng		
割	gē		
搁	gē		
隔	gé		
雇用	gùyòng		
惯	guàn	习惯	xíguàn
喊	hǎn		
喝	hē		
滑	huá		
滑冰	huábīng		
滑雪	huáxuě		
惑	huò	诱惑	yòuhuò
集合	jíhé		
集中	jízhōng		
集	jí	采集	cǎijí
集	jí	收集	shōují
集	jí	搜集	sōují
集	jí	召集	zhàojí
践	jiàn	实践	shíjiàn
揭	jiē		
揭露	jiēlù		
敬爱	jìng`ài		
敬礼	jìnglǐ		
敬	jìng	崇敬	chóngjìng
敬	jìng	尊敬	zūnjìng

渴	kě		
联合	liánhé		
联欢	lián huān		
量	liáng		
量	liáng	测量	cèliáng
量	liàng	商量	shāngliàng
裂	liè		
裂	liè	分裂	fēnliè
落	luò		
落后	luòhòu		
跑	pǎo		
跑步	pǎobù		
跑	pǎo	逃跑	táopǎo
赔	péi		
赔偿	péicháng		
喷	pēn		
骗	piàn		
骗	piàn	欺骗	qīpiàn
铺	pū		
普及	pǔjí		
期	qī	过期	guòqī
欺负	qīfu		
欺骗	qīpiàn		
强	qiáng	加强	jiāqiáng
强调	qiángdiào		
强奸	qiángjiān		
强	qiǎng		
强迫	qiǎngpò		
趋	qū		
趋向	qūxiàng		
确定	quèdìng		
确认	quèrèn		
确	què	明确	míngquè
散	sàn		
散步	sànbù		
善于	shànyú		
善	shàn	改善	gǎishàn

赏	shǎng		
赏	shǎng	观赏	guānshǎng
赏	shǎng	欣赏	xīnshǎng
剩	shèng		
释	shì		
释	shì	解释	jiěshì
属	shǔ		
属于	shǔyú		
搜	sōu		
搜集	sōují		
锁	suǒ		
提	tí		
提倡	tíchàng		
提出	tíchū		
提高	tígāo		
提供	tígōng		
提醒	tíxǐng		
替	tì		
替换	tìhuàn		
替	tì	代替	dàitì
喂	wèi		
窝	wō		
握	wò		
握手	wòshǒu		
握	wò	把握	bǎwò
握	wò	掌握	zhǎngwò
喜欢	xǐhuan		
羡慕	xiànmù		
象	xiàng		
象征	xiàngzhēng		
象	xiàng	好象	hǎoxiàng
销	xiāo		
销毁	xiāohuǐ		
谢	xiè		
谢	xiè	感谢	gǎnxiè
谢谢	xièxie		
游	yóu		

游览	yóulǎn		
游泳	yóuyǒng		
游	yóu	旅游	lǚyóu
寓	yù		
遇	yù		
遇到	yùdào		
遇见	yùjiàn		
遇	yù	遭遇	zāoyù
援助	yuánzhù		
援	yuán	支援	zhīyuán
越	yuè		
葬	zàng	安葬	ānzàng
掌	zhǎng		
掌握	zhǎngwò		
掌	zhǎng	鼓掌	gǔzhǎng
植	zhí		
煮	zhǔ		
筑	zhù		
装	zhuāng		
装饰	zhuāngshì		
装置	zhuāngzhì		
装	zhuāng	安装	ānzhuāng
揍	zòu		
尊崇	zūnchóng		
尊敬	zūnjìng		

13 Striche

碍	ài	妨碍	fáng'ài
碍	ài	障碍	zhàng'ài
摆脱	bǎituō		
搬	bān		
触	chù		
触	chù	接触	jiēchù
辞职	cízhí		
催	cuī		
错	cuò	弄错	nòngcuò
叠	dié		
督	dū	监督	jiāndū
躲	duǒ		
概括	gàikuò		
感	gǎn		
感到	gǎndào		
感动	gǎndòng		
感激	gǎnjī		
感觉	gǎnjué		
感冒	gǎnmào		
感谢	gǎnxiè		
感	gǎn	预感	yùgǎn
搞	gǎo		
嗝	gé	打嗝	dǎgé
跟	gēn		
鼓励	gǔlì		
鼓舞	gǔwǔ		
鼓掌	gǔzhǎng		
滚	gǔn		
煳	hú		
毁	huǐ		
毁	huǐ	销毁	xiāohuǐ
辑	jí	编辑	biānjí
煎	jiān		
酱	jiàng		
解	jiě		
解答	jiědá		
解放	jiěfàng		
解决	jiějué		
解释	jiěshì		
解说	jiěshuō		
解	jiě	讲解	jiǎngjiě
解	jiě	理解	lǐjiě
解	jiě	谅解	liàngjiě
解	jiě	了解	liǎojiě
解	jiě	调解	tiáojiě
禁止	jìnzhǐ		
锯	jù		

跨	kuà		
雷	léi	打雷	dăléi
溜	liū		
溜达	liūda		
遛	liù		
路	lù	赶路	gănlù
路过	lùguò		
满意	mănyì		
满足	mănzú		
蒙	méng		
摸	mō		
模仿	mófăng		
腻	nì	吃腻	chīnì
碰	pèng		
签字	qiānzì		
塞	sāi		
塞	sāi	加塞儿	jiāsāir
摄影	shèyĭng		
输	shū		
输入	shūrù		
输	shū	运输	yùnshū
数	shŭ		
睡	shuì		
睡觉	shuìjiào		
塑	sù		
碎	suì		
碎	suì	粉碎	fĕnsuì
摊	tān		
填	tián		
跳	tiào		
跳舞	tiàowŭ		
微笑	wēixiào		
嫌	xián		
献	xiàn		
献	xiàn	贡献	gòngxiàn
献	xiàn	捐献	juānxiàn
想	xiăng		

想到	xiăng-dào		
想念	xiăngniàn		
想像	xiăngxiàng		
想	xiăng	幻想	huànxiăng
歇	xiē		
携带	xiédài		
演	yăn	表演	biăoyăn
摇	yáo		
意识	yìshí		
意	yì	乐意	lèyì
意	yì	满意	mănyì
意	yì	同意	tóngyì
意	yì	愿意	yuànyì
意	yì	注意	zhùyì
障碍	zhàng'ài		
照	zhào		
照顾	zhàogu		
照相	zhàoxiàng		
遮	zhē		
遮住	zhēzhù		
蒸	zhēng		
置	zhì	布置	bùzhì
置	zhì	设置	shèzhì
置	zhì	装置	zhuāngzhì
罪	zuì	犯罪	fànzuì

14 Striche

察看	chákàn		
察	chá	观察	guānchá
崇	chóng	尊崇	zūnchóng
滴	dī		
锻炼	duànliàn		
腐败	fŭbài		
管	guăn		
管理	guănlĭ		
豪	háo	自豪	zìháo
静	jìng	平静	píngjìng

聚	jù		
聚会	jùhuì		
聚居	jùjū		
聚	jù	团聚	tuánjù
漏	lòu		
漫	màn		
漫谈	màntán		
蔑	miè	诬蔑	wūmiè
慕	mù	羡慕	xiànmù
歉	qiàn	道歉	dàoqiàn
敲	qiāo		
敲	qiāo	推敲	tuīqiāo
赛	sài		
誓	shì	发誓	fāshì
摔	shuāi		
嗽	sou	咳嗽	késou
算	suàn		
算得	suàndé		
算	suàn	打算	dǎsuàn
算	suàn	计算	jìsuàn
缩	suō		
缩短	suōduǎn		
舞	wǔ	鼓舞	gǔwǔ
舞	wǔ	跳舞	tiàowǔ
像	xiàng		
像	xiàng	想像	xiǎngxiàng
需要	xūyào		
演	yǎn		
演出	yǎnchū		
演	yǎn	开演	kāiyǎn
疑	yí	怀疑	huáiyí
疑心	yíxīn		
愿	yuàn		
愿	yuàn	祝愿	zhùyuàn
愿意	yuànyì		
遭	zāo		
遭到	zāodào		
遭受	zāoshòu		
遭遇	zāoyù		
摘	zhāi		

15 Striche

暴露	bàolù		
播	bō		
播放	bōfàng		
播送	bōsòng		
播	bō	传播	chuánbō
播	bō	广播	guǎngbō
撤	chè		
撤职	chèzhí		
懂	dǒng		
懂得	dǒngdé		
懂	dǒng	听得懂	tīng-de-dǒng
糊	hú		
靠	kào		
靠近	kàojìn		
靠	kào	依靠	yīkào
瞒	mán		
摩	mó	按摩	ànmó
飘	piāo		
撒	sā		
撕	sī		
踏	tà		
躺	tǎng		
踢	tī		
慰问	wèiwèn		
慰	wèi	安慰	ānwèi
影响	yǐngxiǎng		
影	yǐng	摄影	shèyǐng
豫	yù	犹豫	yóuyù
增	zēng		
增加	zēngjiā		
增进	zēngjìn		
增长	zēngzhǎng		

震	zhèn		
镇	zhèn		
镇压	zhènyā		
嘱咐	zhǔfu		
撞	zhuàng		
遵守	zūnshǒu		

16 Striche

避	bì		
避免	bìmiǎn		
辩论	biànlùn		
操	cāo		
操心	cāoxīn		
操作	cāozuò		
操	cào		
雕刻	diāokè		
激动	jīdòng		
激	jī	感激	gǎnjī
磨	mó		
燃	rán		
燃烧	ránshāo		
融化	rónghuà		
醒	xǐng		
醒	xǐng	提醒	tíxǐng
邀请	yāoqǐng		
赞成	zànchéng		
赞扬	zànyáng		
整理	zhěnglǐ		
整	zhěng	调整	tiáozhěng

17 Striche

擦	cā		
藏	cáng		
戴	dài		
瞪	dèng		
繁荣	fánróng		
鼾	hān	打鼾	dǎhān
衡	héng	平衡	pínghéng
瞧	qiáo		
赢	yíng		
赢得	yíngdé		

18 Striche

翻	fān		
翻译	fānyì		
翻身	fānshēn		
翻	fān	推翻	tuīfān

19 Striche

爆发	bàofā		
颤抖	chàndǒu		
蹲	dūn		
警告	jǐnggào		
攀岩	pān yán		

20 Striche

霸	bà	独霸	dúbà
灌	guàn		
嚷	rǎng		

21 Striche

露	lù		
露	lù	暴露	bàolù
露	lù	揭露	jiēlù

Chinesisch–deutscher Teil

A

ài 爱 lieben

ài chī jiǎozi
爱吃饺子
gerne Jiaozi essen

ài yóuyǒng
爱游泳
gerne schwimmen

tā ài-shàng-le tā
他爱上了她
er hat sich in sie verliebt

wǒ fēicháng ài nǐ
我非常爱你
ich liebe dich sehr

ài miànzi
爱面子
das Gesicht wahren wollen

ài chī cù
爱吃醋
leicht eifersüchtig werden

ài fā píqi
爱发脾气
ein aufbrausendes Temperament haben

zuì-ài tīng
最爱听
etw. am liebsten hören

àihù 爱护 jdn/etw. liebevoll umsorgen, schützen

àihù háizi
爱护孩子
Kinder liebevoll umsorgen

àihù huánjìng
爱护环境
die Umwelt schützen

āndìng 安定 sichern, stabilisieren

āndìng shèhuì zhìxù
安定社会制序
die gesellschaftliche Ordnung aufrechterhalten

ānpái 安排 anordnen, organisieren

gěi kèrén ānpái lǚyóu
给客人安排旅游
für Gäste eine Reise organisieren

ānwèi 安慰 trösten

ānwèi tā jī-jù
安慰他几句
ihn mit ein paar Worten trösten

ānzàng 安葬 jdn begraben

bǎ tā ānzàng zài tā māma-de fénmù-páng
把他安葬在他妈妈的坟墓旁
ihn neben dem Grab seiner Mutter begraben

ānzhuāng 安装 montieren, installieren

ānzhuāng diànhuà
安装电话
einen Telefonanschluss installieren

gěi MP4 jìnxíng chéngxù ānzhuāng
给MP4进行程序安装
einen MP4-Player installieren

àn 按 drücken

àn màibó
按脉搏
den Puls fühlen

àn guāngbiāojiàn
按光标键
die Cursortaste drücken

ànmó 按摩 massieren

gěi bìngrén ànmó
给病人按摩
den Patienten massieren

B

bá 拔 etw. ziehen

bá yá
拔牙
einen Zahn ziehen

bǎchí 把持 sich/etw. im Griff haben

bǎchí jiāwù
把持家务
den Haushalt im Griff haben

bǎwò 把握 halten, erfassen

bǎwò jīhuì
把握机
eine Gelegenheit ergreifen

bàgōng 罢工 streiken

qùnián suǒyǒu gōngrén dōu bàgōng-le
去年所有工人都罢工了
letztes Jahr haben alle Arbeiter gestreikt

bǎi 摆 setzen, stellen, legen

bǎi cānjù
摆餐具
den Tisch decken

bǎ cídiǎn bǎi zài shūjià-shàng
把词典摆在书架上
das Wörterbuch ins Bücherregal stellen

bǎituō 摆脱 abschütteln, sich losreißen

bǎituō kùnrǎo
摆脱困扰
eine Störung beseitigen

bǎituō jiūchán
摆脱纠缠
Komplikationen bewältigen

bānbù 颁布 erlassen

bānbù fǎlìng
颁布法令
ein Gesetz erlassen

bān 搬 fortschaffen, wegbringen, umziehen

bǎ zhuōzi bānzǒu
把桌子搬走
den Tisch fortschaffen

bǎ xiǎoshuō bānshàng yínmù
把小说搬上银幕
den Roman verfilmen

bān-qǐ shítou zá zìjǐ-de jiǎo
搬起石头砸自己的脚
sich ins eigene Fleisch schneiden

bān jiā
搬家
umziehen

bān-chū fùmǔ jiā zìjǐ zhù
搬出父母家自己住
von zuhause ausziehen, um alleine zu wohnen

bǎ jiā bān-dào shànghǎi qù
把家搬到上海去
nach Shanghai umziehen

bān-dào xīn-zhùzháiqū qù-le
搬到新住宅区去了
in ein neues Wohnviertel umgezogen sein

bān-rù biéshù
搬入别墅
in eine Villa einziehen

bàn 办 handeln, erledigen

bàn hùzhào
办护照
sich einen Pass ausstellen lassen

bàn shì
办事
Sachen erledigen

bàn shǒuxù
办手续
Formalitäten erledigen

bàn-de-dào
办得到
gemacht werden können

zhè-xiē wèntí hǎo-bàn
这些问题好办
mit diesen Problemen kann man leicht fertig werden

zěnme bàn?
怎么办?
was kann man machen?

bàngōng 办公 Büroarbeit machen

zài jiā bàngōng
在家办公
zuhause arbeiten

bànlǐ 办理 behandeln, handhaben

bànlǐ jìnchūkǒu yèwù
办理进出口业务
Import- und Exportgeschäfte abwickeln

bàn 伴 begleiten

xú lǎotóu bàn tā qīzǐ guò-le wǔshí-nián
徐老头伴他妻子过了五十年
der alte Xu hat seine Frau 50 Jahre lang begleitet

bàn 拌 mischen, vermengen, rühren

bàn zài yìqǐ
拌在一起
etw. zusammenmischen

bāng 帮 helfen

bāng tā bān xínglǐ
帮他搬行李
ihm das Gepäck tragen helfen

bāngmáng 帮忙 helfen

zhǎo rén bāngmáng
找人帮忙
Helfer suchen

bāngzhù 帮助 helfen

hùxiāng bāngzhù
互相帮助
sich gegenseitig helfen

méiyǒu duōdà bāngzhù
没有多大帮助
nicht sehr viel nützen

bāo 包 einwickeln

bǎ dōngxi bāo-qǐlai
把东西包起来
Sachen einwickeln

bāo jiǎozi
包饺子
Jiaozi machen

bāohán 包含 enthalten, umfassen

zhè-zhǒng yǐnliào bāohán kāfēiyīn
这种饮料包含咖啡因
dieses Getränk enthält Koffein

bāokuò 包括 einschließen

bāokuò zài nèi
包括在内
inbegriffen

bǎo 保 schützen, erhalten, garantieren

bǎo zìjǐ-de mìng
保自己的命
sein eigenes Leben schützen

wǒ bǎo nǐ néng kǎo-shàng dàxué
我保你能考上大学
ich garantiere, dass du es auf die Uni schaffst

bǎochí 保持 aufrechterhalten, bewahren

bǎochí liánxì
保持联系
Kontakt halten (Abschiedsfloskel)

bǎochí wùjià wěndìng
保持物价稳定
den Preis stabil halten

bǎochí jìlù
保持纪录
einen Rekord halten

bǎochí pínghéng
保持平衡
die Balance halten

bǎocún 保存 aufbewahren, erhalten, speichern

bǎocún shílì
保存实力
Kraft sparen

bǎ zhè-ge wǎngzhǐ bǎocún yíxià
把这个网址保存一下
diese Internetadresse mal speichern

bǎohù 保护 schützen, behüten

bǎohù huánjìng
保护环境
die Umwelt schützen

bǎoliú 保留 bewahren, vorbehalten

bǎoliú tèsè
保留特色
Besonderheiten bewahren

bǎomì 保密 etw. für sich behalten, Diskretion bewahren

lǐ-jiā càipǔ duìwài bǎomì
李家菜谱对外保密
die Rezepte der Familie Li werden Fremden nicht verraten

bǎowèi 保卫 verteidigen

zhōngguó jiěfàngjūn bǎowèi guójiā
中国解放军保卫国家
die Volksbefreiungsarmee verteidigt den Staat

bǎozhèng 保证 garantieren, versichern

wǒ xiàng nǐ bǎozhèng, ...
我向你保证, ...
ich versichere Ihnen, dass .....

bǎozhèng jīběn xūyào
保证基本需要
die Grundbedürfnisse decken

bàochóu 报仇 sich rächen

wèi ..... bàochóu
为 ..... 报仇
jdn rächen

bàodào 报道 melden

bàodào xīnwén
报道新闻
Nachrichten übermitteln

bàogào 报告 melden

zuò bàogào
作报告
einen Vortrag halten

bàomíng 报名 sich anmelden

bàomíng cānjiā bǐsài
报名参加比赛
sich zur Teilnahme an einem Wettkampf melden

kuài qù bàomíng
快去报名
sich schnell anmelden

bào 抱 in die Arme nehmen

bào háizi
抱孩子
ein Kind im Arm tragen

bàolù 暴露 enthüllen, ans Licht bringen

bú yào bàolù mùbiāo
不要暴露目标
keine Ziele preisgeben

bàofā 爆发 ausbrechen, bersten

zhànzhēng bàofā
战争爆发
der Krieg ist ausgebrochen

bēi 背 auf dem Rücken tragen

bēi bēibāo
背背包
einen Rucksack tragen

bèikè 备课 den Unterricht vorbereiten (als Lehrer)

bèi 背 den Rücken zuwenden, umdrehen, auswendig lernen

bèi-zhe tàiyáng zuò
背着太阳坐
mit dem Rücken zur Sonne sitzen

bǎ liǎn bèi-guòqu
把脸背过去
das Gesicht abwenden

bèi yì-shǒu shī
背一首诗
ein Gedicht auswendig lernen

néng bèi-chūlai
能背出来
etw. auswendig aufsagen können

bī 逼 zwingen, nötigen

bié bǎ wǒ bī-shàng juélù!
别把我逼上绝路！
treib mich nicht zum Äußersten!

bǐ 比 vergleichen

shuǐguǒ bǐ shūcài guì
水果比蔬菜贵
Obst ist teurer als Gemüse

bǐjiào 比较 vergleichen

..... tóng qùnián bǐjiào
...同去年比较
..... im Vergleich zum letzten Jahr

bìxū 必须 müssen

bìxū jiāo shuì
必须缴税
Steuern zahlen müssen

bì 闭 verschließen

bì-shàng yǎn
闭上眼
die Augen schließen

bì zuǐ!
闭嘴！
halt den Mund!

bì-shang nǐ-de chòuzuǐ!
闭上你的臭嘴！
halt dein Lästermaul!

bìyè 毕业 Schule bzw. Ausbildung abschließen

sān-nián yǐhòu jiù bìyè-le
三年以后就毕业了
in drei Jahren den (Schul-/Uni-) Abschluss haben

bì 避 ausweichen, sich unterstellen

bì yǔ
避雨
Schutz vor Regen suchen

bìmiǎn 避免 vermeiden, umgehen

bìmiǎn cuòwù
避免错误
Fehler vermeiden

bìmiǎn shìgù
避免事故
Unfall vermeiden

bìmiǎn bú bìyào-de chóngfù
避免不必要的重复
unnötige Wiederholungen vermeiden

bìmiǎn huáiyùn
避免怀孕
eine Schwangerschaft vermeiden

biān 编 flechten, verfassen, komponieren

biān biànzi
编辫子
Zöpfe flechten

biān wénzhāng
编文章
einen Aufsatz verfassen

biānjí 编辑 herausgeben

biānjí bàozhǐ
编辑报纸
eine Zeitung herausgeben

biàn 变 ändern, sich verändern, sich entwickeln

qíngkuàng biàn-le
情况变了
die Situation hat sich geändert

biàn .... wèi ....
变 ..... 为 .....
etw. zu etw. anderem machen

biànchéng 变成 sich verwandeln

kēdǒu biànchéng qīngwā
蝌蚪变成青蛙
Kaulquappen verwandeln sich in Frösche

biànchéng-le xiàndàihuà-de chéngshì
变成了现代化的城市
sich in eine moderne Stadt verwandelt haben

biànjí 遍及 sich überallhin erstrecken, überall zu finden sein

zhūliúgǎn biànjí-le quánqiú
猪流感遍及了全球
die Schweinegrippe hat sich auf der ganzen Welt ausgebreitet

biànlùn 辩论 erörtern, debattieren

fǎnfù biànlùn
反复辩论
hin und her debattieren

biǎodá 表达 ausdrücken

biǎodá gǎnqíng
表达感情
Gefühle ausdrücken

biǎodá zìjǐ-de yìyuàn
表达自己的意愿
den eigenen Beweggrund zum Ausdruck bringen

biǎoshì 表示 ausdrücken, zeigen

biǎoshì yánzhòng guānqiè
表示严重关切
ernste Besorgnis äußern

biǎoshì rèliè huānyíng
表示热烈欢迎
jdn herzlich willkommen heißen

biǎoshì bù tóngyì
表示不同意
Ablehnung ausdrücken

biǎoshì mǎnyì
表示满意
zufrieden sein

duì ..... biǎoshì mǎnyì
对..... 表示满意
mit ..... zufrieden sein

biǎoshì wèiwèn
表示慰问
seine Betroffenheit zum Ausdruck bringen

duì ..... biǎoshì wèiwèn
对..... 表示慰问
gegenüber ..... seine Betroffenheit zum Ausdruck bringen

biǎoshì zhīchí
表示支持
jdn/etw. unterstützen

biǎoshì zhōngxīn-de zhùhè
表示衷心的祝贺
herzliche Glückwünsche übermitteln

biǎoshì zhōngxīn-de gǎnxiè
表示衷心的感谢
jdm herzlichen Dank aussprechen

biǎoxiàn 表现 sich darstellen, sich verhalten

zài gōngzuò-zhōng biǎoxiàn hěn hǎo
在工作中表现很好
sich in der Arbeit ausgezeichnet bewähren

biǎoyǎn 表演 spielen, aufführen

biǎoyǎn jiémù
表演节目
eine Vorstellung geben

qǐng nǐ biǎoyǎn yí-ge jiémù!
请你表演一个节目！
gib etw. zum Besten!

biǎoyǎn xiàngsheng
表演相声
einen Sketch spielen

biǎoyáng 表扬 loben, belohnen, auszeichnen

biǎoyáng xuéshēng
表扬学生
Schüler loben

bìng 病 krank sein

bìng-le wǔ-tiān
病了五天
fünf Tage krank sein

bō 播 säen, verbreiten

bō-xià zhǒngzǐ
播下种子
Saat zusäen

bōfàng 播放 übertragen, senden

bōfàng yí-ge DVD
播放一个 DVD
eine DVD abspielen

bōfàng guǎnggào
播放广告
Werbung senden

bōsòng 播送 verbreiten, übertragen, senden

jiémù bōsòng-wán-le
节目播送完了
das Programm ist beendet

bǔ 补 reparieren, ergänzen, sich stärken

bǔ xié
补鞋
Schuhe reparieren

bǔ wàzi
补袜子
Socken stopfen

bǔ sǔnshī
补损失
einen Verlust wettmachen

bǔ shēntǐ
补身体
seine Gesundheit wiederherstellen

bǔchōng 补充 hinzufügen

hùxiāng bǔchōng
互相补充
sich gegenseitig ergänzen

bǔchōng liǎng-diǎn yìjiàn
补充两点意见
zwei Punkte sind zu ergänzen

bǔ 捕 fangen

bǔ yú
捕鱼
Fische fangen

bèi-bǔ
被捕
verhaftet werden

bú-huì 不会 es wird nicht geschehen, es wird nicht der Fall sein

tā bú-huì qù-de
他不会去的
er wird wohl nicht hingehen

rén bú-huì duō-de
人不会多的
es dürfen nicht zu viele sein

bú-huì fǎwén
不会法文
Französisch nicht können

bú-huì chōuyān
不会抽烟
Nichtraucher sein

bú-yào 不要 nicht dürfen, nicht sollen

bú-yào làngfèi shíjiān!
不要浪费时间！
vergeude keine Zeit!

bú-yòng 不用 nicht brauchen

bú-yòng zháojí!
不用着急！
reg dich nicht auf!

bú-yòng shuō!
不用说！
nicht der Rede wert!

bú-yòng kèqi!
不用客气！
bitte, keine Umstände!

bú-yòng xiè!
不用谢！
nichts zu danken!

bú-yòng qù shàngbān
不用去上班
nicht zur Arbeit gehen brauchen

bùzhì 布置 einrichten, arrangieren

bùzhì fángjiān
布置房间
ein Zimmer einrichten

bùzhì zhǎnpǐn
布置展品
Exponate auslegen

C

cā 擦 abwischen, auftragen, streifen, berühren

cā gānjìng
擦干净
abwischen

cā zhuōzi
擦桌子
den Tisch abwischen

cā pìgu
擦屁股
sich den Hintern abwischen

cā yǎnlèi
擦眼泪
sich die Tränen trocknen

cā dìbǎn
擦地板
den Boden schrubben

cā píxié
擦皮鞋
die Schuhe putzen

cā yóu
擦油
mit Creme/Salbe einreiben

cāshāng-le xīgài
擦伤了膝盖
sich das Knie aufgeschürft haben

cāi 猜 raten

nán cāi
难猜
schwer zu erraten

cāi-duì-le
猜对了
etw. erraten haben

cāi-zháo-le
猜着了
etw. erraten haben

cāi-bu-zháo
猜不着
nicht erraten können

cái 裁 schneiden, entscheiden

cái yí-tào xīfu
裁一套西服
einen Anzug zuschneiden

bǎ tā cái-diào-le
把他裁掉了
ihn auf die Straße setzen

cǎi 采 pflücken, sammeln, abbauen

cǎi chá
采茶
Teeblätter pflücken

cǎi yào
采药
Heilkräuter sammeln

cǎi méi
采煤
Kohle fördern

cǎi yóu
采油
Erdöl gewinnen

cǎifǎng 采访 jdn aufsuchen und Material sammeln (für eine Reportage)

cǎifǎng xīnwén
采访新闻
Neuigkeiten recherchieren

duì zhèngzhìjiā cǎifǎng
对政治家采访
Politiker interviewen

cǎigòu 采购 einkaufen, etw. beschaffen

cǎigòu shēnghuó yòngpǐn
采购生活用品
Lebensmittel einkaufen

cǎijí 采集 sammeln

cǎijí yěshēng cháyè zuò yào yòng
采集野生茶叶作药用
wilden Tee zur Herstellung von Medizin sammeln

cǎinà 采纳 annehmen, übernehmen, akzeptieren

cǎinà jiànyì
采纳建议
einen Vorschlag übernehmen

cǎiqǔ 采取 anwenden, ergreifen

cǎiqǔ cuòshī
采取措施
Maßnahmen ergreifen

cǎiqǔ xíngwéi
采取行为
agieren

cǎiqǔ fāngshì
采取方式
Methoden anwenden

cānguān 参观 besichtigen

cānguān míngshèng gǔjī
参观名胜古迹
Sehenswürdigkeiten besichtigen

cānjiā 参加 teilnehmen

cānjiā bǐsài
参加比赛
bei einem Wettkampf antreten

cānjiā tǎolùn
参加讨论
an einer Diskussion teilnehmen

cānjiā huìyì
参加会议
eine Sitzung/Konferenz besuchen

cānjiā huìtán
参加会谈
an Verhandlungen teilnehmen

cānjiā hūnlǐ
参加婚礼
an einer Hochzeit teilnehmen

cānjiā shíyuè píjiǔjié
参加十月啤酒节
zum Oktoberfest gehen

cānjiā zànglǐ
参加葬礼
auf ein Begräbnis gehen

cānjiā zhìlì cèyàn
参加智力测验
an einem Intelligenztest teilnehmen

cānkǎo 参考 zu Rate ziehen, vergleichen

cānkǎo tā-de jiànyì
参考他的建议
seinen Vorschlag prüfen

cáng 藏 verstecken

cáng zài jiā-lǐ
藏在家里
zuhause verstecken

cāo 操 in der Hand halten, sich beschäftigen mit, trainieren

cāo dāo
操刀
ein Messer in der Hand halten

cāoxīn 操心 sich abmühen mit etw.

búbì cāoxīn-le
不必操心了
sich keine Sorgen machen müssen

cāozuò 操作 etw. bedienen, etw. betätigen

cāozuò hǎo-jǐ-tái jīqì
操作好几台机器
mehrere Maschinen bedienen

cào 操 ficken

cào nǐ mā-de!
操你妈的！
fick deine Mutter!

cè 测 messen, schätzen

cè tǐwēn
测体温
die Körpertemperatur messen

cèliáng 测量 vermessen

cèliàng dìxíng
测量地形
das Gelände vermessen

cèyàn 测验 prüfen, kontrollieren, testen

cèyàn tā-de nénglì
测验他的能力
seine Fähigkeiten testen

chā 插 hineinstecken

bǎ chātóu chā-shàng
把插头插上
einen Stecker in die Dose stecken

bǎ shuāng-shǒu chā zài kǒudài-lǐ
把双手插在口袋里
beide Hände in die Taschen stecken

chāduì 插队 sich (beim Anstellen) vordrängeln

bié chāduì!
别插队！
nicht vordrängeln!

chá 查 nachschlagen, untersuchen

chá cídiǎn
查词典
im Wörterbuch nachschlagen

chá-yi-chá shìgù-de yuányīn
查一查事故的原因
die Unfallursache untersuchen

chákàn 察看 etw. genau beobachten

chákàn jiéguǒ
察看结果
ein Ergebnis feststellen

chà 差 fehlen

wǔ-diǎn chà shí-fēn
五点差十分
zehn (Minuten) vor fünf (Uhr)

hái chà yí-ge rén
还差一个人
es fehlt noch einer

niánlíng chà-bu-duō
年龄差不多
fast gleich alt

chāi 拆 auftrennen, auseinandernehmen, abreißen

chāi jīqì
拆机器
eine Maschine auseinandernehmen

chāi fángzi
拆房子
ein Haus abreißen

chǎn 产 hervorbringen, herstellen

chǎn píngguǒ
产苹果
Äpfel produzieren

chǎnshēng 产生 produzieren

chǎnshēng hǎo-de jiéguǒ
产生好的结果
gute Resultate erzielen

chǎnshēng hěn dà-de yǐngxiǎng
产生很大的影响
einen großen Einfluss ausüben

chǎnshēng xīn-de fēiyuè
产生新的飞跃
neuen Aufschwung hervorbringen

chàndǒu 颤抖 zittern, beben

dòng-de quánshēn chàndǒu
冻得全身颤抖
vor Kälte am ganzen Körper zittern

xià-de liǎng-tuǐ chàndǒu
吓得两腿颤抖
die Beine schlottern vor Angst

cháng 尝 schmecken, kosten

chángchang kàn
尝尝看
mal probieren

chàng 唱 singen

chàng gē
唱歌
(Lieder) singen

chàng KǎlāOK
唱卡拉OK
Karaoke singen

gēn-zhe yīnyuè chàng-qǐlai
跟着音乐唱起来
mit der Musik anfangen zu singen

chāo 抄 ergreifen, anpacken, kopieren

chāo gǎojiàn
抄稿件
ein Manuskript abschreiben

chāo 超 überschreiten

chāo chē
超车
ein Auto überholen

chāoguò 超过 überschreiten, übertreffen

chāoguò guīdìng-de sùdù
超过规定的速度
die Geschwindigkeitsgrenze überschreiten

chǎo 吵 lärmen, streiten

bié chǎo!
别吵!
mach keinen Krach!

zhēn shì chǎo-de huang!
真是吵得慌!
wirklich ein furchtbarer Lärm!

háizi bèi-chǎo xǐng-le
孩子被吵醒了
die Kinder sind vom Lärm aufgewacht

bú yào wèi .... chǎo-qǐlai
不要为 ..... 吵起来
nicht wegen ..... streiten

chǎojià 吵架 sich streiten, zanken

tiāntiān chǎojià
天天吵架
sich täglich streiten

chǎo 炒 braten, anbraten

chǎo jīdàn
炒鸡蛋
Eier pfannenrühren

chǎo cài
炒菜
Essen im Wok braten

chě 扯 ziehen, reißen

bǎ zhǐ chě-xiàlai
把纸扯下来
ein Blatt Papier abreißen

chè 撤 abräumen, entfernen

bǎ pánzi、wǎn chè-le
把盘子、碗撤了
den Tisch abdecken

chèzhí 撤职 absetzen, entlassen, abberufen

gěi ..... chèzhí
给 ..... 撤职
jdn entlassen

chén 沉 sinken, versenken

chuán chén-le
船沉了
das Schiff ist gesunken

chénshù 陈述 darlegen, ausführen

chénshù yìjiàn
陈述意见
seine Meinung darlegen

chénshù zìjǐ-de yìjiàn
陈述自己的意见
seine eigene Meinung darlegen

chèn 趁 ausnutzen

chèn jīhuì
趁机会
eine Gelegenheit nutzen

chēng 称 nennen, bezeichnen

rénmen jiù chēng ..... wèi .....
人们就称 ..... 为 .....
man bezeichnet ..... als .....

jù wàijiāobù fāyánrén chēng
据外交部发言人称
wie der Sprecher des Außenministeriums erklärte

chēnghu 称呼 anreden, nennen

wǒ gāi zěnme chēnghu nǐ?
我该怎么称呼你?
wie soll ich dich anreden?

chéng 成 vollenden, verwandeln in

mó chéng fěnmò
磨成粉末
zu Pulver zermahlen

chénggōng 成功 gelingen

zhù nǐmen-de fǎngwèn yuánmǎn chénggōng!
祝你们的访问圆满成功!
wir wünschen, dass ihr Besuch von Erfolg gekrönt sein wird!

chénglì 成立 gründen, errichten

chénglì gōngsī
成立公司
eine Firma gründen

chéngwéi 成为 zu etw. werden, sich entwickeln

tā chéngwéi yí-ge chūsè-de yīshēng
他成为一个出色的医生
er ist ein ausgezeichneter Arzt geworden

yǐjīng chéngwéi rénmen-de yì-zhǒng xíguàn
已经成为人们的一种习惯
bei den Leuten bereits zu einer Gewohnheit geworden sein

chéngzhǎng 成长 heranwachsen

mànmàn-de chéngzhǎng
慢慢地成长
langsam heranwachsen

chéngrèn 承认 anerkennen, zugeben

chéngrèn cuòwù
承认错误
Fehler eingestehen

chéng 乘 multiplizieren, mit etw. reisen, fahren

èr chéng èr
二乘二
2 x 2

chéng chē
乘车
mit dem Auto fahren

chéng chuán
乘船
Schiff fahren

chéng xuěqiāo
乘雪橇
Schlitten fahren

chéng huǒchē lǚyóu
乘火车旅游
mit dem Zug reisen

chéngzuò 乘坐 mit etw. reisen, mit etw. fahren

chéngzuò jīngjìcāng
乘坐经济舱
in der Economyclass reisen

chī 吃 essen

chī xián-de
吃咸的
Salziges essen

chī fàn
吃饭
essen

yòng ..... chī fàn
用 ..... 吃饭
mit ..... essen

xíguàn yòng kuàizi chī fàn
习惯用筷子吃饭
gewöhnlich mit Stäbchen essen

chī zǎofàn
吃早饭
frühstücken

chī wǔfàn
吃午饭
zu Mittag essen

chī wǎnfàn
吃晚饭
zu Abend essen

chī biànfàn
吃便饭
Hausmannskost essen

chī kuàicān
吃快餐
Fastfood essen

chī lājī shípǐn
吃垃圾食品
Junk Food essen

chī jiǎozi
吃饺子
Nudelteigtaschen essen

chī shítáng
吃食堂
in der Kantine essen

chī fànguǎn
吃饭馆
im Restaurant essen

chī-guò-le ma?
吃过了吗?
schon gegessen? (Begrüßungsfloskel)

duō chī diǎn!
多吃点!
greif zu!

chī-le fàn zài zǒu ba!
吃了饭再走吧!
bleib doch noch zum Essen!

chī-bu-guàn
吃不惯
(an bestimmtes Essen) nicht gewöhnt sein

chī bǎo 吃饱 satt sein

wǒ chī bǎo-le
我吃饱了
ich bin satt

zhǔrén jíshǐ yǐjīng chībǎo, yě yào péizhe kèrén chī
主人即使已经吃饱, 也要陪着客人吃
selbst wenn der Gastgeber schon satt ist, muss er mit den Gästen weiteressen

chī cù 吃醋 eifersüchtig sein

tā lǎopó tè-ài chī cù
他老婆特爱吃醋
seine Frau wird besonders leicht eifersüchtig

chī dòufu 吃豆腐 eine Frau unsittlich berühren, jdm anmachen

bié xiǎng chī wǒ-de dòufu!
别想吃我的豆腐!
mach' mich nicht so blöd an!

yòu bèi-chī dòufu-le
又被吃豆腐了
wieder unsittlich angefasst worden sein

chī kǔ 吃苦 Schweres ertragen, Not erleiden

hěn néng chī kǔ
很能吃苦
Schweres sehr gut ertragen können

chī sù 吃素 vegetarisch essen

tǎoyàn chī sù
讨厌吃素
vegetarisch essen verabscheuen

chī hūn 吃荤 Nahrungsmittel tierischer Herkunft essen

chī hūn méiyǒu chī sù jiànkāng
吃荤没有吃素健康
Fleisch essen ist nicht so gesund wie vegetarisch essen

chī yào 吃药 Medizin einnehmen

chī-cuò yào-le
吃错药了
verrückt sein, nicht mehr alle haben

chījīng 吃惊 erstaunt sein

zhè-jiàn shì zhēn ràng wǒ chījīng
这件事真让我吃惊
diese Sache erstaunt mich sehr

lìng-rén chījīng-de xiāoxí
令人吃惊的消息
eine erschreckende Nachricht

chīkuī 吃亏 Schwierigkeiten haben, Nachteile haben

chī diǎn kuī méi shì
吃点亏没事
es schadet nicht, ein bisschen benachteiligt zu werden

rén bù chī kuī dé-bu-liǎo dàfú
人不吃亏得不了大福
wer nie in Not gerät, der wird auch nie großes Glück erlangen

chīnì 吃腻 sich an etw. überessen

nǎiyóu dàngāo chīnì-le
奶油蛋糕吃腻了
sich an Sahnetorte überfressen

chídào 迟到 sich verspäten

chídào yí-ge xiǎoshí
迟到一个小时
sich eine Stunde verspäten

cóng bù chídào
从不迟到
niemals zu spät kommen

chí 持 halten, verwalten

chíyǒu bùtóng yìjiàn
持有不同意见
eine andere Meinung haben

chíxù 持续 andauern

chíxù wěndìng shàngshēng
持续稳定上升
sich stetig und gleichmäßig erhöhen

chōng 冲 spülen, waschen, aufbrühen

chōng chá
冲茶
Tee aufgießen

bǎ kāfēibēi yòng shuǐ chōng yi chōng
把咖啡杯用水冲一冲
die Kaffeetassen mit Wasser ausspülen

chōng cèsuǒ
冲厕所
die Toilette spülen

bǎ shēn-shàng-de hàn chōngxǐ-diào
把身上的汗冲洗掉
sich den Schweiß vom Körper waschen

chōng línyù
冲淋浴
duschen

chōng ge zǎo
冲个澡
duschen

chōnglàng 冲浪 surfen

wǎng-shàng chōnglàng
网上冲浪
im Internet surfen

chōng 充 ausreichen, füllen

chōng diàn
充电
(einen Akku) aufladen

gěi shǒujī chōng diàn
给手机充电
ein Handy aufladen

chóngdié 重迭 sich überschneiden

liǎng-tiáo túxiàn chóngdié zài X-diǎn-shàng
两条图线重迭在X-点上
zwei Linien überschneiden sich im Punkt X

chóngfù 重复 wiederholen

bǎ zhè-jù huà zài chóngfù yí-biàn
把这句话再重复一遍
diesen Satz noch einmal wiederholen

bìxū bùduàn-de chóngfù
必须不断地重复
ununterbrochen etw. wiederholen müssen

chóngjìng 崇敬 respektieren, hochschätzen, verehren

shífēn chóngjìng
十分崇敬
sehr respektieren

chōu 抽 herausziehen, ansaugen

chōuxiě
抽血
Blut entnehmen

chōujīn
抽筋
von einem Muskelkrampf befallen werden

chōuyān 抽烟 (Zigarette, Zigarre, Pfeife) rauchen

qǐng chōuyān!
请抽烟!
darf ich Ihnen eine Zigarette anbieten?

wǒ bú huì chōuyān
我不会抽烟
ich rauche nicht

chū 出 hinausgehen, erscheinen, vorkommen

chū-le shì
出了事
etw. ist passiert

chū shénme shì-le?
出什么事了?
was ist los?

chū máobìng
出毛病
eine Störung haben

qìchē chū máobìng
汽车出毛病
das Auto hat einen Defekt

chūguó
出国
ins Ausland fahren

chū shū
出书
Bücher herausgeben

chūbǎn 出版 verlegen, veröffentlichen

chūbǎn bàokān
出版报刊
Zeitungen und Zeitschriften herausgeben

chūchǎn 出产 produzieren, erzeugen

chūchǎn cíqì
出产瓷器
Porzellan produzieren

chūfā 出发 aufbrechen, starten

zǎoshàng bā-diǎn chūfā
早上八点出发
morgens um 8 Uhr aufbrechen

cóng jiātíng-de xūyào chūfā
从家庭的需要出发
von den Bedürfnissen einer Familie ausgehend

chūhàn 出汗 schwitzen

ōuzhōurén bǐ yàzhōurén gèng ài chūhàn
欧洲人比亚洲人更爱出汗
Europäer schwitzen mehr als Asiaten

chūlái 出来 herauskommen

tàiyáng chūlái-le
太阳出来了
die Sonne kommt heraus

chūqù 出去 hinausgehen

chūqù zǒu zǒu
出去走走
zu einem Spaziergang hinausgehen

chū-bu-qù
出不去
nicht hinausgehen können

chūshòu 出售 verkaufen

chūshòu gèzhǒng gèyàng-de píjiǔ
出售各种各样的啤酒
jede Sorte Bier verkaufen

chūxí 出席 anwesend sein, teilnehmen

chūxí huìyì
出席会议
an einer Sitzung teilnehmen

chūxí yànhuì
出席宴会
an einem Bankett teilnehmen

chūxiàn 出现 erscheinen, vorkommen

chūxiàn máodùn
出现矛盾
Widersprüche treten auf

chūxiàn-le gān'gà-de júmiàn
出现了尴尬的局面
eine peinliche Situation tritt auf

chūxiàn cǎihóng
出现彩虹
ein Regenbogen kommt heraus

chūyuàn 出院 das Krankenhaus verlassen

shǒushù-hòu chūyuàn
手术后出院
nach der Operation das Krankenhaus verlassen

chūzū 出租 vermieten, ausleihen

chūzū fángzi
出租房子
Wohnungen vermieten

chūzū guāngdié
出租光碟
CDs und DVDs verleihen

chú 除 entfernen, dividieren

chú cǎo
除草
den Rasen mähen

shí'èr chú yǐ sān dé sì
十二除以三得四
12 geteilt durch 3 ist 4

chǔ 处 behandeln, bestrafen

chǔshì
处事
Angelegenheiten regeln

chǔlǐ 处理 behandeln, ordnen

chǔlǐ wèntí
处理问题
mit Problemen umgehen

chǔlǐ rìcháng shìwù
处理日常事务
die tägliche Arbeit erledigen

chǔlǐ shìjiàn
处理事件
einen Zwischenfall handhaben

chǔsǐ 处死 jdn exekutieren

chǔsǐ shārénfàn
处死杀人犯
einen Mörder exekutieren

chǔcún 储存 speichern

chǔcún yí-ge wénjiàn
储存一个文件
ein Dokument speichern

chù 触 berühren, treffen

chù chùmōpíng
触触摸屏
den Touchscreen betätigen

chuān 穿 tragen, überqueren

chuān yīfu
穿衣服
Kleider tragen

chuān dīngzìkù
穿丁字裤
einen String-Tanga tragen

chuān bǐjīní
穿比基尼
einen Bikini tragen

chuān-shàng wàiyī
穿上外衣
die Jacke anziehen

yīfu chuān-jiù-le
衣服穿旧了
die Kleider sind abgetragen

chuān nuǎnhuo yìdiǎn
穿暖和一点
sich wärmer anziehen

chuān xiǎoxié
穿小鞋
gemobbt werden

gěi ..... chuān xiǎoxié
给 ..... 穿小鞋
jdn mobben

bèi lǐngdǎo chuān xiǎoxié
被领导穿小鞋
vom Chef gemobbt werden

chuān mǎlù
穿马路
eine Straße überqueren

cóng shìchǎng chuān-guòqu
从市场穿过去
über den Markt gehen

chuán 传 weitergeben, verbreiten, anstecken

chuán qiú
传球
den Ball abgeben

tā bǎ gōngfu chuán gěi wǒ-le
他把功夫传给我了
er hat mir Kungfu beigebracht

xiāoxí hěn kuài chuán-kāi-le
消息很快传开了
die Nachricht hat sich schnell herumgesprochen

chuánbō 传播 verbreiten, übertragen

cóng ..... xiàng ..... chuánbō
从 ..... 向 ..... 传播
von ..... bis ..... verbreiten

chuánrǎn 传染 infizieren, anstecken, verseuchen

zhè-bìng bù chuánrǎn
这病不传染
diese Krankheit ist nicht ansteckend

tā bǎ liúgǎn chuán rǎn gěi wǒ-le
他把流感传染给我了
er hat mich mit Grippe angesteckt

chuánshuō 传说 man sagt, dass .....; das Gerücht geht um, dass .....

chuǎn 喘 schwer atmen, schnaufen

lèi-de tā qì chuǎnxūxū
累得他气喘吁吁
er ist so müde, dass er keucht

chuǎng 闯 sich stürzen, stürmen, sich durchschlagen

chuǎng-jìnlai
闯进来
mit der Tür ins Haus fallen

chuàng 创 erstmals erreichen, zustande bringen

chuàng jìlù
创记录
einen Rekord aufstellen

chuàng zuì-gāo shuǐpíng
创最高水平
das höchste Niveau erreichen

chuàngjiàn 创建 gründen, errichten

kǎoyādiàn yú 1866-nián chuàngjiàn
烤鸭店于1866年创建
das Enten-Restaurant wurde im Jahr 1866 gegründet

chuànglì 创立 gründen

chuànglì gōngsī
创立公司
eine Firma gründen

chuàngzào 创造 schaffen, erzeugen, kreieren

chuàngzào guānghuī-de wénxué zuòpǐn
创造光辉的文学作品
großartige Literatur hervorbringen

chuàngzào cànlàn-de wénhuà
创造灿烂的文化
eine herrliche Kultur hervorbringen

chuàngzuò 创作 verfassen, schreiben

chuàngzuò yìshù zuòpǐn
创作艺术作品
Kunstwerke schaffen

chuī 吹 blasen, wehen

chuī fēng
吹风
föhnen

chuī-qǐ qìdiàn
吹起气垫
eine Luftmatratze aufblasen

chuī lǎba
吹喇叭
Trompete spielen

chuī niú
吹牛
prahlen

wǒmen chuī-le
我们吹了
wir haben uns getrennt

cízhí 辞职 abdanken, zurücktreten

zǒngjīnglǐ cízhí
总经理辞职
der Hauptgeschäftsführer tritt zurück

cì 刺 stechen, sticheln, reizen

cì wénshēn
刺纹身
sich tätowieren lassen

cìshā
刺杀
ein Attentat verüben

cóngshì 从事 sich mit etw. beschäftigen, behandeln

cóngshì yánjiū gōngzuò
从事研究工作
sich mit Forschung beschäftigen

cùjìn 促进 anspornen, fördern

cùjìn xiāohuà
促进消化
die Verdauung fördern

cùjìn fāzhǎn
促进发展
eine Entwicklung fördern

cuī 催 drängen, antreiben, beschleunigen

cuī tā yí-xià
催他一下
ihn antreiben

cún 存 existieren, aufbewahren

zhè-ge wèntí hái cúnzài
这个问题还存在
dieses Problem ist nach wie vor vorhanden

zhè-ge wèntí bù cúnzài-le
这个问题不存在了
dieses Problem gibt es nicht mehr

cún qián
存钱
Geld zurücklegen

xīhóngshì cún-bu-zhù
西红柿存不住
die Tomaten können sich nicht halten

cuò 措 zeitlich versetzt anordnen

zhè-liǎng-ge huì bù néng tóngshí kāi, děi cuò yí-xià
这两个会不能同时开，得措一下
die beiden Sitzungen können nicht gleichzeitig abgehalten werden, wir müssen sie zeitlich staffeln

D

dā 搭 mit etw. fahren, bauen, errichten

dā tāmen-de chē zǒu
搭他们的车走
in ihrem Auto mitfahren

dā zhàngpeng
搭帐篷
ein Zelt aufschlagen

dā-qǐ kǎojià
搭起烤架
einen Grill aufstellen

dāyìng 答应 positiv antworten, zustimmen

dāyìng cānjiā
答应参加
die Teilnahme zusagen

dāyìng yāoqiú
答应要求
Forderungen zustimmen

tā dāyìng wǔ-diǎn dào
他答应五点到
er hat versprochen, dass er um 5 Uhr kommt

dá 达 erreichen, mitteilen

cí bù dá yì
词不达意
die falschen Worte benutzen

dádào 达到 erreichen, ankommen

chóngxīn dádào
重新达到
wiedererlangen

dádào mùdì
达到目的
ein Ziel erreichen

dá-bu-dào mùdì
达不到目的
ein Ziel nicht erreichen können

bù dádào mùdì bú bàxiū
不达目的不罢休
nicht aufgeben, bevor das Ziel erreicht ist

dádào zhìliàng yāoqiú
达到质量要求
die Qualitätsanforderungen erfüllen

dáchéng 达成 etw. erreichen, etw. erzielen

dáchéng liàngjiě
达成谅解
Verständigung erzielen

dá 答 antworten

gěi xuésheng dáyí
给学生答疑
die Fragen der Schüler beantworten

dáfù 答复 antworten

jǐnkuài dáfù wèntí
尽快答复问题
so schnell wie möglich Fragen beantworten

dǎ 打 schlagen

dǎ zuǐba
打嘴巴
jdm eine Ohrfeige geben

dǎ fàn
打饭
Essen holen

dǎ shuǐ
打水
Wasser schöpfen

dǎ chā
打叉
ankreuzen

dǎ-ge bǐfang
打个比方
ein Beispiel geben

dǎbài 打败 besiegen, besiegt werden

dǎbài jiējí dírén
打败阶级敌人
die Klassenfeinde besiegen

dǎbàn 打扮 schmücken, (sich) schminken, herausputzen

dǎbàn-de xiàng lǎotàipó
打扮得像老太婆
sich anziehen wie eine alte Oma

dǎbāo 打包 einpacken

dǎ bēibāo
打背包
einen Rucksack packen

dǎ xínglǐ
打行李
das Gepäck packen

dǎ chūzūchē 打出租车 ein Taxi nehmen

dǎdǎo 打倒 stürzen, niederschlagen

dǎdǎo zhèngzhìjiā
打倒政治家
einen Politiker stürzen

dǎdī 打的 mit dem Taxi fahren

dǎ diànhuà 打电话 telefonieren, anrufen

wǒ gěi nǐ dǎ diànhuà
我给你打电话
ich rufe dich an

dǎdiào 打掉 etw. zerschlagen, jdm etw. austreiben

bǎ tāi'ér dǎdiào
把胎儿打掉
das Kind abtreiben

dǎdǔ 打赌 wetten

wǒ dǎdǔ nǐ yíng-bu-liǎo wǒ
我打赌你赢不了我
ich wette, dass du nicht gegen mich gewinnen kannst

wǒ gěi nǐ dǎ yì-bǎi-kuài-de dǔ
我给你打一百块钱的赌
ich wette mit dir um 100 Yuan

dǎduàn 打断 unterbrechen

bié dǎduàn wǒ!
别打断我！
unterbrich mich nicht!

dǎgé 打嗝 rülpsen

bù tíng-de dǎgé
不停地打嗝
Schluckauf haben

dǎgōng 打工 jobben

dào wàidì dǎgōng
到外地打工
auswärts jobben

dă hāqian 打哈欠 gähnen

dăhān 打鼾 schnarchen

dă hūlū 打呼噜 schnarchen

dăjī 打击 schlagen, angreifen

dăjī tārén jījíxìng
打击他人积极性
die Initiative der anderen zerstören

dăkāi 打开 öffnen, einschalten, entfalten

dăkāi chuānghu
打开窗户
Fenster öffnen

dăkāi gàizi
打开盖子
den Deckel abheben

dăkāi shōuyīnjī
打开收音机
das Radio anmachen

dăkāi yănjiè
打开眼界
seinen Gesichtskreis erweitern

dăléi 打雷 es donnert

dă májiàng 打麻将 Mahjong spielen

dă máoyī 打毛衣 Pullover stricken

dă pái 打牌 Karten spielen

dă pēntì 打喷嚏 niesen

dăpò 打破 brechen, zerbrechen

dăpò gèzhŏng xiànzhì
打破各种限制
jegliche Grenzen brechen

dăpò pínghéng
打破平衡
etw. aus dem Gleichgewicht bringen

dăqì 打气 aufpumpen

gěi zìxíngchē dăqì
给自行车打气
Fahrrad aufpumpen

dăqiú 打球 Ball spielen

dă pīngpāngqiú
打乒乓球
Tischtennis spielen

dă lánqiú
打篮球
Basketball spielen

dă yŭmáoqiú
打羽毛球
Federball spielen

dă páiqiú
打排球
Volleyball spielen

dărăo 打扰 stören

dărăo jìlǜ
打扰纪律
die Disziplin stören

dăsăo 打扫 reinigen, säubern, aufräumen

dăsăo fángjiān
打扫房间
ein Zimmer saubermachen

dăsăo gānjìng
打扫干净
sauberkehren

yòng ..... dăsăo
用 ..... 打扫
mit ..... saubermachen

yòng sàozhǒu dăsăo
用扫帚打扫
mit einem Besen saubermachen, kehren

dăshăn 打闪 es blitzt

tiānkōng dǎshǎn
天空打闪
es blitzt am Himmel

dǎ shǒushì 打手势 gestikulieren

tōutōu dǎ shǒushì
偷偷打手势
jdm verstohlen Zeichen geben

dǎsuàn 打算 planen, vorhaben

dǎsuàn dāng lǎoshī
打算当老师
vorhaben, Lehrer zu werden

wèi yǐhòu dǎsuàn
为以后打算
vorausschauend planen

dǎ suànpán 打算盘 auf dem Abakus rechnen

dǎ-cuò suànpán
打错算盘
sich verrechnen

dǎ tàijíquán 打太极拳 Taiji machen, schattenboxen

dǎtīng 打听 sich erkundigen

gēn nǐ dǎtīng yí-jiàn shì
跟你打听一件事
ich hätte gerne eine Auskunft über etw.

xiàng tā dǎtīng .....
向他打听 .....
sich bei ihm über etw. erkundigen

tā xiàng wǒ dǎtīng .....
他向我打听 .....
er fragte mich nach ......

dǎtōng 打通 durchbrechen, durchstoßen

diànhuà dǎ-bu-tōng
电话打不通
telefonisch nicht durchkommen

dǎzhàng 打仗 Krieg führen, kämpfen

gēn ..... dǎzhàng
跟 ..... 打仗
mit ..... Krieg führen

dǎ xuězhàng
打雪仗
eine Schneeballschlacht machen

dǎ zhāohu 打招呼 grüßen, etw. vorher mitteilen

nǐ shénme shíhou lái zhōngguó, gěi wǒ dǎ-ge zhāohu
你什么时候来中国，给我打个招呼
wenn du nach China kommst, sag mir vorher Bescheid

dǎ zhékòu 打折扣 Rabatt geben

dǎ bā zhé
打八折
20% Rabatt geben

dǎzhēn 打针 eine Spritze geben, injizieren

xiǎo-háizi bú ài dǎzhēn
小孩子不爱打针
kleine Kinder wollen keine Spritze bekommen

dǎzì 打字 tippen

dàbiàn 大便 Stuhlgang haben

gǒu ài suídì dàbiàn
狗爱随地大便
Hunde scheißen gerne überall hin

dāi 呆 bleiben

dāi zài jiā-lǐ
呆在家里
zuhause bleiben

dàibiǎo 代表 im Auftrag/Namen von jdm, symbolisieren

hóngsè dàibiǎo yùnqi
红色代表运气
die Farbe Rot symbolisiert Glück

dàibiǎo wǒ gōngsī biǎoshì zhōngxīn gǎnxiè
代表我公司表示衷心感谢
im Namen meiner Firma bedanke ich mich ganz herzlich

dàibiǎo shídài jīngshén
代表时代精神
den Zeitgeist versinnbildlichen

dàitì 代替 ersetzen, an die Stelle treten

yòng zhēnmá dàitì yàomá
用针麻代替药麻
Anästhesie mit Akupunkturbetäubung ersetzen

dài 带 mitbringen

kěyǐ dài duōshǎo xínglǐ?
可以带多少行李?
wieviel Gepäck darf man mitnehmen?

wǒ shēn-shàng méi dài qián
我身上没带钱
ich habe kein Geld bei mir

dài-lái .....
带来 .....
etw. mitbringen

dài 待 behandeln, bewirten, warten

dài tā bù gōngpíng
待他不公平
ihn ungerecht behandeln

dài kèrén
待客人
Gäste bewirten

dài jīhuì
待机会
auf eine Gelegenheit warten

dài jiějué-de wèntí
待解决的问题
ein zur Lösung anstehendes Problem

dàixù 待续 Fortsetzung folgt

dàibǔ 逮捕 festnehmen, verhaften

dàibǔ rénfànzi
逮捕人贩子
einen Menschenhändler verhaften

dài 戴 aufsetzen, tragen

dài yǎnjìng
戴眼镜
Brille tragen

dài yǐnxíng yǎnjìng
戴隐形眼镜
Kontaktlinsen tragen

bǎ yǐnxíng yǎnjìng dài-shàngqu
把隐形眼镜戴上去
Kontaktlinsen einsetzen

dài-shàng màozi
戴上帽子
eine Mütze aufsetzen

dài lǜ-màozi
戴绿帽子
Hörner aufgesetzt bekommen

dài-shàng shǒutào
戴上手套
Handschuhe anziehen

dài-shàng bìyùntào
戴上避孕套
ein Kondom anziehen

dān 担 etw. auf sich nehmen, übernehmen

bǎ rènwù dān-qǐlai
把任务担起来
Aufgaben übernehmen

dān-bu-qǐ zhèyàng-de zérèn
担不起这样的责任
die Verantwortung nicht auf sich nehmen können

bú pà dān fēngxiǎn
不怕担风险
kein Risiko scheuen

dānrèn 担任 als ..... tätig sein, als ..... fungieren

dānrèn zhǔxí
担任主席
Vorsitzender sein

dānxīn 担心 sich um jdn/etw. sorgen/ kümmern

dānxīn qiántú
担心前途
sich um die Zukunft sorgen

dānxīn mìngyùn
担心命运
sich um sein Schicksal sorgen

dānxīn jiànkāng
担心健康
auf die Gesundheit achten

dānwù 耽误 verzögern

dānwù shíjiān
耽误时间
Zeit verlieren

dāng 当 als ..... tätig sein

dāng jiàoshòu
当教授
als Professor tätig sein

dǎng 挡 versperren, verbergen, abhalten

dǎng fēng
挡风
vor Wind schützen

dǎng rìzhào
挡日照
vor Sonneneinstrahlung schützen

dàngzuò 当作 jdn für etw. halten, etw. in jdm sehen

..... dàngzuò zìjǐ-de zérèn
..... 当作自己的责任
etw. als eigene Pflicht ansehen

dǎozhì 导致 zu etw. führen

dǎozhì gēngtì
导致更替
zur Ablösung führen

dǎozhì wúchǎn jiējí zhuānzhèng
导致无产阶级专政
zur Diktatur des Proletariats führen

dǎo 倒 fallen, stürzen

píngzi dǎo-le
瓶子倒了
die Flasche ist umgekippt

dǎo zài chuáng-shàng
倒在床上
ins Bett fallen

dàfēng bǎ shù guā-dǎo-le
大风把树刮倒了
der Sturm hat den Baum umgeweht

dào 到 ankommen

huǒchē dào-le
火车到了
der Zug ist angekommen

dào-le tángdài, ...
到了唐代，.....
in der Tang-Dynastie .....

dàodá 到达 ankommen

dàodá kūnmíng
到达昆明
in Kunming eintreffen

dàodá běijīng guójì jīchǎng
到达北京国际机场
am Internationalen Flughafen Peking eintreffen

dào 倒 umkehren, sich rückwärts bewegen, gießen

dào lājī
倒垃圾
den Müll ausleeren

bǎ chē cóng chēkù dào-chūlai
把车从车库倒出来
das Auto rückwärts aus der Garage fahren

dào yì-bēi chá
倒一杯茶
eine Tasse Tee einschenken

dào yì-xiē liáng kāishuǐ
倒一些凉开水
kühles Wasser einschenken

dàoqiàn 道歉 sich entschuldigen

dàoqiè 盗窃 stehlen, rauben

dàoqiè jīngjì qíngbào
盗窃经济情报
Wirtschaftsinformationen stehlen

dé 得 bekommen, erhalten

dé-le fèiyán
得了肺炎
eine Lungenentzündung bekommen

dé jiǎng
得奖
einen Preis bekommen

dé-le guànjūn
得了冠军
den ersten Platz errungen haben

dédào 得到 bekommen, erhalten

dédào yí-jiàn lǐwù
得到一件礼物
ein Geschenk bekommen

dédào biǎoyáng
得到表扬
gelobt werden

dédào gōngzhèng-de pànjué
得到公正的判决
ein gerechtes Urteil bekommen

dédào shòuquán
得到授权
eine Erlaubnis/Vollmacht erhalten

dédào tóngyì
得到同意
Zustimmung erreichen

dédào rèliè-de xiǎngyìng
得到热烈的响应
ein begeistertes Echo finden

dédào nǐmen-de xìnrèn
得到你们的信任
euer Vertrauen gewinnen

dédào yuèláiyuè guǎngfàn-de zhīchí
得到越来越广泛的支持
in immer größerem Ausmaß Unterstützung finden

dédào liàngjiě
得到谅解
Verständnis finden

děi 得 brauchen, müssen

děi shàngxué-le
得上学了
in die Schule gehen müssen

dēng 登 besteigen, veröffentlichen, eintragen

dēng shān
登山
Berge besteigen

dēng-shàng shāndǐng
登上山顶
auf einen Berggipfel klettern

dēng guǎnggào
登广告
Werbung schalten

dēng míngzi
登名字
Namen eintragen

dēngchū 登出 sich ausloggen

dēngchū wǎngyè
登出网页
sich von der Website ausloggen

dēngjì 登记 registrieren, beurkunden

dēngjì xīngqīsān-de jīpiào
登记星期三的机票
einen Flug für Mittwoch buchen

děng 等 warten

děng gōnggòng qìchē
等公共汽车
auf den öffentlichen Bus warten

děng wǒ yí-xià
等我一下
warte mal einen Moment auf mich

děng bàntiān-le
等半天了
eine Ewigkeit gewartet haben

chī wǎnfàn bié děng wǒ!
吃晚饭别等我！
wartet mit dem Abendessen nicht auf mich!

děng wǒ dào zhōngguó
等我到中国
warte bis ich in China bin

děngdài 等待 warten, er-, abwarten

děngdài míngtiān
等待明天
bis morgen warten

xǔduō gōngzuò děngdài wǒmen qù zuò
许多工作等待我们去做
viel Arbeit wartet auf uns

děnghòu 等候 warten, erwarten

děnghòu huíxìn
等候回信
auf einen Antwortbrief warten

děnghòu dāfù
等候答复
eine Antwort erwarten

děngyú 等于 bedeuten, gleich sein

sān jiā wǔ děngyú bā
三加五等于八
3 plus 5 ist gleich 8

dèng 瞪 anstarren, böse anblicken

shēngqì-de dèng háizi yìyǎn
生气地瞪孩子一眼
dem Kind einen bösen Blick zuwerfen

dītóu 低头 den Kopf senken, nachgeben

juébù xiàng kùnnan dītóu
决不向困难低头
bei Schwierigkeiten niemals klein beigeben

dī-xià tóu
低下头
den Kopf mal kurz senken

dī 滴 tropfen

dī-xiàlai
滴下来
heruntertropfen

dǐ 抵 stützen, widerstehen, ausgleichen

yòng shǒu dǐ-zhe xiàba
用手抵着下巴
das Kinn in die Hand stützen

dǐzhù láizì wàijiè-de yālì
抵住来自外界的压力
dem Druck von außen standhalten

dǐkàng 抵抗 sich widersetzen

fènqǐ dǐkàng
奋起抵抗
entschlossen Widerstand leisten

dì 递 etw. übergeben

bǎ shǒujī dì gěi tā
把手机递给他
ihm das Handy übergeben

diǎn 点 anzünden, aussuchen, andeuten

diǎn dēng
点灯
Licht anmachen

diǎn làzhú
点蜡烛
Kerze anzünden

diǎn ge gē qǐng nǐ chàng
点个歌请你唱
ein Lied auswählen und dich bitten es zu singen

diǎn cài
点菜
Speisen bestellen

diǎnjī 点击 klicken, anklicken

diǎnjī xiàmiàn-de ànniǔ
点击下面的按钮
den unteren Knopf drücken

diǎntóu 点头 nicken

diǎntóu tóngyì
点头同意
zustimmend nicken

diǎntóu dǎ zhāohu
点头打招呼
jdm als Gruß zunicken

tā yǐjīng diǎntóu-le
他已经点头了
er hat bereits zugestimmt

diāokè 雕刻 schnitzen

diào 吊 herabhängen

mén-qián diào-zhe liǎng-zhǎn dēnglong
门前吊着两盏灯笼
über dem Eingang hängen zwei Lampions

bèi-diào-sǐ
被吊死
erhängt werden

diàochá 调查 untersuchen

diàochá yuányīn
调查原因
den Grund erforschen

shìqíng hái méiyǒu diàochá qīngchǔ
事情还没有调查清楚
diese Angelegenheit ist noch nicht aufgeklärt

diào 掉 herabfallen, verlieren

diào-xiàlai
掉下来
herunterfallen

diào zài hǎi-lǐ
掉在海里
ins Meer fallen

diào-le yì-zhī yuánzhūbǐ
掉了一支圆珠笔
einen Kugelschreiber verloren haben

tā tóufǎ diào-guāng-le
他头发掉光了
alle seine Haare sind ausgefallen

diào-le shí-gōngjīn
掉了十公斤
10 Kilo verloren haben

nǐ-de wéijīn kuài diào-le
你的围巾快掉了
dein Schal rutscht herunter

diào-huàn MP3
掉换 MP3
einen MP3-Player umtauschen

diào-jìn hēidòng
掉进黑洞
in ein schwarzes Loch fallen

dié 叠 falten

bǎ xìn dié-hǎo
把信叠好
einen Brief falten

dīng 钉 drängen, verfolgen

dīng-zhe tā chī yào
钉着他吃药
ihn drängen seine Medizin einzunehmen

dìng 订 bestellen, abonnieren

dìng rìzi
定日子
einen Termin vereinbaren

dìng zhuōzi
订桌子
einen Tisch bestellen

dìng bào
订报
eine Zeitung abonnieren

dìng chuánpiào
订船票
ein Schiffsticket reservieren

dìnghūn 订婚 sich verloben

gēn yí-ge nǚháizi dìnghūn-le
跟一个女孩子订婚了
sich mit einem Mädchen verlobt haben

dìng 定 beschließen, bestimmen

dìng jìhuà
定计划
einen Plan aufstellen

dìngzuò 定做 anfertigen lassen

dìngzuò yīfu
定做衣服
Kleider maßschneidern lassen

diū 丢 verlieren

diū yàoshi
丢钥匙
Schlüssel verlieren

diū miànzi
丢面子
Gesicht verlieren

dǒng 懂 verstehen

dǒng éyǔ
懂俄语
Russisch verstehen

dǒng lǐmào
懂礼貌
sich zu benehmen wissen

dǒngdé 懂得 verstehen, begreifen

dǒngdé wǒde kǔzhōng
懂得我的苦衷
meine Schwierigkeiten verstehen

dòng 动 sich bewegen

dòng-bu-liǎo
动不了
sich nicht bewegen können

dòngshǒu 动手 Arbeit beginnen

wǒ míngtiān cái dòngshǒu
我明天才动手
ich fange erst morgen mit der Arbeit an

dòngyuán 动员 mobilisieren

dòngyuán yíqiè lìliang
动员一切力量
alle Kräfte mobilisieren

dòngzuò 动作 sich bewegen, tun

dòngzuò mǐnjié
动作敏捷
sich flink bewegen

dòngzuò huǎnmàn
动作缓慢
sich schwerfällig bewegen

dòng 冻 gefrieren, frösteln

shuǐ dòng-le
水冻了
das Wasser ist gefroren

báicài dòng-huài-le
白菜冻坏了
der Weißkohl ist erfroren

dòu 逗 necken

ná wánjù dòu háizi wán
拿玩具逗孩子玩
mit einem Kind mit Spielsachen herumspielen

dú 毒 vergiften

dú lǎoshǔ
毒老鼠
Ratten und Mäuse vergiften

dúbà 独霸 alleine über etw. herrschen, monopolosieren

dúbà yì-fāng
独霸一方
despotisch über eine Region herrschen

dú 读 vorlesen, lesen, die Schule besuchen

dú yí-bù xiǎoshuō
读一部小说
einen Roman lesen

cóng dì-sān-yè dú dào dì-bā-yè
从第三页读到第八页
von der dritten bis zur achten Seite lesen

dú-wán-le gāozhōng
读完了高中
das Gymnasium absolviert haben

dúshū
读书
eine Schule besuchen

dǔ 堵 verstopfen

dǔ chē
堵车
der Verkehr staut sich

dù 度 verbringen

dùjià
度假
Ferien machen

dù 渡 überqueren, überwinden

dù hé
渡河
einen Fluss überqueren

fēi dù tàipíngyáng
飞渡太平洋
den Pazifik überfliegen

duàn 断 brechen, zerbrechen, pausieren

gútou duàn-le
骨头断了
der Knochen ist gebrochen

duànliàn 锻炼 Sport treiben, sich abhärten

duànliàn shēntǐ
锻炼身体
sich körperlich abhärten

duī 堆 etw. aufhäufen

duī zài zhuōzi-shàng
堆在桌子上
etw. auf dem Tisch stapeln

duī xuěrén
堆雪人
einen Schneemann bauen

duìbǐ 对比 vergleichen

duì-bu-qǐ 对不起 sich entschuldigen

duì-bu-qǐ, gěi nǐ tiān máfan-le
对不起，给你添麻烦了
es tut mir leid Ihnen Mühe gemacht zu haben

duìdài 对待 mit jdm umgehen, jdn behandeln

zhèngquè-de duìdài
正确地对待
korrekt behandeln

qūbié duìdài
区别对待
differenziert behandeln

duìfu 对付 behandeln, mit etw. umgehen

duì-de-qǐ 对得起 sich jdm gegenüber fair verhalten, sich ehrlich verhalten

dūn 蹲 hocken

dūn máokēng
蹲茅坑
auf dem Plumpsklo hocken

dūn jiānyù
蹲监狱
im Gefängnis hocken

duózǒu 夺走 entreißen, freikämpfen

duózǒu yíchǎn
夺走遗产
das Erbe entreißen

duózǒu nǚpéngyǒu
夺走女朋友
die Freundin ausspannen

duǒ 躲 sich verstecken

duǒ-jìn sēnlín
躲进森林
sich im Wald verstecken

E

è 饿 Hunger haben

è-sǐ-le
饿死了
sterbenshungrig sein

è-de huang
饿得慌
einen Bärenhunger haben

F

fā 发 versenden, werden, entwickeln, Gefühle zeigen

fā diànzǐ yóujiàn
发电子邮件
ein Email verschicken

fā duǎn-xiāoxi
发短消息
eine SMS verschicken

fā gōngzī
发工资
Löhne auszahlen

gěi háizi fā yāsuìqián
给孩子发压岁钱
Kindern ein Neujahrgeldgeschenk überreichen

liǎnsè fā bái
脸色发白
die Gesichtsfarbe verlieren

ròu fā chòu-le
肉发臭了
das Fleisch stinkt schon

fā píqi
发脾气
einen Wutanfall bekommen

fā láosāo
发牢骚
meckern

fābiǎo 发表 veröffentlichen

fābiǎo yìjiàn
发表意见
seine Meinung äußern

fābiǎo zànchéng yìjiàn
发表赞成意见
seine Zustimmung zu etw. geben

fābiǎo yì-piān pínglùn
发表一篇评论
einen Kommentar veröffentlichen

fābiǎo wénzhāng
发表文章
einen Aufsatz veröffentlichen

fābiǎo shēngmíng
发表声明
eine Erklärung abgeben

fācái 发财 reich werden

yí-yè-jiān fācái
一夜间发财
über Nacht reich werden

fāchū 发出 aussenden, ergehen lassen

fāchū jǐnggào
发出警告
eine Warnung erteilen

fāchū shēngyīn
发出声音
Geräusche machen

fāchū shēnyín
发出呻吟
einen Seufzer ausstoßen

fāchū jǐngbào
发出警报
Alarm geben

fāchū rèliàng
发出热量
Wärmeenergie erzeugen

fāchū yāoqǐng
发出邀请
eine Einladung schicken

fādá 发达 sich entwickeln

jīròu fādá
肌肉发达
starke Muskeln haben

tóunǎo jiǎndān, sìzhī fādá
头脑简单，四肢发达
dämlich sein, aber einen gut entwickelten Körper haben

fādòng 发动 starten, mobilisieren

fādòng jīqì
发动机器
eine Maschine in Gang setzen

fādòng zhànzhēng
发动战争
den Krieg beginnen

fā fēng 发疯 verrückt werden, übergeschnappt sein

nǐ fā fēng yě méiyǒu yòng
你发疯也没有用
es hilft auch nichts, wenn du zu spinnen anfängst

fāhuī 发挥 entfalten, entwickeln

fāhuī zuòyòng
发挥作用
seinen Teil beitragen

fāhuī yuèláiyuè-dà-de zuòyòng
发挥越来越大的作用
eine immer größere Rolle spielen

fāhuī mófàn zuòyòng
发挥模范作用
Vorbildfunktion ausüben

fāhuī jījíxìng
发挥积极性
Initiative entfalten

fāhuī xiàoyì
发挥效益
Nutzen ziehen

fāhuī tóuzī xiàoguǒ
发挥投资效果
aus Investitionen großen Nutzen ziehen

fājué 发掘 ausgraben, freilegen, exhumieren

fājué gǔmù
发掘古墓
ein antikes Grab freilegen

fāmíng 发明 erfinden

yìnshuāshù shì zhōngguó shǒuxiān fāmíng-de
印刷术是中国首先发明的
die Kunst des Buchdrucks wurde zuerst in China erfunden

fāpàng 发胖 dick werden

qīngchūnqī-zhōng-de nǚhái róngyì fāpàng
青春期中的女孩容易发胖
Mädchen in der Pubertät werden leicht dick

fāshāo 发烧 Fieber haben

fāshè 发射 abfeuern, abschießen, starten

wǎng yǔzhòu fāshè wèixīng
往宇宙发射卫星
Satelliten in den Weltraum schießen

fāshēng 发生 sich ereignen, geschehen

fāshēng zhànzhēng
发生战争
ein Krieg ereignet sich

fāshēng dìzhèn
发生地震
ein Erdbeben ereignet sich

fāshēng-le jùdà-de biànhuà
发生了巨大的变化
tiefgreifende Veränderungen haben sich vollzogen

fāshēng-le xīn-de wèntí
发生了新的问题
neue Schwierigkeiten sind aufgetreten

fāshēng liánghǎo-de yǐngxiǎng
发生良好的影响
auf etw. günstig einwirken

fāshēng gùzhàng
发生故障
eine Störung/einen Defekt haben

gùshi fāshēng zài .....
故事发生在 ......
es geschah im/am .....

shìqíng fāshēng zài qùnián
事情发生在去年
es geschah letztes Jahr

fāshì 发誓 schwören, einen Eid ablegen

wǒ duì tiān fāshì
我对天发誓
ich schwöre bei Gott

fāxiàn 发现 finden, entdecken

zuì-zǎo fāxiàn cháshù
最早发现茶树
als erste(r) die Teepflanze entdecken

xiànzài cái fāxiàn
现在才发现
etw. jetzt erst merken

fāyán 发言 eine Rede halten

zài huì-shàng fāyán
在会上发言
auf einer Sitzung sprechen

fāyán 发炎 entzünden, entzündet sein

shāngkǒu fāyán-le
伤口发炎了
die Wunde hat sich entzündet

fāyáng 发扬 entfalten, entwickeln

fāyáng zuòfēng
发扬作风
einen Stil entwickeln

fāyáng chuántǒng
发扬传统
Traditionen weiterentwickeln

fāyīn 发音 aussprechen

hěn nán fāyīn
很难发音
schwer auszusprechen

fāzhǎn 发展 entwickeln

zhōngguó fāzhǎn-de hěn kuài
中国发展得很快
China hat sich schnell entwickelt

fá 罚 strafen, rügen

fá zhàn
罚站
(einen Schüler) zur Strafe stehen lassen

fá kuǎn
罚款
eine Geldstrafe verhängen

fákuǎn suídì tùtánzhě
罚款随地吐痰者
Geldstrafen für unerlaubtes Spucken verhängen

fān 翻 durchsehen, umdrehen, übersetzen

fān cānkǎoshū
翻参考书
in Nachschlagewerken nachsehen

chē fān-le
车翻了
der Wagen hat sich überschlagen

bǎ déwén fān-chéng zhōngwén
把德文翻成中文
(einen Text) aus dem Deutschen ins Chinesische übertragen

fānyì 翻译 übersetzen, dolmetschen

bǎ zhè-yí-duàn fānyì-chéng yīngwén
把这一段翻译成英文
diesen Abschnitt ins Englische übersetzen

bāng tā fānyì yí-xià
帮他翻译一下
für ihn dolmetschen

fānshēn 翻身 sich (im Bett) umdrehen

fān-le ge shēn yòu shuì-zháo-le
他翻了个身又睡着了
sich einmal umdrehen und dann wieder einschlafen

fánróng 繁荣 gedeihen lassen, aufblühen

fánróng jīngjì
繁荣经济
das Aufblühen der Wirtschaft

fǎnduì 反对 bekämpfen, widersprechen

fǎnduì tānwū làngfèi
反对贪污浪费
Korruption und Verschwendung bekämpfen

yǒu fǎnduì yìjiàn ma?
有反对意见吗?
hat jemand was dagegen?

fǎnfù 反复 wiederholen

fǎnfù jiěshì
反复解释
etw. wiederholt erklären

fǎnkàng 反抗 Widerstand leisten

fǎnkàng xìtǒng
反抗系统
dem System Widerstand leisten

fǎnyìng 反映 widerspiegeln, berichten

fǎnyìng yí-ge shídài-de wénhuà
反映一个时代的文化
die Kultur einer Zeit widerspiegeln

fǎnyìng dào wénxué yìshù-zhōng lái
反映到文学艺术中来
in Literatur und Kunst seinen Ausdruck finden

fǎnyìng yuànwàng
反映愿望
einem Wunsch Ausdruck verleihen

fǎnyìng qíngkuàng
反映情况
Bericht erstatten

xiàng lǐngdǎo jíshí fǎnyìng qíngkuàng
向领导及时反映情况
der Leitung rechtzeitig Bericht erstatten

fàn 犯 Fehler begehen, gegen etw. verstoßen, angreifen

fàn jìhui
犯忌讳
gegen ein Tabu verstoßen

fàn cuòwù
犯错误
Fehler machen

fàn lǎn
犯懒
faulenzen

fàn-bu-zháo huā zhème duō shíjiān
犯不着花这么多时间
es lohnt sich nicht, so viel Zeit auf etw. zu verwenden

fànzuì 犯罪 ein Verbrechen begehen

fàn-le ge zuì
犯了个罪
ein Verbrechen begangen haben

fàn 贩 etw. zum Wiederverkauf erwerben

fàn dú
贩毒
mit Rauschgift Handel treiben

fáng 防 sich in acht nehmen, sich verteidigen, vorbeugen

fánghuàn
防患
Krankheiten vorbeugen

fángzhǐ 防止 verhüten, vorbeugen

fángzhǐ bìng
防止病
Krankheiten vorbeugen

fángzhǐ wūrǎn
防止污染
vor Verunreinigung schützen

fáng 妨 hindern

fáng nèijiān
妨内奸
einen Spitzel behindern

fáng'ài 妨碍 behindern, hemmen

fáng'ài fāzhǎn
妨碍发展
Entwicklung behindern

fáng'ài gōngzuò
妨碍工作
jdn an der Arbeit hindern

fáng'ài jiāotōng
妨碍交通
den Verkehr behindern

fǎngwèn 访问 offiziell besuchen

déguó zǒngtǒng fǎngwèn jiānádà
德国总统访问加拿大
der deutsche Präsident besucht Kanada

fǎngwèn wǎngyè
访问网页
eine Website besuchen

fǎngfú 仿佛 es scheint, als ob .....

zhè-jiàn shìqíng tā fǎngfú yǐjīng zhīdao-le
这件事情他仿佛已经知道了
er scheint es schon gewusst zu haben

fàng 放 setzen, stellen, legen, freilassen, (Tiere) hüten

fàng-xià kuàizi
放下筷子
die Stäbchen ablegen

zhǔrén bù néng xiān fàng-xià kuàizi
主人不能先放下筷子
der Gastgeber darf die Stäbchen nicht als Erster ablegen

bǎ xiāngjiāo fàng-zài zhuōzi-shàng
把香蕉放在桌子上
die Bananen auf den Tisch legen

bǎ gējǔ fàng-dào MP3-shàng
把歌剧放到MP3上
Lieder auf den MP3-Player laden

bǎ ..... fàng-dào wēibōlú-lǐ
把 ..... 放到微波炉里
etw. in die Mikrowelle tun

bǎ shíwù fàng-jìn yì-zhī dàguō-lǐ
把食物放进一只大锅里
Lebensmittel in einen großen Topf tun

bú fàng tā zǒu
不放他走
ihn nicht fortgehen lassen

fàng xué
放学
die Schule ist aus

fàng fēngzhēng
放风筝
Drachen fliegen lassen

fàng niú
放牛
Rinder hüten

fàng huǒ
放火
brandstiften

fàng zuóliào
放作料
würzen

fàng yán
放盐
salzen

fàng diǎn jiàngyóu
放点酱油
ein bisschen Sojasoße reintun

fàng biānpào
放鞭炮
Feuerwerkskörper abbrennen

fàng diànyǐng
放电影
einen Film zeigen

fàngdà 放大 vergrößern

bǎ zhàopiàn fàngdà
把照片放大
Fotos vergrößern

fàngjià 放假 frei haben

fàng shǔjià
放暑假
Sommerferien haben

fàngjià yì-tiān
放假一天
einen Tag frei haben

fàngpì 放屁 furzen

tā fàng-le ge chòupì
他放了个臭屁
er hat einen stinkenden Furz gelassen

fàng tā-mā-de pì!
放他妈的屁！
so ein Schwachsinn!

fàngrù 放入 hineingeben, hinzugeben

zài cháshuǐ-lǐ fàngrù nǎi hé yán
在茶水里放入奶和盐
in den Tee Milch und Salz geben

bǎ ... fàngrù bīngxiāng
把 .... 放入冰箱
etw. in den Kühlschrank tun

fàngqì 放弃 aufgeben, verzichten

fàngqì biǎojuéquán
放弃表决权
sein Stimmrecht aufgeben / sich der Stimme enthalten

fàngqì yuán-jìhuà
放弃原计划
den ursprünglichen Plan fallenlassen

bú fàngqì yuánzé
不放弃原则
die Prinzipien nicht aufgeben

fàngxīn 放心 erleichtert sein

nǐ fàngxīn!
你放心！
sei beruhigt!

duì tā bú dà fàngxīn
对他不大放心
sich auf ihn nicht ganz verlassen können

fàngxīn bú xià
放心不下
beunruhigt sein

fēi 飞 fliegen

cóng mùníhēi zhí fēi shànghǎi
从慕尼黑直飞上海
von München direkt nach Shanghai fliegen

fēi xiàng yǔzhòu
飞向宇宙
ins Weltall fliegen

fēi ..... bùkě 非 ..... 不可 müssen

wǒ fēi qù bùkě
我非去不可
ich muss unbedingt hingehen

wǒ fēi cānjiā bùkě
我非参加不可
ich muss unbedingt teilnehmen

fèi 废 abschaffen

bàntú ér fèi
半途而废
etw. auf halbem Weg aufgeben

fèichú 废除 abschaffen, annullieren

fèichú sǐxíng
废除死刑
die Todesstrafe abschaffen

fèichú tiáoyuē
废除条约
einen Vertrag annullieren

fèi 费 ausgeben

mǎi fángzi fèi-le wǒ bù shǎo qián
买房子费了我不少钱
ein Haus zu kaufen hat mich nicht wenig Geld gekostet

wǒ wèile xuéxí zhōngwén fèi-le bù shǎo shíjiān
我为了学习中文费了不少时间
ich habe viel Zeit aufgewendet, um Chinesisch zu lernen

fēn 分 teilen

fēn jiēduàn shíxíng
分阶段实行
abschnittsweise durchführen

..... fēn-wéi liǎng-lèi
..... 分为两类
etw. in zwei Sorten einteilen

zhè yào fèn-wéi sān-cì chī
这药分为三次吃
diese Arznei ist in drei gleichen Dosen einzunehmen

gěi lājī fēnlèi
给垃圾分类
den Müll trennen

fēnbié 分别 sich/etw. von etw. trennen

fēnbié qīngzhòng huǎnjí
分别轻重缓急
das Wichtige vom Unwichtigen unterscheiden

fēnbù 分布 verstreut sein

..... fēnbù zài .....
..... 分布在 .....
etw. ist verteilt auf .....

fēnliè 分裂 teilen

fēnliè-de zhōngguó biànchéng tǒngyī-de zhōngguó
分裂的中国变成统一的中国
ein zersplittertes China in ein einheitliches China verwandeln

fēnpèi 分配 verteilen

fēnpèi zhùfáng
分配住房
jdm eine Wohnung zuteilen

fēnpèi gōngzuò
分配工作
Arbeit zuteilen

fēnxī 分析 analysieren

fēnxī wèntí
分析问题
Probleme analysieren

fěnsuì 粉碎 zerschmettern, zersplittern

fěnsuì fēngsuǒ
粉碎封锁
eine Blockade durchbrechen

fèndòu 奋斗 kämpfen, nach etw. streben

fèndòu dàodǐ
奋斗到底
bis zum Schluss kämpfen

fēng 封 verschließen, versiegeln

fēng jīchǎng
封机场
einen Flughafen schließen

fēng lù
封路
eine Straße versperren

féng 缝 nähen

féng yīfu
缝衣服
Kleider nähen

féng kòuzi
缝扣子
einen Knopf annähen

fǒudìng 否定 verneinen

fǒudìng tā-de kànfǎ
否定他的看法
seine Ansicht widerlegen

tā-de jiànyì bèi wǒmen fǒudìng-le
他的建议被我们否定了
sein Vorschlag wurde von uns verworfen

fǒurèn 否认 ableugnen, nicht anerkennen

fǒurèn zhǐzé
否认指责
Vorwürfe zurückweisen

bù néng fǒurèn, ...
不能否认, ...
es lässt sich nicht abstreiten, dass .....

fú 扶 stützen, unterstützen, helfen

fú-zhe lǎo-tàitai guò mǎlù
扶着老太太过马路
einer alten Frau über die Straße helfen

fú 服 gehorchen

bù fú zhǐdǎo
不服指导
einer Anweisung nicht gehorchen

fúcóng 服从 gehorchen

fúcóng mìnglìng
服从命令
einem Befehl gehorchen

fúwù 服务 dienen

wéi rénmín fúwù
为人民服务
dem Volk dienen

fú 浮 an der Oberfläche schwimmen, auftauchen

fú-shànglai
浮上来
auftauchen

fú dào duì'àn
浮到对岸
ans gegenüberliegende Ufer schwimmen

fú 符 entsprechen, mit etw. übereinstimmen

yǔ shìshí bù fú
与事实不符
mit den Tatsachen nicht übereinstimmen

fúhé 符合 übereinstimmen

fúhé yāoqiú
符合要求
den Anforderungen genügen

fǔbài 腐败 verfaulen, verderben

zhè-ge gōngwùyuán fǔbài
这个公务员腐败
dieser Beamte ist korrupt

fù 付 bezahlen

fù shuì
付税
Steuern bezahlen

fù xī
付息
Zinsen zahlen

fù qián
付钱
bezahlen

yòng ..... fù qián
用 ..... 付钱
mit ..... bezahlen

yòng xìnyòngkǎ fù qián
用信用卡付钱
mit Kreditkarte bezahlen

fù yājīn
付押金
eine Kaution bezahlen

fù 负 auf dem Rücken tragen

fù zhǔyào zérèn
负主要责任
die Hauptverantwortung übernehmen

fùdān 负担 übernehmen

lǚfèi yóu gōngsī fùdān
旅费由公司负担
die Reisekosten werden von der Firma übernommen

fùzé 负责 verantworten

duì cuòshī fùzé
对措施负责
für Maßnahmen verantwortlich sein

fùzé dàjiā-de ānquán
负责大家的安全
für die Sicherheit aller verantwortlich sein

fùdài 附带 beilegen, beifügen

bú fùdài rènhé tiáojiàn
不附带任何条件
keinerlei Bedingungen an etw. knüpfen

fùshù 复述 wiederholen, nacherzählen

bǎ gùshi fùshù yí-biàn
把故事复述一遍
eine Geschichte nacherzählen

fùxí 复习 wiederholen

fùxí gōngkè
复习功课
den Lernstoff wiederholen

fùyīn 复印 fotokopieren

fùyìn wénjiàn
复印文件
Dokumente kopieren

G

gāi 该 sollen, müssen, an der Reihe sein

wǒmen gāi zǒu-le!
我们该走了!
wir sollten aufbrechen!

zhè-jiàn shì nǐ zǎo jiù gāi bàn-le!
这件事你早就该办了!
das hättest du längst schon erledigen müssen!

xiànzài gāi wǒ-le!
现在该我了!
jetzt bin ich dran!

gāisǐ!
该死!
verflucht!

gǎi 改 verändern

gǎi zuòyè
改作业
Hausaufgaben korrigieren

bǎ zhè-tiáo kùzi gǎi duǎn yì-xiē
把这条裤子改短一些
diese Hose etw. kürzen

yǐjīng gǎi-le hǎo duō cì-le
已经改了好多次了
etw. schon häufig geändert haben

gǎibiàn 改变 verändern

gǎibiàn zhǔyì
改变主意
die Absicht ändern

gǎibiàn xìnniàn
改变信念
konvertieren

zhè shì bù kě gǎibiàn-de
这是不可改变的
etw. ist unabänderlich

gǎigé 改革 reformieren

gǎigé qìyè guǎnlǐ
改革企业管理
das Betriebsmanagement umstrukturieren

gǎijìn 改进 verbessern

yǒu gǎijìn jiù hǎo
有改进就好
es ist gut, dass etw. verbessert wurde

gǎijìn fúwù tàidù
改进服务态度
den Service verbessern

gǎishàn 改善 verbessern

gǎishàn láodòng tiáojiàn
改善劳动条件
die Arbeitsbedingungen verbessern

gǎizào 改造 umwandeln, umerziehen

gǎizào sīxiǎng
改造思想
sich ideologisch wandeln

gǎizhèng 改正 korrigieren

gǎizhèng cuòwù
改正错误
Fehler korrigieren

gǎizhèng quēdiǎn
改正缺点
Mängel beheben

gài 盖 bedecken, stempeln, bauen

xiāngzi méi gài yán
箱子没盖严
der Koffer ist nicht richtig zu

nǐ zuótiān wǎnshang méi gài-hǎo bèizi, gǎnmào-le
你昨天晚上没盖好被子,感冒了
du hast dich letzte Nacht nicht richtig zugedeckt und dich erkältet

gài yìn
盖印
stempeln

gěi nǐ gài zhāng
给你盖章
dir etw. abstempeln

gài fángzi
盖房子
ein Haus bauen

gài xīnfáng
盖新房
ein neues Haus bauen

gàikuò 概括 zusammenfassen, resümieren

..... kěyǐ gàikuò-chéng .....
..... 可以概括成 .....
etw. zusammenfassen können in .....

ná jǐ-jù huà lái gàikuò
拿几句话来概括
etw. mit ein paar Worten zusammenfassen

gānrǎo 干扰 jdn/etw. stören, jdn bei etw. unterbrechen

gānrǎo gōngzuò
干扰工作
die Arbeit sabotieren

gǎn 赶 einholen, zu erreichen versuchen, verjagen

gǎn xiānjìn
赶先进
die Fortgeschrittenen einholen

gǎn-bu-shàng
赶不上
etw./jdn nicht einholen können

gǎn-de-shàng
赶得上
etw./jdn einholen können

gǎn-shànglai-le
赶上来了
aufgeholt haben

tā gǎn-dào zhǔrèn-de zhùsuǒ
他赶到主任的住所
am Wohnsitz des Direktors rechtzeitig ankommen

shéi yě gǎn-bu-shàng tā
谁也赶不上他
niemand holt ihn ein

gǎn mòbānchē
赶末班车
den letzten Bus zu erreichen versuchen

gǎn-de-jí
赶得及
etw. erreichen können (zeitlich)

gǎn-bu-jí
赶不及
etw. nicht erreichen können (zeitlich)

bǎ rén gǎnzǒu
把人赶走
Leute verjagen

gǎnjǐn 赶紧 sich beeilen

wǒ děi gǎnjǐn
我得赶紧
ich muss mich beeilen

gǎnlù 赶路 von Ort zu Ort hasten

gǎn-le yì-tiān lù
赶了一天路
einen ganzen Tag lang unterwegs gewesen sein

gǎn 感 innerlich fühlen

duì ..... gǎn xìngqù
对..... 感兴趣
sich für ..... interessieren

gǎndào 感到 sich fühlen

gǎndào tòngkǔ
感到痛苦
Schmerz empfinden

gǎndào zìjǐ cuò-le
感到自己错了
merken, dass man im Unrecht ist

gǎndào jíduān kǒngbù
感到极端恐怖
Angst und Schrecken überkommen einen

gǎndào kǒnghuāng
感到恐慌
Panik kriegen

gǎndào yòu gānjìng yòu shūfu
感到又干净又舒服
sich sauber und wohl fühlen

gǎndòng 感动 bewegen, berühren

gǎndòng-de hěn
感动得很
sehr gerührt sein

gǎnjī 感激 dankbar sein

duì péngyǒumen-de bāngzhù biǎoshì gǎnjī
对朋友们的帮助表示感激
sich für die Hilfe der Freunde dankbar zeigen

gǎnjué 感觉 empfinden

nǐ gǎnjué zěnmeyàng?
你感觉怎么样?
wie fühlst du dich?

gǎnjué-dào
感觉到
etw. spüren

gǎnmào 感冒 sich erkälten

dōu guài zhè-ge gāisǐ-de kōngtiáo wǒ gǎnmào-le
都怪这个该死的空调我感冒了
nur wegen dieser verdammten Klimaanlage habe ich mich erkältet

gǎnxiè 感谢 danken

fēicháng gǎnxiè nǐ-de bāngzhù!
非常感谢你的帮助!
besten Dank für deine Hilfe!

gàn 干 tun, machen

jiào wǒ gàn shénme dōu xíng
叫我干什么都行
ich werde alles tun, was mir gesagt wird

gànhuó 干活 arbeiten, schuften

wǒmen dōu zài gànhuó ne
我们都在干活呢
wir sind gerade alle bei der Arbeit

gǎo 搞 erzeugen, errichten, herbeiführen, machen

bǎ shìqíng gǎo-zāo-le
把事情搞糟了
eine Angelegenheit verpfuschen

bǎ wèntí gǎo-qīngchu
把问题搞清楚
eine Frage klären

bǎ dìzhǐ gǎo-cuò-le
把地址搞错了
sich in der Adresse geirrt haben

gǎo-huài-le
搞坏了
etw. kaputt machen

gǎo-hùn-le
搞混了
etw. verwechselt haben

gǎo-de zhēn búcuò
搞得真不错
etw. wirklich nicht schlecht machen

gǎo xiào
搞笑
Witze machen

gào 告 sagen, anklagen

dào fǎyuàn gào tā
到法院告他
vor Gericht Klage gegen ihn erheben

gàobié 告别 sich verabschieden

lèiliú mǎnmiàn-de gàobié
泪流满面地告别
sich tränenüberströmt verabschieden

gàosu 告诉 erzählen, mitteilen

gàosu tāmen bié děng-le
告诉他们别等了
sag ihnen Bescheid, dass sie nicht mehr warten sollen

gē 割 schneiden

gē màizi
割麦子
Weizen schneiden

gē cǎo
割草
Gras mähen

gē 搁 setzen, stellen, legen, aufschieben

bǎ dōngxi gē zài zhèlǐ
把东西搁在这里
die Sachen hier hinstellen

tāng-lǐ gē diǎn yán
汤里搁点盐
ein bisschen Salz in die Suppe tun

gé 隔 trennen

bǎ yì-jiān fángjiān gé chéng liǎng-jiān
把一间房间隔成两间
ein Zimmer in zwei unterteilen

gé yí-zuò shān jiù yǒu shuǐkù
隔一座山就有水库
gleich hinter dem Berg liegt der Stausee

gěi 给 geben, lassen

zhè-ge rén gěi wǒ-de yìnxiàng hěn hǎo
这个人给我的印象很好
dieser Mensch hat einen sehr guten Eindruck bei mir hinterlassen

zhè-ge shǒujī shì gěi nǐ-de
这个手机是给你的
dieses Handy ist für dich

gěi wǒ kànkàn!
给我看看！
lass sehen!

gěi tāmen yíqiè kěnéng-de yuánzhù
给他们一切可能的援助
ihnen nur jede erdenkliche Hilfe gewähren

gēn 跟 folgen

gēn wǒ lái!
跟我来！
folge mir!

tā shuō-de tài kuài, wǒ gēn-bu-shàng
他说得太快，我跟不上
er spricht zu schnell, ich komme nicht mit

gēn lǎoshī niàn
跟老师念
dem Lehrer laut nachlesen

gēngzhòng 耕种 kultivieren, anbauen

gēngzhòng shuǐdào
耕种水稻
Nassreis kultivieren

gōngzuò 工作 arbeiten

zài wàidì gōngzuò
在外地工作
auswärts arbeiten

zài yánhǎi dìqū-de dàdūshì gōngzuò
在沿海地区的大都市工作
in den Metropolen entlang der Küste arbeiten

zài rìběn gōngsī gōngzuò
在日本公司工作
in einer japanischen Firma arbeiten

gōngbù 公布 veröffentlichen, bekanntmachen

gōngbù míngdān
公布名单
eine Namensliste veröffentlichen

gōngkāi 公开 öffentlich bekanntmachen

bǎ shìqíng gōngkāi-chūqu
把事情公开出去
eine Angelegenheit öffentlich bekanntgeben

gōng 供 liefern, zur Verfügung stellen

gōng nǐ shàng dàxué
供你上大学
studieren lassen

gōng nǐ cānkǎo
供你参考
zu Ihrer Information

gōngwéi 恭维 schmeicheln, jdm Komplimente machen

gōngwéi shàngsī
恭维上司
dem Vorgesetzten schmeicheln

gǒnggù 巩固 befestigen

gǒnggù liánméng
巩固联盟
ein Bündnis festigen

gòngxiàn 贡献 widmen, weihen

wèi ..... gòngxiàn zìjǐ-de yíqiè
为 ..... 贡献自己的一切
sich mit Herz und Seele einer Sache verschreiben

gòu 够 ausreichen, genügen

shíjiān bú gòu
时间不够
die Zeit reicht nicht

zhǐ jǔ yí-ge lìzi jiù gòu-le
只举一个例子就够了
ein einziges Beispiel würde genügen

zhè-ge xiàngmù gòu wǒmen máng jǐ-tiān
这个项目够我们忙几天
dieses Projekt wird uns einige Tage beschäftigen

tīng-gòu-le
听够了
genug gehört haben

gūjì 估计 abschätzen, taxieren

guògāo gūjì
过高估计
überschätzen

guòdī gūjì
过低估计
unterschätzen

gūjì dāngqián-de xíngshì
估计当前的形势
die aktuelle Lage einschätzen

wǒ gūjì tā huì lái
我估计他会来
ich nehme an, dass er kommt

gǔlì 鼓励 anspornen, ermuntern

gǔlì hǎohǎo xuéxí
鼓励好好学习
zum fleißigen Lernen motivieren

gǔwǔ 鼓舞 ermuntern, aufmuntern, begeistern

gǔwǔ rénxīn
鼓舞人心
Enthusiasmus wecken

gǔzhǎng 鼓掌 Beifall klatschen

guānzhòng rèliè gǔzhǎng
观众热烈鼓掌
das Publikum klatscht begeistert Beifall

wèi xiāofángyuán gǔzhǎng
为消防员鼓掌
den Feuerwehrleuten applaudieren

gù 顾 sich kümmern, berücksichtigen, besuchen

gù-bu-dé chīfàn
顾不得吃饭
ohne zu essen

zhème duō-de shì nǐ yí-ge rén gù-de-guòlai ma?
这么多的事你一个人顾得过来吗?
wie können Sie allein mit so vielen Dingen fertig werden?

gùyòng 雇用 jdm einstellen

gùyòng rényuán
雇用人员
Personal einstellen

guā 刮 schaben, wehen, blasen

guā liǎn
刮脸
(Bart) rasieren

guā húzi
刮胡子
sich den Bart rasieren

guā-qù yúlín
刮去鱼鳞
einen Fisch abschuppen

guā fēng
刮风
(Wind) wehen

guā dà fēng-le
刮大风了
es weht ein starker Wind

shù guā-dào-le
树刮倒了
der Baum wurde umgeweht

guà 挂 hängen, aufhängen

bǎ dìtú guà zài qiáng-shàng
把地图挂在墙上
eine Landkarte an die Wand hängen

bǎ huà guà-dào-le
把画挂倒了
das Bild verkehrt herum aufhängen

bǎ yèjǐng xiǎnshìpíng guà-dào qiáng-shàng
把液晶显示屏挂到墙上
einen LCD-Bildschirm an die Wand hängen

guà dēnglong
挂灯笼
Lampions aufhängen

fànguǎn-lǐ guà-zhe hěn duō dēnglong
饭馆里挂着很多灯笼
im Restaurant hängen viele Lampions

guà diànhuà
挂电话
das Telefon auflegen

guàhào 挂号 sich anmelden, sterben

àn cìxù guàhào
按次序挂号
sich der Reihe nach anmelden

guàhào-le
挂号了
gestorben sein

guǎi 拐 abbiegen, entführen

guǎi-jìn yì-tiáo hútòng
拐进一条胡同
in eine Gasse einbiegen

guǎi huíqu
拐回去
umkehren

wàng zuǒ guǎi
往左拐
nach links abbiegen

rénfànzi guǎi-zǒu-le sān-ge háizi
人贩子拐走了三个孩子
ein Menschenhändler hat drei Kinder entführt

guān 关 zumachen, schließen, einschließen

guān mén
关门
die Tür schließen

zhè-shàn mén guān-bu-shàng
这扇门关不上
diese Tür geht nicht zu

guān diànshì
关电视
den Fernseher ausmachen

guān-jìn jiānyù
关进监狱
jdn ins Gefängnis bringen

guānhuái 关怀 Anteilnahme zeigen, sich widmen

tèbié guānhuái dúshēng zǐnǚ
特别关怀独生子女
Einzelkindern besondere Aufmerksamkeit schenken

guānxīn 关心 sorgen, sich kümmern

hùxiāng guānxīn
互相关心
füreinander sorgen

duì ..... háo bù guānxīn
对 ..... 毫不关心
für ..... überhaupt kein Interesse haben

guānchá 观察 beobachten

guānchá bìngrén
观察病人
den Patienten beobachten

zǐxì-de guānchá
仔细地观察
etw. genau beobachten

guānshǎng 观赏 etw. beobachten und bewundern

guānshǎng fēngjǐng
观赏风景
die Landschaft genießen

guǎn 管 zuständig sein, verwalten

guǎn jiāwù
管家务
den Haushalt führen

bǎ háizi guǎn-hǎo
把孩子管好
auf die Kinder aufpassen

guǎnlǐ 管理 führen, leiten

guǎnlǐ shēngchǎn
管理生产
die Produktion leiten

guànchè 贯彻 durchführen, durchsetzen

guànchè juéyì
贯彻决议
einen Beschluss in die Tat umsetzen

guàn 惯 gewöhnt sein, verwöhnen

bié bǎ háizi guàn-huài-le!
别把孩子惯坏了！
verwöhne die Kinder nicht!

guàn 灌 bewässern, füllen, eintrichtern, pauken

guàn tián
灌田
Felder bewässern

guàn-mǎn bǎowēnpíng
灌满保温瓶
eine Thermosflasche auffüllen

rèshuǐpíng dōu guàn-mǎn-le
热水瓶都灌满了
die Thermosflaschen sind gefüllt worden

guàn yào
灌药
jdm Medizin einflößen

guàn zuì
灌醉
jdn betrunken machen

guǎngbō 广播 senden, ausstrahlen

kāishǐ guǎngbò
开始广播
zu senden beginnen

tíngzhǐ guǎngbò
停止广播
aufhören zu senden

guàng 逛 bummeln, schlendern, spazieren gehen

guàng shāngdiàn
逛商店
einen Einkaufsbummel machen

guàng yáozi
逛窑子
ein Bordell besuchen

guī 归 zurückkehren

chūchāi guīlái
出差归来
von einer Geschäftsreise zurückkehren

guīdìng 规定 bestimmen, festsetzen, regulieren

guīdìng hūnjià niánlíng
规定婚嫁年龄
das Heiratsalter festsetzen

fǎlǜ guīdìng-de cuòshī
法律规定的措施
gesetzlich vorgeschriebene Maßnahme

zài guīdìng-de shíjiān-nèi
在规定的时间内
innerhalb einer vorgeschriebenen Frist

gǔn 滚 rollen, sich davonscheren

gǔn-xiàlai
滚下来
herunterrollen

gǔn xuěqiú
滚雪球
Schneebälle machen

gǔn-bu-dòng
滚不动
etw. nicht rollen können

gǔn-chūqu!
滚出去！
hau ab!

gǔndàn!
滚蛋！
verpiss dich!

guò 过 vorbeigehen, begehen

guò mǎlù
过马路
eine Straße überqueren

guò yè
过夜
übernachten

guò nián
过年
Silvester feiern

guò chūnjié
过春节
Frühlingsfest feiern

guò shèngdànjié
过圣诞节
Weihnachten feiern

guò shēngrì
过生日
Geburtstag feiern

shíjiān guò-de zhēn kuài
时间过得真快
die Zeit vergeht wirklich schnell

jiàqī guò-de zěnmeyàng?
假期过得怎么样?
wie hast du deine Ferien verbracht?

guòlái 过来 herüberkommen

kuài guòlái!
快过来!
komm schnell hierher!

guòqī 过期 Termin überschreiten, überfällig sein

zǎo yǐ guòqī-le
早已过期了
schon längst überfällig sein

yuèpiào yǐjīng guòqī-le
月票已经过期了
die Monatskarte ist schon verfallen

H

hài 害 schädigen, jdn in eine missliche Situation bringen

wénzi hài-de wǒ yí-yè méi shuì-zháo-jiào
蚊子害得我一夜没睡着觉
der Moskito setzte mir so zu, dass ich die ganze Nacht nicht einschlafen konnte

hàipà 害怕 fürchten

hàipà-de yàomìng
害怕得要命
sich zu Tode ängstigen

hàixiū 害羞 sich genieren

tā yí-jiàn nǚháizi jiù hàixiū
他一见女孩子就害羞
sobald er ein Mädchen sieht, geniert er sich

hán 含 etw. im Mund haben, enthalten

zuǐba hán-zhe yí-kuài táng
嘴巴里含着一块糖
einen Bonbon im Mund haben

kōngqì-zhōng hán yǒu yǎngqì
空气中含有氧气
die Luft enthält Sauerstoff

hǎn 喊 schreien, rufen

hǎn jiùmìng
喊救命
um Hilfe rufen

hǎn tā yì-shēng
喊他一声
ihn rufen

hànjiē 焊接 schweißen

hànjiē tiěsī
焊接铁丝
Eisendraht schweißen

hǎoxiàng 好象 scheinen, aussehen wie

hǎoxiàng yào xià yǔ
好象要下雨
es sieht nach Regen aus

hào 耗 verbrauchen, kosten, vertrödeln

hào-le bù shǎo yóu
耗了不少油
viel Öl verbrauchen

guō-lǐ-de shuǐ kuài hào gàn-le
锅里的水快耗干了
das Wasser im Topf wird bald verkocht sein

bié hào-le!
别耗了!
nicht trödeln!

hē 喝 trinken

hē bái kāishuǐ
喝白开水
blankes abgekochtes Wasser trinken

hē chá
喝茶
Tee trinken

hē jiǔ
喝酒
Alkohol trinken

hěn néng hē
很能喝
sehr viel vertragen können

hē tāng
喝汤
Suppe essen

hē zhōu
喝粥
Reisbrei essen

hēzuì
喝醉
betrunken werden

bié hēzuì-le!
别喝醉了！
betrink dich nicht!

hé 合 schließen, vereinigen, entsprechen

hé-shàng yǎn
合上眼
die Augen schließen

xiào-de hé-bu-shàng zuǐ
笑得合不上嘴
vor Lachen den Mund nicht zumachen können

hěn hé-de-lái
很合得来
sehr gut miteinander auskommen

hé kǒuwèi
合口味
jdm gut schmecken

héshì 合适 passen, angemessen sein

zhè-shuāng xié hěn héshì
这双鞋很合适
dieses Paar Schuhe passt gut

zhè shíjiān nǐ juéde héshì ma?
这时间你觉得合适吗?
ist dir dieser Termin recht?

hézuò 合作 zusammenarbeiten

xiānghù hézuò
相互合作
miteinander zusammenarbeiten

hěn 狠 sich überwinden

tā hěn-zhe xīn
他狠着心
er fasste sich ein Herz

hèn 恨 hassen

hèn àomàn-de rén
恨傲慢的人
arrogante Menschen hassen

hēng 哼 summen, seufzen, stöhnen

hēng gē
哼歌
Lieder summen

tòng-de zhí hēng
痛得直哼
vor Schmerzen stöhnen

hōng 轰 lärmen, donnern, bombardieren, aufscheuchen

hōng máquè
轰麻雀
Spatzen verscheuchen

hòuhuǐ 后悔 bereuen

hòuhuǐ jiǎn zhè-ge fǎxíng
后悔剪这个发型
diese Frisur bereuen

hū 呼 ausatmen, rufen

hū-chū
呼出
ausatmen

hū jiù
呼救
um Hilfe rufen

hūxī 呼吸 atmen

wǒ hūxī kùnnan
我呼吸困难
ich habe Atembeschwerden

hūshì 忽视 ignorieren, übersehen

bù yīnggāi hūshì kùnnan
不应该忽视困难
man sollte Schwierigkeiten nicht auf die leichte Schulter nehmen

húshuō 胡说 faseln

bié húshuō-le!
别胡说了！
red keinen Quatsch!

hú 煳 anbrennen

fàn hú-le
饭煳了
der Reis ist angebrannt

hú 糊 kleben

hù qiáng
糊墙
ein Zimmer tapezieren

huā 花 ausgeben

huā shíjiān
花时间
Zeit verwenden auf .....

hěn huā shíjiān
很花时间
viel Zeit in Anspruch nehmen

huā qián
花钱
Geld ausgeben

huā-le bù shǎo qián
花了不少钱
viel Geld verbrauchen

bù huā qián bàn-bu-chéng shì
不花钱办不成事
ohne Bestechung kann man nichts erreichen

huá 划 rudern, paddeln

huá chuán
划船
ein Boot rudern

huá 滑 gleiten

huá-le yìjiāo
滑了一跤
ausgerutscht und hingefallen sein

huá huábǎn
滑滑板
Skateboard fahren

huá xuěqiāo
滑雪橇
Schlitten fahren

huábīng 滑冰 Schlittschuh laufen

huá hànbīng
滑旱冰
Inlineskaten

huáxuě 滑雪 Ski laufen

huábǎn huáxuě
滑板滑雪
Snowboarden

huà 化 verändern

huà wéi pàoyǐng
化为泡影
wie Seifenblasen zerplatzen

huà zhuāng
化妆
sich schminken

huà tán
化痰
Schleim lösen

huà 划 abgrenzen, planen, markieren

huà jiè
划界
Grenzen ziehen

huàfēn 划分 einteilen, unterscheiden

huàfēn shìli fànwéi
划分势力范围
Einflusssphären aufteilen

huà 画 malen

huà huà
画画
Bilder malen

huà yì-zhāng cǎotú
画一张草图
eine Skizze zeichnen

huái 怀 hegen, tragen, an etw. denken

huái-zhe zhēnchéng-de yuànwàng
怀着真诚的愿望
aufrichtige Gefühle hegen

huái-zhe jídà-de xìngqù
怀着极大的兴趣
großes Interesse haben

huái-zhe bēitòng-de xīnqíng
怀着悲痛的心情
sorgenvoll gestimmt sein

huáiniàn 怀念 an jdn/etw. denken, sich nach jm/etw. sehnen

huáiniàn dàxué-de shēnghuó
怀念大学的生活
ans Studentenleben zurückdenken

huáiyí 怀疑 zweifeln, bezweifeln, verdächtigen

wǒ huáiyí, ...
我怀疑，.....
ich zweifle, dass .....

huáiyùn 怀孕 schwanger sein

huáiyùn bá-ge yuè-le
怀孕八个月了
im achten Monat schwanger sein

huānhū 欢呼 jubeln

wèi zhōngguóduì huānhū
为中国队欢呼
für die chinesische Mannschaft jubeln

huānyíng 欢迎 begrüßen

dào jīchǎng huānyíng kèrén
到机场欢迎客人
zum Flughafen fahren, um die Gäste zu begrüßen

huānyíng tā-de guīlái
欢迎他的归来
ihn bei seiner Rückkehr willkommen heißen

huán 还 zurückkehren, zurückgeben, erwidern

huán xiāng
还乡
an den Geburtsort zurückkehren

huán shū
还书
Bücher zurückgeben

wǒ xià-ge yuè huán nǐ qián
我下个月还你钱
ich gebe dir nächsten Monat dein Geld zurück

huànxiǎng 幻想 einbilden, phantasieren

huànxiǎng bú qiè shíjì-de shì
幻想不切实际的事
sich unrealistische Dinge einbilden

huàn 换 tauschen, umwechseln, umsteigen

huàn niàobù
换尿布
Windeln wechseln

huàn qián
换钱
Geld wechseln

bă ōuyuán huàn-chéng rénmínbì
把欧元换成人民币
Euro in Renminbi umwechseln

huàn chéng huǒchē
换乘火车
in einen Zug umsteigen

huàn jù huà shuō
换句话说
mit anderen Worten gesagt

huàn 患 sich sorgen, leiden

huànbìng
患病
an einer Krankheit leiden

huàn gānyán
患肝炎
an Hepatitis erkrankt sein

huīfù 恢复 wieder gesund werden, erneuern

huīfù jiànkāng
恢复健康
wieder gesund werden

huīfù tǒngyī
恢复统一
die Wiedervereinigung erlangen

huīfù zhījué
恢复知觉
wieder zu sich kommen

huīfù zhèngcháng
恢复正常
den normalen Zustand wiederherstellen

huī 挥 schwingen, abwischen, kommandieren

huī shǒu
挥手
mit der Hand winken

huī bǐ
挥笔
den Pinsel führen

huí 回 zurückkehren

huí jiā
回家
nach Hause gehen

huí xìn
回信
einen Brief beantworten

huí diànhuà
回电话
jdm zurückrufen

qǐng nǐ gěi wǒ huí diànhuà!
请你给我回电话！
bitte ruf mich zurück!

huí-dào běntí
回到本题
zurück zum Thema

huídá 回答 antworten

huídá wèntí
回答问题
Fragen beantworten

huígù 回顾 zurückblicken

huígù guòqù
回顾过去
auf die Vergangenheit zurückblicken

huílái 回来 zurückkommen

măshàng jiù huílái
马上就回来
gleich zurückkommen

huíshōu 回收 etw. rückgewinnen

yòng-wán huíshōu
用完回收
nach Gebrauch recyceln

huítóu 回头 den Kopf wenden

bú yào huítóu!
不要回头！
dreh dich nicht um!

huíyì 回忆 zurückdenken, sich erinnern

huíyì guòqù
回忆过去
an die Vergangenheit zurückdenken

huǐ 毁 zerstören, vernichten

huìbào 汇报 mitteilen, informieren

huìbào gōngzuò
汇报工作
über die Arbeit Bericht erstatten

huìbào diàochá jiéguǒ
汇报调查结果
über die Ergebnisse einer Untersuchung informieren

huìbào guòqù yì-nián-de qíngkuàng
汇报过去一年的情况
über das vergangene Jahr Bericht erstatten

huì 会 können, werden

bú huì-de
不会的
etw. wird nicht passieren

yìqiē dōu huì hǎo-qǐlái-de
一切都会好起来的
alles wird gut

huì yóuyǒng
会游泳
schwimmen können

kèrén bú huì hē jiǔ
客人不会喝酒
die Gäste vertragen keinen Alkohol

huìkè 会客 Besucher empfangen

xiànzài bú huìkè
现在不会客
jetzt nicht zu sprechen sein

hùn 混 mischen, vermischen

hùn-de zěnmeyàng?
混得怎么样？
wie läuft's bei dir?

xiāhùn
瞎混
rumhängen

hùn zài yìqǐ
混在一起
zusammenmischen

bú yào gǎo-hùn-le
不要搞混了
etw. nicht durcheinander bringen

huó 活 leben

zài tā huó-zhe-de shíhòu
在他活着的时候
zu seinen Lebzeiten

huòdé 获得 bekommen, erreichen, gewinnen

huòdé jùdà-de chénggōng
获得巨大的成功
große Erfolge erzielen

huòdé dúlì
获得独立
die Unabhängigkeit erringen

huòdé xìnrèn
获得信任
Vertrauen gewinnen

huòdé zhīshi
获得知识
Kenntnisse erwerben

huó-xiàqu
活下去
weiterleben

J

jī 击 schlagen, angreifen

jī gǔ
击鼓
trommeln

jīlěi 积累 aufhäufen

jīlěi jīngyàn
积累经验
Erfahrungen sammeln

jīdòng 激动 sich aufregen, sich erregen

jīdòng-de shuō
激动地说
tief bewegt sagen

jīdòng-de liú-xià yǎnlèi
激动得留下眼泪
zu Tränen gerührt

jígé 及格 eine Prüfung bestehen

jígé-le!
及格了！
bestanden!

jíhé 集合 sich versammeln, antreten

bā-diǎn zhōng jíhé
八点钟集合
sich um 8 Uhr treffen

zài tiān'ānmén guǎngchǎng-shàng jíhé
在天安门广场上集合
sich auf dem Tiananmen versammeln

jízhōng 集中 konzentrieren, zentralisieren

jízhōng jīnglì
集中精力
seine Energie konzentrieren

jízhōng mùbiāo
集中目标
sich auf ein Ziel konzentrieren

jízhōng zhùyìlì
集中注意力
seine Aufmerksamkeit auf etw. konzentrieren

sīxiǎng bù jízhōng
思想不集中
geistesabwesend

jǐ 挤 pressen, sich drängen

jǐ níngméngzhī
挤柠檬汁
Zitronensaft auspressen

bǎ shuǐ jǐ-diào
把水挤掉
auswringen

jǐ-jìnqu
挤进去
sich hineinzwängen

cóng rénqún-lǐ jǐ-guòqu
从人群里挤过去
sich durch eine Menschenmenge drängen

jǐ-shàng qián
挤上前
sich vordrängen

bié jǐ!
别挤！
nicht drängeln!

jǐyǔ 给予 gewähren, geben

jǐyǔ zhīchí
给予支持
Unterstützung gewähren

jǐyǔ bāngzhù
给予帮助
jdm Hilfe leisten

jǐyǔ zhèngshì chéngrèn
给予正式承认
offiziell anerkennen

jǐyǔ hěn gāo-de píngjià
给予很高的评价
hochschätzen

jǐyǔ tóngqíng
给予同情
mit jdm/etw. sympathisieren

jì 计 rechnen, planen

gōngzuò bú jì shíjiān
工作不计时间
bei der Arbeit nicht auf die Zeit achten

jìhuà 计划 planen

jìhuà jiānglái
计划将来
die Zukunft planen

jìhuà-hǎo-le
计划好了
etw. fertig geplant haben

jìsuàn 计算 rechnen, kalkulieren, überlegen

jìsuàn rénshù
计算人数
die Personenzahl kalkulieren

jì 记 niederschreiben, sich einprägen

jì-cuò-le
记错了
sich etw. falsch eingeprägt haben

jì-bu-qīngchǔ
记不清楚
sich an etw. nicht genau erinnern können

jì-zhù zhè-ge shǒujīhào
记住这个手机号
sich diese Handynummer merken

wǒ jì-bu-zhù
我记不住
ich kann es mir nicht merken

zhè-ge hànzì jì-zhù-le
这个汉字记住了
dieses Schriftzeichen sitzt

jì-xiàlai
记下来
etw. aufschreiben

jì zài bǐjìběn-shàng
记在笔记本上
etw. ins Notizbuch schreiben

jìde 记得 sich erinnern

wǒ hái jìde tā
我还记得他
ich kann mich noch an ihn erinnern

jìlù 纪录 protokollieren

bǎ zhǔyào nèiróng jìlù-xiàlai
把主要内容纪录下来
den Hauptinhalt aufzeichnen

jìzǎi 记载 eintragen

xiángxì-de jìzài
详细地记载
etw. ausführlich aufschreiben

jì'niàn 纪念 gedenken

jì'niàn guóqìng
纪念国庆
den Nationalfeiertag feierlich begehen

shì wèile jì'niàn .....
是为了纪念.....
in Gedenken an .....

jì 系 zubinden, zuknöpfen

jì-hǎo lǚxíngxié
系好旅行鞋
Wanderschuhe schnüren

jìdù 忌妒 beneiden

jìdù tā-de měimào
忌妒她的美貌
sie für ihre Schönheit beneiden

jìchéng 继承 fortsetzen, erben

jìchéng chuántǒng
继承传统
eine Tradition fortführen

jìchéng cáichǎn
继承财产
Eigentum erben

jìxù 继续 fortsetzen

jìxù gōngzuò
继续工作
die Arbeit fortsetzen

jìxù huìtán
继续会谈
ein Gespräch weiterführen

jìxù yǒuxiào
继续有效
Geltung behalten

bù néng jìxù yòng .....
不能继续用.....
nicht weiter benutzen können

jìxù-dào shēnyè
继续到深夜
etw. bis tief in die Nacht fortsetzen

jì 寄 senden, schicken

jì xìn
寄信
einen Brief abschicken

jì bāoguǒ
寄包裹
ein Paket zur Post bringen

jì diànzǐ yóujiàn
寄电子邮件
ein Email schicken

jì qián
寄钱
Geld anweisen

jiā 加 addieren, hinzufügen, vermehren

wǔ jiā sān děngyú bā
五加三等于八
5 plus 3 ergibt 8

tāng-lǐ jiā diǎn yán
汤里加点盐
die Suppe mit einer Prise Salz würzen

jiā gōngzī
加工资
den Lohn erhöhen

jiā bān
加班
Überstunden machen

gèng-jiā fùzáhuà
更加复杂化
Komplikationen noch vergrößern

jiājǐn 加紧 intensivieren, beschleunigen

jiājǐn shēngchǎn
加紧生产
die Produktion beschleunigen

jiājǐn gōngzuò
加紧工作
die Arbeit intensivieren

jiāqiáng 加强 verstärken, festigen, steigern

jiāqiáng ānquán cuòshī
加强安全措施
die Sicherheitsvorkehrungen verstärken

jiāqiáng láodòng guānniàn
加强劳动观念
die Arbeitsmoral verbessern

jiāqiáng kòngzhì
加强控制
die Kontrolle verschärfen

jiāqiáng zǔzhī
加强组织
eine Organisation stärken

jiārù 加入 hinzufügen, beitreten, teilnehmen

zài cháshuǐ-zhōng jiārù sūyóu hé yán
在茶水中加入酥油和盐
dem Tee Yakbutter und Salz zufügen

jiārù tèshū zìfú
加入特殊字符
Sonderzeichen einfügen

jiārù zhōngguó gòngchǎndǎng
加入中国共产党
der KP Chinas beitreten

jiāsāir 加塞儿 sich (beim Anstellen) vordrängeln

bù jiāsāir, mǎi-bu-shàng piào
不加塞儿，买不上票
wenn man sich nicht vordrängelt, kriegt man kein Ticket

jiāshēn 加深 vertiefen

jiāshēn lǐjiě
加深理解
ein tieferes Verständnis gewinnen

jiāshēn yìnxiàng
加深印象
den Eindruck verstärken

jiāsù 加速 beschleunigen

jiāsù fāzhǎn
加速发展
die Entwicklungsgeschwindigkeit erhöhen

jiāyǐ 加以 etw. erledigen

yǒu wèntí yào jíshí jiāyǐ jiějué
有问题要及时加以解决
Probleme sollten rechtzeitig gelöst werden

yuán jìhuà bìxū jiāyǐ xiūgǎi
原计划必须加以修改
der ursprüngliche Plan muß geändert werden

jiā yóu 加油 tanken, anfeuern

gěi qìchē jiāyóu
给汽车加油
das Auto auftanken

jiāyóu! jiāyóu!
加油！加油！
gib Gas!

wèi yùndòngyuán jiāyóu
为运动员加油
die Sportler anfeuern

jiā 夹 einklemmen

bǎ zhàopiàn jiā zài shū-lǐ
把照片夹在书里
Fotos zwischen die Seiten eines Buches legen

yòng kuàizi jiā cài
用筷子夹菜
das Essen mit den Stäbchen fassen

jiā zài liǎng-ge rén zhōngjiān
夹在两个人中间
zwischen zwei Menschen eingekeilt sein

wǒ-de shǒuzhǐ jiā-le yí-xià
我的手指夹了一下
meine Finger wurde eingequetscht

xiézi jiā jiǎo
鞋子夹脚
die Schuhe drücken

jià 驾 fahren, anspannen

jià-shàng shēngkǒu gēngdì
驾上牲口耕地
Zugtiere zum Pflügen anspannen

jià chē
驾车
Auto fahren

jià fēijī
驾飞机
ein Flugzeug fliegen

jiàshǐ 驾驶 fahren, lenken

jiàshǐ zhíshēng fēijī
驾驶直升飞机
einen Helikopter fliegen

jiàshǐ tuōlājī
驾驶拖拉机
Traktor fahren

jiàshǐ fánchuán
驾驶帆船
segeln

jiānmiè 歼灭 vernichten, ausrotten

jiānmiè dírén
歼灭敌人
die Feinde vernichten

jiānchí 坚持 festhalten, beharren

jiānchí-bu-zhù
坚持不住
nicht aushalten können

jiānchí yuánzé
坚持原则
an Grundsätzen festhalten

jiānchí zhēnlǐ
坚持真理
an der Wahrheit festhalten

jiānchí dǐkàng
坚持抵抗
Widerstand leisten

zài jiānchí yíhuìr
再坚持一会儿
noch eine Weile durchhalten

jiānchí tiáojiàn
坚持条件
auf Bedingungen bestehen

bǎ shénme shì jiānchí dàodǐ
把什么事坚持到底
etw. durchziehen

jiāndìng 坚定 festigen

jiāndìng juéxīn
坚定决心
einen Entschluß festigen

jiāndū 监督 überwachen, beaufsichtigen

jiāndū cáiwù
监督财务
das Finanzwesen überwachen

jiāndū shípǐn zhìliàng
监督食品质量
die Lebensmittelqualität überwachen

jiān 煎 in Öl braten (ohne Rühren)

jiān jīdàn
煎鸡蛋
Spiegeleier braten

jiǎn 拣 auswählen, aussuchen

bǎ zuì-hǎo-de jiǎn-chūlai
把最好的拣出来
die Besten aussuchen

jiǎnchá 检查 überprüfen

jiǎnchá zhìliàng
检查质量
die Qualität prüfen

jiǎnchá hùzhào
检查护照
den Pass kontrollieren

jiǎnchá shēntǐ
检查身体
sich einer ärztlichen Untersuchung unterziehen

jiǎnchá shìlì
检查视力
das Sehvermögen testen

jiǎntǎo 检讨 sich selbst kritisieren

jiǎntǎo cuòwù
检讨错误
die eigenen Fehler kritisieren

jiǎn 剪 abschneiden

jiǎn tóufa
剪头发
Haare schneiden

jiǎn zhǐjia
剪指甲
Fingernägel schneiden

jiǎn 减 subtrahieren, reduzieren

bā jiǎn wǔ
八减五
8 minus 5

jiǎnbàn
减半
auf die Hälfte reduzieren

jiǎnféi
减肥
eine Diät machen

jiǎn xī
减息
Zinsen senken

jiǎnqīng 减轻 erleichtern, nachlassen, mildern

jiǎnqīng fùdān
减轻负担
Lasten erleichtern

jiǎnqīng tòngkǔ
减轻痛苦
Leiden lindern

jiǎnqīng qiángdù
减轻强度
die Intensität vermindern

jiǎnshǎo 减少 reduzieren

jiāotōng shìgù jiǎnshǎo-le
交通事故减少了
die Zahl der Verkehrsunfälle hat abgenommen

jiàn 见 sehen

hǎo-jiǔ bú jiàn-le
好久不见了
lange nicht mehr gesehen

bù xiǎng jiàn tā
不想见他
ihn nicht sehen wollen

jiàn-dào tā
见到他
ihn treffen

qù jiàn mǎkèsī
去见马克思
sterben

jiànmiàn 见面 sich treffen

jīngcháng jiànmiàn
经常见面
sich oft treffen

hái méi yǒu jiàn-guo miàn
还没有见过面
sich noch nicht getroffen haben

jiàn 建 bauen, gründen

xīn-jiàn-de fángzi
新建的房子
neugebaute Häuser

zhòng-jiàn dàlóu
重建大楼
ein Hochhaus wieder aufbauen

jiàn guó
建国
einen Staat gründen

jiàn biǎo
建表
Tabellen anlegen

jiànlì 建立 errichten, etablieren

jiànlì yí-ge wénjiànjiā
建立一个文件夹
einen Ordner erstellen

jiànlì wàijiāo guānxì
建立外交关系
diplomatische Beziehungen herstellen

jiànlì xīn yīliáo zhìdù
建立新医疗制度
ein neues System der medizinischen Versorgung etablieren

jiànshè 建设 aufbauen

jiànshè dàjūn
建设大军
ein großes Heer aufbauen

jiànyì 建议 vorschlagen, anregen

wǒ jiànyì, ...
我建议, ...
ich schlage vor, dass .....

jiǎng 讲 sprechen, erzählen, erklären, verhandeln, berücksichtigen

jiǎng déyǔ
讲德语
Deutsch sprechen

jiǎng gùshi
讲故事
eine Geschichte erzählen

jiǎng xiàohuà
讲笑话
Witze erzählen

gěi wǒ jiǎng
给我讲
mir etw. erzählen

jiǎng jī-jù huà
讲几句话
ein paar Worte sagen

jiǎng dàoli
讲道理
Tacheles reden

bǎ dàolǐ jiǎng qīngchǔ
把道理讲清楚
die Gründe für etw. darlegen

jiǎng tiáojiàn
讲条件
Bedingungen aushandeln

jiǎng-hǎo qīxiàn
讲好期限
einen Termin vereinbaren

jiǎng zhìliàng
讲质量
auf Qualität achten

jiǎnghuà 讲话 sprechen, reden, sich äußern

zài jiǔhuì-shàng jiǎnghuà
在酒会上讲话
beim Cocktailempfang eine Rede halten

gǎn jiǎnghuà
敢讲话
den Mut haben, seine Meinung zu äußern

wèi ..... jiǎnghuà
为..... 讲话
sich im Interesse von jdm äußern

jiǎngjiě 讲解 erläutern, erklären

jiǎngjiě zhōngguó lìshǐ
讲解中国历史
die Geschichte Chinas erläutern

jiǎngjiu 讲究 etw. für besonders wichtig halten

jiǎngjiu wèishēng
讲究卫生
auf Hygiene achten

jiǎnglì 奖励 belohnen, auszeichnen

jiǎnglì yōuxiù xuésheng
奖励优秀学生
die besten Schüler auszeichnen

jiàng 降 fallen, sinken lassen

wēndù jiàng-dào-le .....
温度降到了 .....
die Temperatur ist gesunken auf .....

jiàngjià
降价
Preise senken

jiàngdī 降低 herabsetzen, reduzieren, senken

jiàngdī jiàgé
降低价格
Preise herabsetzen

jiàngdī yāoqiú
降低要求
Forderungen mäßigen

jiàngdī shuǐpíng
降低水平
das Niveau senken

jiàngdī xuèyā
降低血压
den Blutdruck senken

zhúbù jiàngdī shēngchǎn chéngběn
逐步降低生产成本
schrittweise die Produktionskosten senken

jiàng 酱 (Lebensmittel) einlegen

bǎ huángguā jiàng-shàng
把黄瓜酱上
Gurken in Sojasoße einlegen

jiāo 交 abgeben, aushändigen, liefern, mit jdm Bekanntschaft schließen

jiāo guānshuì
交关税
Zoll bezahlen

wǒ-de xīn yǐjīng jiāo gěi-le nǐ
我的心已经交给了你
mein Herz habe ich dir schon gegeben

bǎ ..... jiāo gěi .....
把 ..... 交给 .....
jdn/etw. an jdn/etw. übergeben

bǎ huàtǒng jiāo gěi wǒ
把话筒交给我
mir das Mikrofon geben

bǎ zhè-xiàng rènwù jiāo gěi wǒmen
把这项任务交给我们
diese Aufgabe an uns übertragen

bǎ qián jiāo gěi shòuhuòyuán
把钱交给售货员
dem Verkäufer das Geld geben

jiāo péngyǒu
交朋友
mit jdm Freundschaft schließen

jiāodài 交代 übergeben, erklären, gestehen

jiāodài gōngzuò
交代工作
(seinem Nachfolger) die Arbeit übergeben

jiāodài rènwù
交代任务
eine Aufgabe erklären

zhè-jiàn shì nǐ zěnme jiāodài?
这件事你怎么交代?
was für eine Erklärung hast du dafür?

xiàng lǎobǎn jiāodài
向老板交代
dem Chef etw. erklären

jiāodài zuìxìng
交代罪行
sein Verbrechen gestehen

jiāohuàn 交换 austauschen, wechseln

jiāohuàn yìjiàn
交换意见
Meinungen austauschen

jiāoliú 交流 etw. austauschen

jiāoliú jīngyàn
交流经验
Erfahrungen austauschen

hé biérén yòng hànyǔ jiāoliú
和别人用汉语交流
sich mit anderen auf Chinesisch austauschen

jiāo 浇 gießen

jiāo huā
浇花
Blumen gießen

jiāo dì
浇地
Felder bewässern

jiāo 教 unterrichten, lehren

jiāo xiǎoxué
教小学
an einer Grundschule unterrichten

jiāo háizimen chàng gē
教孩子们唱歌
Kindern das Singen beibringen

bǎ jìshù jiāo gěi túdì
把技术教给徒弟
den Auszubildenden die Technik beibringen

jiào 叫 rufen, nennen, heißen, bestellen

dà jiào yì-shēng
大叫一声
einen lauten Schrei ausstoßen

gǒu jiào
狗叫
bellen

zhū jiào
猪叫
quieken

yáng jiào
羊叫
meckern

mǎ jiào
马叫
wiehern

wā jiào
蛙叫
quaken

niǎo jiào
鸟叫
zwitschern

chán jiào
蝉叫
zirpen

jī jiào sān-biàn-le
鸡叫三遍了
der Hahn hat dreimal gekräht

jiào háizimen bié nào
叫孩子们别闹
sag den Kindern, sie sollen nicht so herumlärmen

jiào yí-liàng chūzūqìchē
叫一辆出租汽车
ein Taxi rufen

zǎo yìdiǎn jiào-xǐng wǒ
早一点叫醒我
wecke mich ein bisschen früher

wūlóngchá jiào bàn-fāxiào-chá
乌龙茶叫半发酵茶
Oolong-Tee nennt man halbfermentierten Tee

jiàozuò 叫做 heißen, benennen

chūnjié-de qián-yì-tiān wǎnshang jiàozuò chúxì
春节的前一天晚上叫做除夕
der Abend vor Neujahr heißt Sylvester

bǎ tā jiàozuò .....
把它叫做 .....
etw. als ..... bezeichnen

jiàoxué 教学 unterrichten, lehren

zài běidà jiàoxué
在北大教学
an der Peking-Universität unterrichten

jiē 接 erhalten, abholen, verbinden, auffangen

jiē-dào yì-fēng xìn
接到一封信
einen Brief bekommen

jiē diànhuà
接电话
ans Telefon gehen

dào jīchǎng jiē kèrén
到机场接客人
Gäste vom Flughafen abholen

jiē bìngrén chūyuàn
接病人出院
einen Kranken vom Krankenhaus abholen

bǎ shéngzi-de liǎng-tóu jiē zài yìqǐ
把绳子的两头接在一起
die beiden Seilenden miteinander verbinden

jiē qiú
接球
den Ball auffangen

yòng tǒng jiē shuǐ
用桶接水
Wasser mit einem Eimer auffangen

jiēchù 接触 berühren

bìmiǎn yǔ ..... jiēchù
避免与 ..... 接触
die Berührung mit jdm/etw. meiden

tánhuà-de shíhòu jiēchù-le zhè-ge wèntí
谈话的时候接触了这个问题
im Gespräch diese Frage berühren

jiēdài 接待 empfangen, aufnehmen

jiēdài kèrén
接待客人
Besuch empfangen

jiējiàn 接见 (zur Audienz) empfangen

jiējiàn wàibīn
接见外宾
ausländische Besucher empfangen

jiējìn 接近 sich nähern

jiējìn guójì shuǐpíng
接近国际水平
sich dem internationalen Niveau nähern

zhè-ge rén bù róngyì jiējìn
这个人不容易接近
dieser Mensch ist nicht sehr umgänglich

méiyǒu rén gǎn jiējìn tā
没有人敢接近他
niemand wagt es sich ihm zu nähern

jiēshōu 接收 annehmen, akzeptieren

bù jiēshōu guìzhòng lǐwù
不接收贵重礼物
keine kostspieligen Geschenke annehmen

jiēzhe 接着 folgen, fortsetzen, auffangen

yí-ge jiēzhe yí-ge
一个接着一个
einer nach dem anderen

jiēzhe shuō jǐ-jù
接着说几句
anschließend noch etw. sagen

wǒ rēng gěi nǐ yí-ge píngguǒ, jiēzhe!
我扔给你一个苹果，接着！
ich werfe dir einen Apfel zu, fang ihn auf!

jiē 揭 abnehmen, abheben, aufdecken

jiē-xià qiáng-shàng-de huà
揭下墙上的画
das Bild von der Wand nehmen

jiē guōgài
揭锅盖
den Topfdeckel abheben

jiē máodùn
揭矛盾
Widersprüche aufdecken

jiēlù 揭露 enthüllen, an die Öffentlichkeit bringen

jiēlù yīnmóu
揭露阴谋
ein Komplott aufdecken

jiēlù piànjú
揭露骗局
einen Betrug ans Tageslicht bringen

jié'āi 节哀 seine Trauer überwinden

nǐ yídìng yào jié'āi
你一定要节哀
du sollst nicht zu traurig sein

jiéyuē 节约 sparen, sparsam mit etw. sein

jié 结 knüpfen

jié wǎng
结网
ein Netz spinnen

jié yǒuyì
结友谊
Freundschaft schließen

jié dǎng yíngsī
结党营私
networken

jiéhé 结合 integrieren, kombinieren, verbinden

bǎ ..... hé ..... jiéhé-qǐlai
把 ..... 和 ..... 结合起来
etw. mit etw. anderem verbinden

jiéhé jùtǐ qíngkuàng
结合具体情况
mit Blick auf die konkreten Umstände

jiéhūn 结婚 heiraten

wǒ kuài yào jiéhūn-le
我快要结婚了
ich werde bald heiraten

tā jié-le wǔ-cì hūn
他结了五次婚
er war fünfmal verheiratet

tā céngjīng jié-guò hūn
他曾经结过婚
er war einmal verheiratet

jiéshù 结束 beenden

jiéshù tā-de jiǎnghuà
结束他的讲话
seine Rede schließen

xuānbù huìyì jiéshù
宣布会议结束
die Sitzung für beendet erklären

jiě 解 trennen, aufbinden, erklären

jiě xiédài
解鞋带
die Schuhbändel aufbinden

jiě mí
解谜
ein Rätsel lösen

jiětí
解题
eine Aufgabe lösen

jiědá 解答 erklären, beantworten

jiědá wèntí
解答问题
Fragen beantworten

jiěfàng 解放 befreien

jiěfàng jiù guānniàn
解放旧观念
sich von alten Vorstellungen befreien

jiějué 解决 lösen

jiějué zhè-ge wèntí
解决这个问题
dieses Problem lösen

jiějué zhēngduān
解决争端
einen Konflikt beilegen

jiějué kùnnan
解决困难
Schwierigkeiten überwinden

tōngguò tánpàn jiějué
通过谈判解决
durch Verhandlungen zu einer Lösung kommen

wèntí méi jiějué
问题没解决
die Frage bleibt offen

jiěshì 解释 erklären, interpretieren

jiěshì xīncí
解释新词
ein neues Wort erklären

jiěshì wùhuì
解释误会
ein Missverständnis aufklären

fǎnfù jiěshì
反复解释
etw. wiederholt erklären

jiěshuō 解说 erklären, moderieren (TV)

jiěshuō lìshǐ
解说历史
Geschichte erklären

jièshào 介绍 vorstellen, bekanntmachen

ràng wǒ jièshào yíxià, zhè shì Mǎ nǚshì
让我介绍一下，这是马女士
darf ich Ihnen Frau Ma vorstellen

jièshào duìxiàng
介绍对象
jdm einen Ehepartner vorschlagen

jièshào gōngzuò
介绍工作
eine Arbeit vermitteln

gěi ..... jièshào yì-běn shū
给 ..... 介绍一本书
jdm. ein Buch empfehlen

jiè 戒 sich enthalten, sich etw. abgewöhnen

jiè jiǔ
戒酒
das Trinken aufgeben

jiè yān
戒烟
das Rauchen aufgeben

wǒ jiè yān yǐjīng sān-nián-le
我戒烟已经三年了
ich rauche schon seit 3 Jahren nicht mehr

jiè 借 entleihen

jiè qián
借钱
Geld leihen

jiè gěi tā yì-bǐ qián
借给他一笔钱
ihm eine Summe Geld leihen

bǎ zìxíngchē jiè gěi wǒ qí yí-xià
把自行车借给我骑一下
mir das Fahrrad einmal ausleihen

kěyǐ jièyòng nǐ-de bǐ ma?
可以借用你的笔吗？
kann ich deinen Stift ausleihen?

jìn 进 eintreten, hineingehen

jìn fángjiān
进房间
ein Zimmer betreten

qǐng jìn!
请进！
herein!

jìn júzi
进局子
ins Gefängnis kommen

jìn-le sān-cì júzi
进了三次局子
dreimal im Gefängnis gewesen sein

jìngōng 进攻 angreifen

quánlì jìngōng
全力进攻
mit ganzer Kraft angreifen

jìnlái 进来 hereinkommen

qǐng nǐ jìnlái!
请你进来！
bitte komm herein!

jìnrù 进入 eintreten

jìnrù guójì shìchǎng
进入国际市场
mit etw. auf den Weltmarkt gehen

jìnrù juésài jiēduàn
进入决赛阶段
das Finale erreichen

jìnxíng 进行 verlaufen, durchführen

jìnxíng péixùn
进行培训
trainieren, ausbilden

jìnxíng chōngfèn lùnzhèng
进行充分论证
hinreichende Beweisführung vornehmen

jìnxíng dàtúshā
进行大屠杀
Massenmord durchführen

duì ..... jìnxíng xìng-sāorǎo
对..... 进行性骚扰
jdn sexuell belästigen

duì chāosù sījī jìnxíng fákuǎn
对超速司机进行罚款
Geldstrafen für zu schnelles Fahren verhängen

jìnxíng shǒushù
进行手术
eine Operation durchführen

huìyì míngtiān jìxù jìnxíng
会议明天继续进行
die Sitzung morgen fortsetzen

jìnxíng huìtán
进行会谈
Gespräche führen

jìnxíng qìngdiǎn
进行庆典
eine Gedenkfeier abhalten

jìnxíng màoyì
进行贸易
Handel treiben

jìnxíng dǐkàng
进行抵抗
Widerstand leisten

jìnxíng tánpàn
进行谈判
Verhandlungen führen

jìnxíng pòhuài huódòng
进行破坏活动
Sabotage betreiben

jìnxíng zhànzhēng
进行战争
einen Krieg führen

jìnxíng zhàndòu
进行战斗
Kämpfe führen

yòng ..... jìnxíng .....
用 ..... 进行 .....
mit .... durchführen

yòng mázuìyào chénggōng-de jìnxíng wàikē shǒushù
用麻醉药成功地进行外科手术
mit Narkose erfolgreich Operationen durchführen

jìnzhǐ 禁止 verbieten

jìnzhǐ xīyān!
禁止吸烟！
Rauchen verboten!

jìnzhǐ tíngchē!
禁止停车！
Parken verboten!

jìnzhǐ dào lājī!
禁止倒垃圾！
Müllabladen verboten!

jìnzhǐ tōngxíng!
禁止通行！
Durchfahrt verboten!

jīngguò 经过 vorbeigehen, durchlaufen

jīngguò wǔhàn
经过武汉
via Wuhan

gōnggòng qìchē jīngguò huǒchēzhàn
公共汽车经过火车站
der Bus fährt am Bahnhof vorbei

hóngchá yào jīngguò fāxiào
红茶要经过发酵
schwarzer Tee wird fermentiert

lǜchá bù jīngguò fāxiào
绿茶不经过发酵
grüner Tee wird nicht fermentiert

jīngguò jiāgōng guòchéng
经过加工过程
einen Berarbeitungsprozess durchlaufen

jīnglì 经历 erfahren, erleben

jīnglì bùtóng fāzhǎn jiēduàn
经历不同发展阶段
verschiedene Entwicklungsphasen durchmachen

jīnglì-zhe yí-ge wěidà-de shídài
经历着一个伟大的时代
ein großes Zeitalter erleben

jīnglì-zhe yì-chǎng gémìng
经历着一场革命
eine Revolution erfahren

jǐnggào 警告 warnen, verwarnen

duì ..... tíchū jǐnggào
对 ..... 提出警告
eine Warnung an ..... richten

zài jǐnggào tā
再警告他
ihn wiederholt warnen

jìng`ài 敬爱 verehren und lieben

jìng'ài lǎoshī
敬爱老师
Lehrer verehren und lieben

jìnglǐ 敬礼 salutieren, grüßen

zài guóqí-xià jìnglǐ
在国旗下敬礼
unter der Flagge salutieren

jiūzhèng 纠正 verbessern

jiūzhèng cuòwù-de fāyīn
纠正错误的发音
falsche Aussprache korrigieren

jiūzhèng huàixíguàn
纠正坏习惯
schlechte Gewohnheiten korrigieren

jiù 救 retten, bergen

bìngrén dé jiù-le
病人得救了
der Patient ist gerettet

tā yǐjīng méiyǒu jiù-le
他已经没有救了
für ihn gibt es keine Rettung mehr

jūzhù 居住 wohnen

wēnxīn jūzhù
温馨居住
gemütlich leben

jǔ 举 heben, erheben

jǔ bēi
举杯
das Glas erheben

jǔbàn 举办 etw. veranstalten

jǔbàn yīnyuèhuì
举办音乐会
ein Konzert geben

jǔbàn pàiduì
举办派对
eine Party veranstalten

jǔxíng 举行 veranstalten, abhalten

jǔxíng bàgōng
举行罢工
in den Streik treten

jǔxíng bǐsài
举行比赛
einen Wettkampf veranstalten

jǔxíng diǎnlǐ
举行典礼
eine Zeremonie abhalten

jǔxíng bìyè diǎnlǐ
举行毕业典礼
eine Abschlussfeier abhalten

jǔxíng huìtán
举行会谈
ein Gespräch führen

jǔxíng hūnlǐ
举行婚礼
Hochzeit feiern

jǔxíng huódòng
举行活动
Veranstaltungen durchführen

jǔxíng jíhuì
举行集会
eine Versammlung abhalten

jǔxíng tánpàn
举行谈判
in Verhandlungen treten

jǔxíng yànhuì
举行宴会
ein Bankett geben

jùjué 拒绝 ablehnen, zurückweisen

jùjué cānjiā
拒绝参加
die Teilnahme an etw. verweigern

jùjué yāoqiú
拒绝要求
Forderungen ablehnen

jùjué yāoqǐng
拒绝邀请
eine Einladung absagen

duànrán jùjué
断然拒绝
etw. entschieden ablehnen

jùbèi 具备 besitzen, über etw. verfügen

jùbèi shēnhòu-de shùxué gōngdǐ
具备深厚的数学功底
über solide Grundlagen in Mathematik verfügen

jùyǒu 具有 haben, besitzen

jùyǒu bùtóng-de tèdiǎn
具有不同的特点
verschiedene Besonderheiten haben

jùyǒu lìshǐ yìyì
具有历史意义
von historischer Bedeutung sein

jùshuō 据说 man sagt, dass .....; man erzählt, dass .....

jùshuō tā zài zhèlǐ gōngzuò
据说他在这里工作
er arbeitet angeblich hier

jù 锯 sägen

jù mùtou
锯木头
Holz sägen

jùduàn shùzhī
锯断树枝
einen Ast absägen

jù 聚 zusammenkommen, sich versammeln

jù zài yìqǐ
聚在一起
sich zusammensetzen

jùhuì 聚会 zusammentreffen

yìjiārén jùhuì zài yìqǐ
一家人聚会在一起
die ganze Familie trifft sich

jùjū 聚居 eine Region bevölkern, sich in einem Gebiet konzentrieren

zài shǎoshù mínzú jùjū-de dìfang
在少数民族聚居的地方
in überwiegend von nationalen Minderheiten bevölkerte Regionen

juān 捐 verzichten, spenden

juān qián
捐钱
Geld spenden

juānxiàn 捐献 spenden

juānxiàn gěi túshūguǎn
捐献给图书馆
der Bibliothek spenden

juédìng 决定 entscheiden, beschließen

juédìng-xiàlai
决定下来
beschließen

cúnzài juédìng yìshì
存在决定意识
das Sein bestimmt das Bewusstsein

juéde 觉得 empfinden, fühlen, meinen

lǎo juéde shíjiān bú gòu
老觉得时间不够
immer unter Zeitdruck stehen

yìdiǎn yě bù juéde lèi
一点也不觉得累
sich überhaupt nicht müde fühlen

juéde hǎole yì-xiē
觉得好了一些
sich etw. besser fühlen

juéde hěn qíguài
觉得很奇怪
etw. sehr komisch finden

juéde kěxiào
觉得可笑
etw. für lächerlich halten

juéde bù shūfu
觉得不舒服
sich unwohl fühlen

juéwù 觉悟 sich bewusst werden

tā juéwù dào .....
他觉悟到 .....
ihm ist bewusst geworden, dass .....

juézhǒng 绝种 aussterben, sich nicht mehr fortpflanzen

dōngběihǔ miànlín juézhǒng
东北虎面临绝种
der Sibirische Tiger stirbt aus

K

kāi 开 öffnen, abhalten, ausfertigen, gründen, einrichten, in Bewegung setzen

kāi píngzi
开瓶子
eine Flasche öffnen

kāi chuānghu
开窗户
ein Fenster öffnen

kāi hòumén
开后门
die Hintertür öffnen, über Beziehungen etw. erreichen

kāi fāpiào
开发票
eine Quittung ausstellen

kāi yùndònghuì
开运动会
ein Sportfest abhalten

kāi fànguǎn
开饭馆
ein Restaurant führen

kāi gōngsī
开公司
eine Firma führen

xīn-kāi yì-jiā gōngsī
新开一家公司
eine Firma neu gründen

kāi gōngchǎng
开工厂
eine Fabrik führen

kāichē
开车
Auto fahren

kāi fēijī
开飞机
ein Flugzeug steuern

huǒchē kāi wǎng shànghǎi
火车开往上海
der Zug fährt nach Shanghai

huǒchē jiù yào kāi-le
火车就要开了
der Zug wird bald abfahren

kāidòng 开动 in Bewegung setzen, anwerfen

kāidòng jīqì
开动机器
eine Maschine anwerfen

kāifàng 开放 Verbot aufheben, freigeben, öffnen

xià-ge yuè bólǎnhuì kāifàng
下个月博览会开放
die Messe öffnet nächsten Monat

kāihuì 开会 an einer Versammlung teilnehmen

wǒ yào kāihuì qù
我要开会去
ich gehe zu einer Sitzung

xiànzài kāihuì
现在开会
beginnen wir mit der Sitzung

tā zhèngzài kāihuì
他正在开会
er hat gerade eine Sitzung

kāishǐ 开始 beginnen, anfangen

kāishǐ shēngxiào
开始生效
in Kraft treten

kāi wánxiào 开玩笑 scherzen, Spaß machen

gēn nǐ kāi wánxiào
跟你开玩笑
Spaß mit dir machen

bié ná tā kāi wánxiào
别拿他开玩笑
mach dich nicht über ihn lustig

kāixué 开学 mit der Schule beginnen

jiǔyuèfèn kāixué
九月份开学
im September mit der Schule beginnen

kāiyǎn 开演 eine Vorstellung beginnen

jiémù bā-diǎn kāiyǎn
节目八点开演
die Veranstaltung beginnt um 8 Uhr

kāizhǎn 开展 entwickeln

kāizhǎn qǐyè
开展企业
ein Unternehmen entwickeln

kǎn 砍 fällen, hacken

bǎ shùzhī kǎn-xiàlai
把树枝砍下来
die Äste abhacken

kàn 看 sehen, schauen, lesen, denken, beurteilen, besuchen

tōngguò wàngyuǎnjìng kàn
通过望远镜看
durch ein Fernglas schauen

kàn shū
看书
(ein Buch) lesen

kàn bào
看报
Zeitung lesen

kàn péngyou wán
看朋友玩
Freunde besuchen

kàn zhàopiàn
看照片
Fotos anschauen

kàn diànshì
看电视
fernsehen

kàn-de-dǒng
看得懂
etw. (durch Lesen) verstehen können

kàn-bu-dǒng
看不懂
etw. (durch Lesen) nicht verstehen können

kàn zhè-ge rén kěkào
看这个人可靠
diesen Menschen als zuverlässig ansehen

nǐ duì zhè-jiàn shì zěnme kàn?
你对这件事怎么看?
was halten Sie davon?

shìshi kàn
试试看
mal versuchen

chángchang kàn
尝尝看
mal kosten

kàn yàn-le
看厌了
etw. nicht mehr sehen können

bǎ ..... kànzuò .....
把 ..... 看做 .....
jdn/etw. betrachten als

kànbìng 看病 zum Arzt gehen, Kranke behandeln

wǒ míngtiān yào kànbìng qù
我明天要看病去
morgen gehe ich zum Arzt

dàifu chūqù kānbìng qù-le
大夫出去看病去了
der Arzt macht einen Hausbesuch

kàn-bu-qǐ 看不起 verachten

kàn-bu-qǐ zhè-xiē rén
看不起这些人
diese Leute verachten

kànjiàn 看见 sehen, erblicken

nǐ kànjiàn tā le ma?
你看见他了吗?
hast du ihn gesehen?

kànlái 看来 es sieht aus, als ob .....

zhè-ge zuòyè kànlái jīntiān kěyǐ zuò-wán
这个作业看来今天可以做完
es sieht so aus, als ob wir diese Hausaufgabe heute fertigmachen können

kàn yàngzi 看样子 es sieht aus, als ob .....

kàn yàngzi tā jīntiān bù huílai
看样子他今天不回来
es sieht so aus, als ob er heute nicht zurückkommt

káng 扛 schultern

káng sǐ-zhū
扛死猪
ein totes Schwein schleppen

kàng 抗 bekämpfen, sich messen, verweigern

kàngzāi
抗灾
Naturkatastrophen bekämpfen

kàngyì 抗议 protestieren

jiānjué kàngyì
坚决抗议
mit Entschlossenheit protestieren

kǎo 考 prüfen, testen

nǐ-de shùxué kǎo-de zěnmeyàng?
你的数学考得怎么样?
wie hast du die Prüfung in Mathematik bestanden?

kǎo-shàng-le dàxué
考上了大学
die Aufnahmeprüfung zur Uni bestanden haben

kǎolǜ 考虑 überlegen

kǎolǜ wèntí
考虑问题
über eine Frage nachdenken

ràng wǒ kǎolǜ yí-xià
让我考虑一下
lass mich mal überlegen

zhè-zhǒng qíngkuàng nǐ kǎolǜ-guò ma?
这种情况你考虑过吗?
hast du diese Situation berücksichtigt?

kǎo 烤 braten, backen, grilen

kǎo miànbāo
烤面包
Brot backen

kǎo-chūlai-de yāzi pí cuì ròu nèn
烤出来的鸭子皮脆肉嫩
die Haut der herausgebratenen Ente ist knusprig und das Fleisch ist zart

kào 靠 (sich) lehnen, stützen, auf etw. angewiesen sein

bǎ tīzi kào zài qiáng-shàng
把梯子靠在墙上
die Leiter an die Wand lehnen

kào qiáng zuò
靠墙坐
mit dem Rücken zur Wand sitzen

bèi kào bèi zuò-zhe
背靠背坐着
Rücken an Rücken sitzen

kào fùmǔ shēnghuó
靠父母生活
auf die Eltern angewiesen sein

kàojìn 靠近 sich nähern

chuán mànmàn-de kàojìn mǎtou
船慢慢地靠近码头
das Boot nähert sich langsam der Anlegestelle

késou 咳嗽 husten

késou-de lìhài
咳嗽得厉害
schrecklich husten

kě 可 können

yóucǐ kě-jiàn
由此可见
daraus kann man ersehen, dass .....

kělián 可怜 bemitleiden

bú yòng kělián huàirén
不用可怜坏人
schlechte Menschen nicht zu bemitleiden brauchen

méi rén kělián tā
没人可怜他
niemand bemitleidet ihn

kěnéng 可能 können, möglich sein

..... shì wánquán kěnéng-de
..... 是完全可能的
es ist absolut möglich, dass .....

kěyǐ 可以 können, dürfen

nǐ kěyǐ fàngxīn
你可以放心
du kannst beruhigt sein

kěyǐ jìnlái ma?
可以进来吗?
darf man eintreten?

duànliàn shēntǐ kěyǐ jiànshēn、fángbìng
锻炼身体可以健身、防病
durch körperliche Abhärtung kann man die Gesundheit stärken und Krankheiten abwehren

kě 渴 Durst haben

kǒu kě
口渴
Durst haben

kèfú 克服 sich überwinden

kèfú kùnnan
克服困难
Schwierigkeiten überwinden

kèfú zìjǐ-de ruòdiǎn
克服自己的弱点
die eigenen Schwächen überwinden

kè 刻 schnitzen

kè túzhāng
刻图章
einen Stempel schneiden

bǎ zì kè zài wūguīké hé niúgǔ-shàng
把字刻在乌龟壳和牛骨上
Schriftzeichen auf Schildkrötenpanzern und Rinderknochen einritzen

kěn 肯 bereit sein

kěn xuéxí
肯学习
bereit sein zu lernen

kěndìng 肯定 bejahen, bestätigen

kěndìng chéngjì
肯定成绩
Leistungen bestätigen

kěndìng mínzhǔzhǔyì-de wěidà yìyì
肯定民主主义的伟大意义
die große Bedeutung der Demokratie anerkennen

kǒng 恐 fürchten, jdn erschrecken, fürchten, dass .....

xiāoxí kǒng bù kěkào
消息恐不可靠
ich fürchte, dass die Information nicht verlässlich ist

kǒngpà 恐怕 fürchten, dass .....

zhèyàng zuò kǒngpà bù xíng
这样做恐怕不行
ich fürchte, dass das so nicht geht

kǒngpà yào xiàyǔ
恐怕要下雨
es sieht sehr nach Regen aus

kòngsù 控诉 klagen, Anklage erheben

kòngsù gōngdìtóu
控诉工地头
den Baustellenchef verklagen

kòngzhì 控制 kontrollieren, beherrschen

yǒu jìhuà-de kòngzhì
有计划地控制
planmäßig kontrollieren

kòngzhì-bu-zhù zìjǐ-de gǎnqíng
控制不住自己的感情
die eigenen Gefühle nicht beherrschen können

jìnliàng kòngzhì zìjǐ
尽量控制自己
sich nach besten Kräften selbst kontrollieren

kòu 扣 knöpfen, verhaften

bǎ pídài kòu-shàng
把皮带扣上
den Gürtel zuschnallen

kòu kòuzi
扣扣子
zuknöpfen

bǎ zuìfàn kòu-qǐlai
把罪犯扣起来
den Verbrecher verhaften

kòu zìxíngchē
扣自行车
ein Fahrrad beschlagnahmen

kòu-zhù yì-fēng xìn
扣住一封信
einen Brief abfangen

kòu yǔfǎ
扣语法
Grammatik pauken

kū 哭 weinen

kū-le qǐlái
哭了起来
in Tränen ausbrechen

kuā 夸 loben, übertreiben

kuā kǒu
夸口
den Mund voll nehmen

kuā tā zuòfàn
夸他做饭
ihn wegen seiner Kochkunst loben

kuāzhāng 夸张 übertreiben

tài kuāzhāng-le
太夸张了
zu übertrieben

kuà 跨 schreiten, sich erstrecken

kuà-jìn dàmén
跨进大门
über die Schwelle eines Tores treten

kuà-guò dìyù
跨过地域
ein Gebiet überschreiten

kuàrù xīn-de yì-nián
跨入新的一年
den Schritt ins neue Jahr machen

kuàng 旷 etw. absichtlich versäumen

kuàng gōng
旷工
(bei der Arbeit) blaumachen

kuàng yì-táng kè
旷一堂课
eine Unterrichtsstunde schwänzen

kǔn 捆 festbinden, bündeln

kǔn xínglǐ
捆行李
Reisegepäck verschnüren

bǎ tā kǔn-qǐlai
把他捆起来
ihn festbinden

kǔn-zhù shǒujiǎo
捆住手脚
jdm Hände und Füße fesseln

kùn 困 umzingeln

bǎ zuìfàn kùn-zài fángzi-lǐ
把罪犯困在房子里
die Verbrecher in einem Haus eingeschlossen haben

kuòda 扩大 vergrößern, ausbreiten

kuòdà yǎnjiè
扩大眼界
seinen Horizont erweitern

kuòdà zhèngzhì yǐngxiǎng
扩大政治影响
seinen politischen Einfluss vergrößern

kuòdà guānxiquān
扩大关系圈
sein Beziehungsnetzwerk vergrößern

kuòdà gēngdì miànji
扩大耕地面积
die Anbaufläche erweitern

L

lā 拉 ziehen, schleppen, (bestimmte Musikinstrumente) spielen, ausdehnen, jdn für sich gewinnen, Stuhlgang haben

lā chē
拉车
eine Rikscha ziehen

lā-bu-liǎo zhème duō
拉不了这么多
nicht so viel ziehen können

tái-bu-dòng
抬不动
(eine Sänfte) nicht tragen können

lā-zhí tóufǎ
拉直头发
Haare glätten

lā xiǎotíqín
拉小提琴
Geige spielen

jùlí zhújiàn lākāi-le
距离逐渐拉开了
der Abstand wird immer größer

qiānlián biérén
牵连别人
andere Leute hineinziehen

lā gùkè
拉顾客
Kunden gewinnen

lā dùzi
拉肚子
Durchfall haben

lāxī
拉稀
Dünnschiss haben

lāshǐ
拉屎
scheißen

lái 来 kommen

nǐ lái la!
你来啦！
hallo!

lái wǒ jiā
来我家
zu mir nach Hause kommen

gēn wǒ lái ba!
跟我来吧！
komm mit mir mit!

zìjǐ lái
自己来
sich selbst bedienen

zài lái yí-ge!
在来一个！
noch einmal!

wǒ lái gěi nǐ bāngmáng
我来给你帮忙
ich bin bereit, dir zu helfen

yìbān lái shuō
一般来说
normalerweise

lái lìjià
来例假
die Tage bekommen

lái yuèjīng
来月经
die Tage bekommen

lái-bu-jí 来不及 die Zeit reicht nicht, zu spät

lái-bu-jí-le
来不及了
die Zeit reicht nicht mehr

lái-de-jí 来得及 die Zeit reicht, rechtzeitig

hái lái-de-jí
还来得及
die Zeit reicht noch aus

lán 拦 versperren, aufhalten

lánzhù tā zǒulù
拦住他走路
ihm den Weg versperren

bèi tā lánzhù-le
被他拦住了
von ihm gehindert werden

làngfèi 浪费 verschwenden

làngfèi shíjiān
浪费时间
Zeit vergeuden

làngfèi qián
浪费钱
Geld verschwenden

láodòng 劳动 arbeiten

kào zìjǐ láodòng shēnghuó
靠自己劳动生活
sich seinen Lebensunterhalt selbst verdienen

láojià 劳驾 verzeihen Sie bitte!

láojià qǐng ràng yi ràng!
劳驾请让一让！
seien Sie so gut und lassen mich durch!

lèyì 乐意 bereit sein, gerne etw. tun

lèyì bāngzhù
乐意帮助
gerne helfen

lěijī 累积 (sich) anhäufen, akkumulieren

lěijī jiàqī
累积假期
Urlaub ansammeln

lí 离 verlassen, trennen

lí jiā yǐjīng sān-nián-le
离家已经三年了
schon drei Jahre von zu Hause weg sein

líhūn 离婚 sich scheiden lassen

líkāi 离开 verlassen

lí-bu-kāi
离不开
sich nicht trennen können

líkāi-le zhè-ge shìjiè
离开了这个世界
gestorben sein

lǐ 理 sich kümmern

bù lǐ tā
不理他
sich nicht um ihn kümmern

bǎ zhàng lǐ yi lǐ
把帐理一理
die Endabrechnung machen

lǐfà 理发 frisieren

wǒ yào lǐfà
我要理发
ich möchte mir die Haare schneiden lassen

lǐjiě 理解 verstehen

wánquán lǐjiě
完全理解
völlig verstehen

jiāshēn lǐjiě
加深理解
das Verständnis vertiefen

bùkě lǐjiě
不可理解
nicht zu begreifen sein

lìtú 力图 mit allen Kräften nach etw. streben

lìtú fǒurèn
力图否认
mit allen Kräften leugnen

lìtú yòng kuàngwù liàn-chū yì-zhǒng cháng-shēng-bù-lǎo-de yào
力图用矿物炼出一种长生不老的药
mit allen Mitteln aus Mineralien den Trank der ewigen Jugend generieren

lì 立 stehen, aufstehen, aufstellen

qǐlì
起立
aufstehen

lì-bu-wěn
立不稳
nicht feststehen können

bǎ tīzi lì-qǐlai
把梯子立起来
eine Leiter aufstellen

lìyòng 利用 benutzen, ausnutzen

lìyòng fèiliào
利用废料
Abfall verwerten

shòu rén lìyòng
受人利用
von jdm ausgenutzt werden

lìyòng tā-de hǎo-xīncháng
利用他的好心肠
seine Gutmütigkeit ausnutzen

lián 连 verbinden

lián zài yìqǐ
连在一起
miteinander verbunden sein

zhè-liǎng-jù huà lián-bu-qǐlai
这两句话连不起来
diese beiden Sätze stehen in keinem Zusammenhang zueinander

lián ... dài ... 连 ... 带 ...
... zusammen mit ...

lián lǎo dài xiǎo
连老带小
zusammen mit Alt und Jung

liánhé 联合 vereinigen

liánhé-qǐlái!
联合起来！
vereinigt euch!

liánhé gèguó
联合各国
alle Länder vereinigen

lián huān 联欢 gemeinsam feiern

tóng zhōngguó péngyou liánhuān
同中国朋友联欢
gemeinsam mit den chinesischen Freunden feiern

liánxì 联系 etw. miteinander verknüpfen

tōngguò yīmèir liánxì
通过伊妹儿联系
per E-mail Kontakt halten

liàn 练 trainieren, praktizieren

liàn pǎo
练跑
Laufen trainieren

liàn tàijíquán
练太极拳
Taiji trainieren

liàn zì
练字
Kalligraphie üben

liànxí 练习 üben

liànxí shuō hànyǔ
练习说汉语
Chinesischsprechen üben

liànxí xiě wénzhāng
练习写文章
sich im Aufsatzscheiben üben

liàn'ài 恋爱 sich verlieben

tán liàn'ài
谈恋爱
sich in jdn verlieben

liángkuài 凉快 sich abkühlen

dào shùyīn-xiàmiàn qù liángkuai yíxià
到树阴下面去凉快一下
in den Schatten gehen und sich ein bisschen abkühlen

liáng 量 messen, wiegen

liáng tǐwēn
量体温
die Körpertemperatur messen

liáng shēncái
量身材
die Körpergröße messen

liáng chǐcun
量尺寸
Maß nehmen

liàngjiě 谅解 Verständnis zeigen

liàngjiě bǐcǐ shìwù
谅解彼此事务
gegenseitiges Verständnis für die Angelegenheiten des anderen zeigen

liáo 疗 ärztlich behandeln

liáoyǎng
疗养
eine Kur machen

liáotiān 聊天 plaudern, chatten

hé péngyou liáotiān
和朋友聊天
mit Freunden plaudern

wǎng-shàng liáotiān
网上聊天
im Intenet chatten

liǎo 了 beenden

méi-wán méi-liǎo
没完没了
endlos

liǎojiě 了解 verstehen, begreifen

duì ..... hěn liǎojiě
对 ..... 很了解
über ..... im Bilde sein

duì ..... bù liǎojiě
对 ..... 不了解
sich mit ..... nicht auskennen

liǎojiě tā-de yìsi
了解他的意思
verstehen, was er meint

bù liǎojiě shíjì qíngkuàng
不了解实际情况
keine klare Vorstellung von der tatsächlichen Lage haben

wǒ duì nǐ liǎojiě-de hěn qīngchǔ
我对你了解得很清楚
ich kenne dich in- und auswendig

liè 猎 jagen

liè yězhū
猎野猪
Wildschweine jagen

liè 裂 zerfallen, spalten

liè-chéng liǎngbàn
裂成两半
entzweibrechen

línmó 临摹 nachmalen, (Bildvorlage) kopieren

línmó fēngshuǐhuà
临摹风水画
Landschaftsgemälde nachmalen

lǐng 领 führen, leiten

bǎ kèrén lǐng-dào cāntīng qù
把客人领到餐厅去
die Gäste ins Esszimmer führen

lǐng-zhe yóukè cānguān
领着游客参观
Touristen bei Besichtigungen führen

lǐngdǎo 领导 führen

lǐngdǎo shàoxiān duìyuán
领导少先队员
die jungen Pioniere anführen

lìng 令 befehlen, lassen, veranlassen

lìng rén mǎnyì
令人满意
zufrieden stellend sein

lìng rén yíhàn-de shì tā méi lái
令人遗憾的是他没来
bedauerlicherweise ist er nicht gekommen

liū 溜 rutschen, leise verschwinden

liū lúnhuá
溜轮滑
Rollschuh laufen

cóng shānpō-shàng liū-xiàlai
从山坡上溜下来
den Abhang herunterrutschen

cóng hòumén liū-chūqu
从后门溜出去
durch die Hintertür das Weite suchen

liūda 溜达 bummeln (gehen)

xiā liūda
瞎溜达
ziellos umherschlendern

liú 流 fließen

zìláishuǐ liú-de hěn màn
自来水流的很慢
das Wasser fließt spärlich aus der Leitung

liú bítì
流鼻涕
die Nase läuft

liúchǎn
流产
eine Fehlgeburt haben

nóngcūn rénkǒu liúrù chéngshì
农村人口流入城市
die Landbevölkerung strömt in die Städte

liúchuán 流传 überliefern, verbreiten

gǔdài liúchuán xiàlai-de gùshi
古代流传下来的故事
von alters her überlieferte Geschichten

zhèlǐ liúchuán-zhe yì-zhǒng yáoyán
这里流传着一种谣言
hier geht ein Gerücht um

liú 留 bleiben, aufhalten, zurücklassen

zài zhèlǐ liú jǐ-tiān
在这里留几天
einige Tage hier bleiben

zài shànghǎi liú-le sān-tiān
在上海留了三天
sich in Shanghai drei Tage lang aufgehalten haben

nà wǒ bú yào liú nǐ-le
那我不要留你了
in diesem Fall will ich dich nicht mehr länger zurückhalten

liúfàn
留饭
jdm etw. zu Essen übrig lassen

liú zuòwèi
留座位
einen Platz für jdn reservieren

zhè-běn shū shì wǒ liú gěi nǐ-de
这本书是我留给你的
dieses Buch habe ich für dich aufbewahrt

liú-zhe diǎn jìnr
留着点劲儿
Kräfte aufsparen

gěi tā liúyán
给她留言
ihr eine Nachricht hinterlassen

liúniàn 留念 zur Erinnerung schenken

zhàoxiàng liúniàn
照相留念
ein Foto zum Andenken

liúshén 留神 aufpassen, vorsichtig sein

guò mǎlù yào liúshén
过马路要留神
beim Überqueren der Straße muss man vorsichtig sein

liúxià 留下 bleiben, hinterlassen

liǎn-shàng liú-xià-le yí-ge bā
脸上留下了一个疤
eine Narbe ist im Gesicht zurückgeblieben

gěi tā liú-xià yí-ge xiāoxí
给她留下一个消息
eine Nachricht für sie zurücklassen

gěi nǐ liú-xià nánwàng-de měihǎo yìnxiàng
给你留下难忘的美好印象
einen unvergesslich schönen Eindruck bei dir hinterlassen

zhè-cì cānguān gěi wǒmen liú-xià-le shēnkè-de yìnxiàng
这次参观给我们留下了深刻的印象
die Besichtigung hat uns tief beeindruckt

liú-xià-le fēngfù-de wénhuà yíchǎn
留下了丰富的文化遗产
ein reiches Kulturerbe hinterlassen haben

liù 遛 spazieren gehen, einen Bummel machen

liù gǒu
遛狗
Gassi gehen

lǒng 拢 zusammenrechnen, bündeln, kämmen

yòng shéngzi bǎ cháihuo lǒng-zhù
用绳子把柴火拢住
das Brennholz mit einem Strick zusammenbinden

lǒng tóufǎ
拢头发
Haare kämmen

lòu 漏 lecken, durchsickern, verraten, übersehen

shuǐhú lòu-le
水壶漏了
der Wasserkessel leckt

tǒng bú lòu-le
桶不漏了
der Eimer leckt nicht mehr

zǒu lòu xiāoxi
走漏消息
eine Nachricht durchsickern lassen

lòu-le yì-háng
漏了一行
eine Zeile übersehen

zhè-yí xiàng qiānwàn bù néng lòu-diào
这一项千万不能漏掉
dieser Punkt darf keinesfalls übersehen werden

lù 录 registrieren, aufnehmen

bàogào yǐjīng lù-xiàlai-le
报告已经录下来了
der Bericht ist bereits auf einen Tonträger aufgezeichnet

lùyīn 录音 aufnehmen (Audio)

lùyīn bàogào
录音报告
einen Vortrag aufnehmen

lùguò 路过 vorbeikommen

tā měi-cì lùguò, zǒng yào kàn péngyou
他每次路过，总要看朋友
jedes Mal wenn er vorbeifährt, besucht er seine Freunde

lù 露 enthüllen, entlarven

bú lù shēngsè
不露声色
sich nichts anmerken lassen

lǚxíng 旅行 reisen

qù nánfāng lǚxíng
去南方旅行
in den Süden reisen

lǚyóu 旅游 reisen

dào déguó lǚyóu
到德国旅游
in Deutschland verreisen

lǚyóu jǐ-ge xīngqī
旅游几个星期
einige Wochen verreisen

lüèduó 掠夺 plündern, ausrauben

lüèduó biéguó wénwù
掠夺别国文物
die Kulturgüter anderer Länder plündern

lüèqù 略去 auslassen

lüèqù bù tí
略去不提
etw. nicht erwähnen

luò 落 herabfallen, erhalten

luò zài dì-shang
落在地上
auf den Boden fallen

luòhòu 落后 zurückbleiben

sīxiǎng luòhòu yú xiànshí
思想落后于现实
die Ideen bleiben hinter der Realität zurück

M

mà 骂 schimpfen, fluchen

mà rén
骂人
jdn beschimpfen

bǎ háizi mà-le yí-dùn
把孩子骂了一顿
dem Kind eine Standpauke halten

mái 埋 vergraben, beerdigen

mái dìléi
埋地雷
Minen legen

fēngshā bǎ zhè-kǒu jǐng mái-qǐlai-le
风沙把这口井埋起来了
der Sand hat diesen Brunnen zugeschüttet

mǎi 买 kaufen

zhè shì rénjiā sòng-de, bú shì mǎi-de
这是人家送的，不是买的
das ist nicht gekauft, sondern ein Geschenk

mǎi diǎn huāshēngmǐ xià jiǔ
买点花生米下酒
ein paar Erdnüsse als Knabberei zum Trinken kaufen

mǎi cài
买菜
Lebensmittel einkaufen

mǎi piào
买票
ein Ticket kaufen

mǎi ménpiào
买门票
eine Eintrittskarte kaufen

mǎi yí-tào fángzi
买一套房子
eine Wohnung kaufen

mǎi dì
买地
ein Grundstück kaufen

mǎi dōngxi
买东西
einkaufen

nǎli yě mǎi-bu-dào
哪里也买不到
das kann man nirgends kaufen

mǎi-de-qǐ
买得起
sich etw. leisten können

mǎi-bu-qǐ
买不起
sich etw. nicht leisten können

mài 卖 verkaufen

bǎ màizi mài gěi guójiā
把麦子卖给国家
den Weizen an den Staat verkaufen

mài shēn
卖身
seinen Körper verkaufen

mài-de-kuài
卖得快
sich gut verkaufen (lassen)

mài-bu-chūqu
卖不出去
sich schwer verkaufen (lassen)

mán 瞒 verheimlichen, verschweigen

bǎ bìngqíng mán-zhe
把病情瞒着
den Krankheitszustand verschweigen

mǎnyì 满意 zufrieden sein

duì tā hěn mǎnyì
对他很满意
mit ihm sehr zufrieden sein

mǎnzú 满足 zufrieden stellen, befriedigen

bù mǎnzú yú yǐ qǔdé-de chéngjì
不满足于已取得的成绩
sich mit den erzielten Erfolgen nicht zufrieden geben

mǎnzú rényuán-de xūyào
满足人员的需要
die Bedürfnisse der Belegschaft erfüllen

mǎnzú duì yuánliào-de xūyào
满足对原料的需要
den Rohstoffbedarf decken

jǐn kěnéng mǎnzú tā-de yāoqiú
尽可能满足他的要求
seinen Wunsch nach Möglichkeit erfüllen

màn 漫 überfließen

shuǐ màn-chūlai-le
水漫出来了
das Wasser ist übergelaufen

hóngshuǐ mǎn-jìn-le chéngdū
洪水漫进了成都
das Hochwasser hat Chengdu überschwemmt

màntán 漫谈 sich zwanglos unterhalten

màntán yí-xià
漫谈一下
sich mal kurz unterhalten

mào 冒 quellen

shuǐ cóng dìxià mào-chūlai
水从地下冒出来
Wasser quillt aus dem Untergrund

méi 没 nicht haben, es gibt nicht

méi guānxi
没关系
macht nichts

méi shénme
没什么
nichts von Bedeutung

méi shì
没事
macht nichts

méiyǒu 没有 etw. nicht haben, es gibt nicht

méiyǒu bànfǎ
没有办法
sich nicht zu helfen wissen

méiyǒu dàoli
没有道理
unsinnig sein

méiyǒu dìfang zhù
没有地方住
keine Unterkunft haben

méiyǒu guānxi
没有关系
macht nichts

méiyǒu kòng
没有空
keine Zeit haben

méiyǒu shénme
没有什么
nicht so schlimm sein

zhè méiyǒu shénme
这没有什么
keine Ursache

wǒ shénme yě méiyǒu
我什么也没有
ich habe überhaupt nichts

méiyǒu shíjiān
没有时间
keine Zeit haben

méiyǒu shì
没有事
nichts vor haben

méiyǒu wèikǒu
没有胃口
keinen Appetit haben

méiyǒu wèntí
没有问题
kein Problem

méiyǒu yòng
没有用
nutzlos sein

méng 蒙 zudecken

méng-shàng yì-céng huīchén
蒙上一层灰尘
mit einer Staubschicht bedeckt sein

méng-zhù yǎnjīng
蒙住眼睛
die Augen verbinden

mí 迷 herumirren

mí-le fāngxiàng
迷了方向
die Orientierung verloren haben

zài sēnlín-lǐ mí lù
在森林里迷路
sich im Wald verirren

miǎn 免 jdm etw. erlassen, vermeiden

miǎnfú bīngyì
免服兵役
vom Militärdienst freigestellt werden

miǎn shì
免试
von einer Prüfung befreit werden

miǎn shòu sǔnshī
免受损失
Verluste vermeiden

miáo 描 abpausen, retuschieren

miáo túyàng
描图样
eine Zeichnung abpausen

miáoxiě 描写 beschreiben, darstellen

miáoxiě zuòjiā-de chéngzhǎng guòchéng
描写作家的成长过程
den Werdegang des Autors beschreiben

miè 灭 erlöschen, löschen, überschwemmen

huǒ miè-le
火灭了
das Feuer ist erloschen

dēng tūrán miè-le
灯突然灭了
plötzlich ging das Licht aus

miè huǒ
灭火
ein Feuer löschen

miědǐng
灭顶
untergehen

míngbái 明白 verstehen

míngbái shìlǐ
明白事理
Einsicht haben

wǒ bù míngbái nǐ-de yìsi
我不明白你的意思
ich verstehe nicht, was du damit meinst

wǒ hūrán míngbái-le
我忽然明白了
plötzlich ging mir ein Licht auf

míngquè 明确 bestimmen, festlegen

míngquè dāngqián-de rènwù
明确当前的任务
die gegenwärtigen Aufgaben festlegen

míngquè-le xuéxí-de mùdì
明确了学习的目的
sich über den Zweck des Studiums im Klaren sein

mìnglìng 命令 befehlen, kommandieren

wǒ mìnglìng nǐ mǎshàng gěi wǒ guān diànshì
我命令你马上给我关电视
ich befehle dir jetzt gleich den Fernseher auszumachen

mō 摸 streicheln, berühren

zhè yīliào mō-zhe hěn ruǎn
这衣料摸着很软
der Stoff fühlt sich sehr weich an

qīngqīng-de mō-le mō háizi-de tóu
轻轻地摸了摸孩子的头
dem Kind leicht über den Kopf streicheln

mófǎng 模仿 imitieren, nachahmen

mófǎng dòngwù
模仿动物
Tiere imitieren

mó 磨 reiben, schärfen

gěi zuànshí mó-guāng
给钻石磨光
Diamanten schleifen

mǒ 抹 streichen, wischen, ausstreichen

mǒ diǎn gāo
抹点膏
etw. Creme auftragen

mǒ fěn
抹粉
Puder auflegen

mǒ kǒuhóng
抹口红
Lippenstift auftragen

mǒ fángshàishuāng
抹防晒霜
Sonnenschutzcreme auftragen

mǒ jiānghú
抹浆糊
Kleber auftragen

miànbāo-shàng mǒ diǎn guǒjiàng
面包上抹点果酱
ein Brot mit Marmelade bestreichen

mǒ yǎnlèi
抹眼泪
Tränen mit der Hand abwischen

mǒ hàn
抹汗
sich den Schweiß abtrocknen

bǎ zhè-ge hànzì mǒ-le
把这个汉字抹了
streiche dieses chinesische Schriftzeichen weg

mǒ-diào guāngpán-shàng-de shùjù
抹掉光盘上的数据
die Daten auf der CD löschen

mù 牧 hüten, weiden

mù yáng
牧羊
Schafe hüten

mù máoniú
牧牦牛
Yaks hüten

N

ná 拿 nehmen, fassen

ná-qù
拿去
mitnehmen

ná-lái
拿来
herholen

shǒu-lǐ ná
手里拿
in der Hand halten

ná-chū qiánbāo
拿出钱包
den Geldbeutel herausnehmen

bǎ yǐnxíng yǎnjìng ná-chūlai
把隐形眼镜拿出来
die Kontaktlinsen herausnehmen

ná-dào xíngli
拿到行李
Gepäck holen

ná-qǐ kuàizi
拿起筷子
Stäbchen aufnehmen

ná ..... láishuō
拿 ..... 来说
zum Beispiel

nài 耐 etw. ertragen können

nài guāng
耐光
lichtbeständig sein

nàijiǔ
耐久
haltbar

zhè-jiàn yīfu hěn nài xǐ
这件衣服很耐洗
dieses Kleidungsstück ist waschfest

nándào 难道 ist es denn möglich, dass .....; schwer zu begreifen

nándào nǐ wàng-le .....?
难道你忘了.....?
ist es denn möglich, dass du ..... vergessen hast?

zhè nándào hái bù míngbái ma?
这难道还不明白吗?
ist das denn noch nicht klar?

nánguò 难过 in Not leben

xīnlǐ fēicháng nánguò
心里非常难过
tief erschüttert sein

nánshòu 难受 sich unwohl fühlen

quánshēn téng-de nánshòu
全身疼得难受
am ganzen Körper Schmerzen empfinden

gǎnjué nánshòu
感觉难受
sich unwohl fühlen

xīnlǐ hěn nánshòu
心里很难受
sehr niedergeschlagen sein

nào 闹 lärmen, machen, leiden an

bié nào!
别闹！
du sollst nicht herumlärmen!

néng 能 können, fähig zu etw. sein

bù néng hē jiǔ
不能喝酒
keinen Alkohol vertragen können

néng zuò duōshǎo, jiù zuò duōshǎo
能做多少, 就做多少
soviel tun, wie man schaffen kann

nénggòu 能够 können

nénggòu dúlì gōngzuò
能够独立工作
selbständig arbeiten können

niàn 念 an etw. denken, lesen, lernen

wǒmen lǎo niàn-zhe nǐ
我们老念着你
wir denken immer an dich

niàn shū
念书
studieren

niàn dàxué
念大学
die Universität besuchen

niàn-guò zhōngxué
念过中学
die Mittelschule besucht haben

niǔ 扭 drehen, wenden, verrenken

niǔ tóu
扭头
den Kopf drehen

niǔ jīn
扭筋
sich eine Sehne zerren

niǔ yāo
扭腰
sich das Kreuz verrenken

nòng 弄 spielen, machen, tun

bié nòng bǐjìběn diànnǎo-le!
别弄笔记本电脑了!
spiele nicht mit dem Notebook herum!

bǎ wèntí nòng qīngchǔ
把问题弄清楚
eine Frage klären

..... bǎ wǒ nòng hútú-le
..... 把我弄糊涂了
..... hat mich verwirrt

bǎ yīfu nòng zāng-le
把衣服弄脏了
die Kleidung schmutzig gemacht haben

nòng-de bù hǎo
弄得不好
etw. nicht gut gemacht haben

nòngcuò 弄错 sich vertun, missverstehen

nòngcuò-le
弄错了
etw. missverstanden haben

nǔlì 努力 sich anstrengen

nǔlì fāzhǎn shēngchǎn
努力发展生产
sich bemühen, die Produktion zu steigern

P

pā 趴 auf dem Bauch liegen, sich über etw. beugen

zhèng pā zài zhuōzi-shàng huà tú
正趴在桌子上画图
über den Tisch gebeugt eine Zeichnung anfertigen

pá 爬 kriechen, hinaufklettern

shé wǎng dòng-lǐ pá
蛇往洞里爬
die Schlange kriecht ins Loch

pá shù
爬树
auf einen Baum klettern

pá shān
爬山
bergsteigen

pá-shàngqu
爬上去
hinaufklettern

pà 怕 fürchten, Angst haben

bú pà rènhé kùnnan
不怕任何困难
vor keiner Schwierigkeit zurückscheuen

shìqíng pà bú zhème jiǎndān
事情怕不这么简单
ich fürchte, die Sache wird nicht so einfach sein

pà yǎng
怕痒
kitzlig sein

pāi 拍 schlagen, klopfen, etw. mit einer Kamera aufnehmen

pāi bāzhǎng
拍巴掌
in die Hände klatschen

pāi-diào shēn-shàng-de tǔ
拍掉身上的土
den Staub von sich abklopfen

pāi qiú
拍球
einen Ball aufspringen lassen

pāi zhào
拍照
fotografieren

pāi diànyǐng
拍电影
einen Film drehen

pái 排 ordnen

pái zuòwèi
排座位
Sitze in Reihen stellen

jiémù yǐjīng pái hǎo
节目已经排好
das Programm ist bereits zusammengestellt

páiduì 排队 sich anstellen, anreihen, etw. in eine Kategorie einordnen

qǐng nǐ páiduì!
请你排队！
bitte hinten anstellen!

páiduì mǎi chēpiào
排队买车票
nach Fahrkarten anstehen

pài 派 senden, schicken

pài dàibiǎotuán
派代表团
eine Delegation entsenden

pài tā dāng zhǔrèn
派他当主任
ihn zum Direktor ernennen

pài bīng
派兵
Truppen entsenden

pài gōngzuò
派工作
Arbeit zuteilen

bèi gōngsī pài-dào shànghǎi gōngzuò
被公司派到上海工作
von der Firma nach Shanghai zum Arbeiten geschickt werden

pān yán 攀岩 klettern

pānyán gāofēng
攀岩高峰
hohe Gipfel erklettern

pàn 判 unterscheiden, entscheiden

pàn wǔ-nián túxíng
判五年徒刑
jdn zu 5 Jahren Freiheitsstrafe verurteilen

shārénfàn bèi-pàn sǐxìng
杀人犯被判死刑
Mörder werden zum Tode verurteilt

pànchǔ 判处 jdn (zu einer Strafe) verurteilen

pànchǔ sǐxíng
判处死刑
jdn zum Tode verurteilen

bèi-pànchǔ sǐxíng
被判处死刑
zum Tode verurteilt

pànduàn 判断 beurteilen, urteilen

pànduàn qíngkuàng
判断情况
eine Situation einschätzen

nǐ pànduàn-de hěn zhèngquè
你判断得很正确
dein Urteil ist richtig

yào gēnjù xíngdòng lái pànduàn yí-ge rén
要根据行动来判断一个人
man soll einen Menschen nach seinen Taten beurteilen

pàn 盼 sich nach etw. sehnen, hoffen

pàn nǐmen zǎo shēng guì-zǐ
盼你们早生贵子
hoffentlich bekommt ihr so früh wie möglich Kinder

pànwàng 盼望 sich sehnen, erhoffen

pànwàng zhàngfū zǎo yìdiǎn huíjiā
盼望丈夫早一点回家
hoffen, dass der Mann früher nach Hause kommt

pāo 抛 werfen, schleudern

pāobiāo
抛镖
Darts spielen

pāomáo
抛锚
Anker werfen

kǎchē pāomáo-le
卡车抛锚了
der LKW hat eine Panne

pǎo 跑 laufen, herumlaufen, um etw. zu beschaffen

tā pǎo-de hěn kuài
他跑得很快
er läuft sehr schnell

hěn kuài-de pǎo-guòlai
很快地跑过来
schnell hergelaufen kommen

pǎo-le hǎo jǐ-jiā shāngdiàn
跑了好几家商店
in einer ganzen Reihe von Geschäften herumgefragt haben

pǎo tí
跑题
vom eigentlichen Thema abkommen

pǎobù 跑步 laufen, rennen

pǎo-bu-dòng bù
跑不动步
nicht laufen können

pào 泡 einweichen, aufgießen

pàochá
泡茶
Tee aufgießen

péi 陪 begleiten

wǒ péi nǐ dào dàshǐguǎn qù
我陪你到大使馆去
ich begleite dich zur Botschaft

péi kèrén hē jiǔ
陪客人喝酒
mit den Gästen trinken

péi péngyou cānguān gùgōng
陪朋友参观故宫
Freunde bei der Besichtigung des ehemaligen Kaiserpalastes begleiten

péitóng 陪同 begleiten

yóu bùzhǎng péitóng
由部长陪同
in Begleitung des Ministers

péiyǎng 培养 ausbilden, erziehen

péiyǎng gōngchéngshī
培养工程师
Ingenieure heranbilden

péi 赔 entschädigen, Verlust machen

yóu wǒ lái péi
由我来赔
ich komme für den Schaden auf

péi qián
赔钱
(bei einem Geschäft) Verluste machen

péicháng 赔偿 entschädigen, Schadenersatz leisten

péicháng sǔnshī
赔偿损失
jdn für einen Verlust entschädigen

pèifu 佩服 bewundern, hoch achten

tā yǒnggǎn, lìng rén pèifu
他勇敢，令人佩服
man muss seine Tapferkeit bewundern

pèi 配 eine Ehe schließen, hinzufügen, zusammenstellen

hūn pèi
婚配
sich verheiraten

pèi yánsè
配颜色
Farben zusammenstellen

pèi yào
配药
ein Rezept anfertigen

pèi yǎnjìng
配眼镜
eine Brille anfertigen lassen

pèihé 配合 kooperieren

pèihé xíngdòng
配合行动
koordiniert vorgehen

bìngrén hé dàifu pèihé-de hěn hǎo
病人和大夫配合得很好
der Patient hat sehr gut mit dem Arzt zusammengewirkt

pēn 喷 sprühen, spritzen

xiàng kōng-zhōng pēn shuǐ
向空中喷水
Wasser in die Luft spritzen

shíyóu cóng jǐngkǒu pèn-chū
石油从井口喷出
das Erdöl sprudelt aus dem Bohrloch

zài qiáng-shàng pēn túyā
在墙上喷图涂鸦
Graffiti an die Wand sprühen

pěng 捧 mit beiden Händen tragen

pěng-zhe yí-ge xīguā
捧着一个西瓜
mit beiden Händen eine Wassermelone tragen

pěng-qǐ shuǐ-lái
捧起水来
mit beiden Händen Wasser schöpfen

pèng 碰 berühren, begegnen

bǎ píngzi pèng-fān-le
把瓶子碰翻了
eine Flasche umgestoßen haben

tóu pèng zài mén-shàng
头碰在门上
sich den Kopf an der Tür anstoßen

zài jiē-shàng pèng-dào péngyou
在街上碰到朋友
einem Freund auf der Straße begegnen

pèng-dào kùnnan
碰到困难
auf Schwierigkeiten stoßen

pèng bēi
碰杯
miteinander anstoßen

pèng yùnqi
碰运气
etw. auf gut Glück versuchen

pī 批 kritisieren

pī jīhuìzhǔyì
批机会主义
den Opportunismus kritisieren

pīpàn 批判 verurteilen, kritisieren

pīpàn zhīshi fènzi
批判知识分子
Intellektuelle kritisieren

pīpíng 批评 kritisieren

pīpíng quēdiǎn
批评缺点
Mängel kritisieren

pīpíng-bù-dǎo
批评不倒
etw. durch Kritik nicht zugrunderichten können

pīzhǔn 批准 bewilligen, genehmigen

pīzhǔn yí-xiàng tiáoyuē
批准一项条约
einen Vertrag ratifizieren

pīzhǔn qǐngqiú
批准请求
einem Gesuch stattgeben

pī 披 sich umhängen, bersten

pī-shàng dàyī
披上大衣
sich einen Mantel umwerfen

pī chái
披柴
Brennholz kleinmachen

piàn 骗 betrügen

piàn rén
骗人
jdn betrügen

piàn-bu-liǎo rén
骗不了人
niemanden betrügen können

piàn nǐ jiù tiān dǎléi pī
骗你就打雷劈
wenn ich dich belüge, dann soll mich der Blitz treffen

piāo 飘 flattern, wehen

wàimian piāo-zhe xiǎoxuě
外面飘着小雪
draußen rieselt der Schnee

pīn 拼 zusammensetzen, sich einsetzen

bǎ liǎng-kuài mùbǎn pīn zài yìqǐ
把两块木板拼在一起
zwei Hozbretter zusammensetzen

pīn dàodǐ
拼到底
bis zum bitteren Ende kämpfen

pīnyīn
拼音
buchstabieren

pīn pīnyīn
拼拼音
Pinyin buchstabieren

pǐn 品 schmecken, abschmecken, probieren

pǐn chá
品茶
Tee kosten

pǐncháng 品尝 abschmecken, probieren, kosten

pǐncháng měiwèi
品尝美味
Delikatessen probieren

pínghéng 平衡 ausgleichen

wǒmen-de jìhuà hái yào gēn nǐ pínghéng
我们的计划还要跟你平衡
unser Plan muss noch mit dir abgestimmt werden

píngjìng 平静 sich beruhigen

xīnqíng bù néng píngjìng
心情不能平静
innerlich keine Ruhe finden können

dàfēng píngjìng-le xiàlái
大风平静了下来
der Sturm hat sich gelegt

píng 评 beurteilen

nǐ lái píng píng!
你来评评!
gib mal ein Urteil darüber ab!

píngjià 评价 einschätzen, beurteilen, bewerten

píngjià lìshǐ
评价历史
die Geschichte beurteilen

gāodù píngjià
高度评价
hochschätzen

píngjià yí-ge rén-de gòngxiàn
评价一个人的贡献
jds Beiträge würdigen

pínglùn 评论 kommentieren

pínglùn yí-ge guāndiǎn
评论一个观点
eine Ansicht kommentieren

píng 凭 sich anlehnen, sich stützen auf

píng-zhe liángxīn zuòrén
凭着良心做人
seinem guten Gewissen folgen

pō 泼 ausschütten

hùxiāng pō shuǐ
互相泼水
sich gegenseitig mit Wasser bespritzen

bǎ shuǐ pō-dào yuànzi-lǐ
把水泼到院子里
Wasser in den Hof schütten

pò 迫 zwingen

bèi-pò ná-qǐ wǔqì
被迫拿起武器
gezwungen sein, die Waffen zu ergreifen

pò yú xíngshì
迫于形势
durch äußere Umstände gezwungen sein

pò 破 spalten, entzweibrechen

bǎ yì-bǎi yuán-de piàozi pò-kāi
把一百元的票子破开
einen 100-Yuan-Geldschein klein machen

pò jìlù
破记录
einen Rekord brechen

pòhuài 破坏 zerstören, beschädigen

dìzhèn pòhuài-le zhè-zuò chéngshì
地震破坏了这座城市
das Erdbeben hat diese Stadt zerstört

pòhuài míngyù
破坏名誉
jdn in Verruf bringen

pū 扑 sich auf etw. stürzen

shòuhuòyuán xiàng gùkè pū-qù
售货员向顾客扑去
der Verkäufer stürzt sich auf den Kunden

pū 铺 legen, ausbreiten

pū zhuōbù
铺桌布
ein Tischtuch ausbreiten

pū tiěguǐ
铺铁轨
Eisenbahnschienen legen

pū lùmiàn
铺路面
eine Straße pflastern

fángjiān-lǐ pū-zhe dìtǎn
房间里铺着地毯
das Zimmer ist mit Teppich ausgelegt

pǔjí 普及 verbreiten

pǔjí kēxué zhīshì
普及科学知识
wissenschaftliche Kenntnisse unter das Volk bringen

Q

qīfu 欺负 schikanieren, tyrannisieren

qīfu tóngshì
欺负同事
Kollegen mobben

qīpiàn 欺骗 betrügen, täuschen

bèi nánpéngyǒu qīpiàn-le
被男朋友欺骗了
vom Freund betrogen worden sein

qíshì 歧视 diskriminieren

qíshì zhǒngzú
歧视种族
Rassen diskriminieren

qí 骑 reiten, Rad fahren, Motorrad fahren

qí zìxíngchē
骑自行车
Fahrrad fahren

qí mǎ
骑马
reiten

qí zài rénmín-de tóu-shàng
骑在人民的头上
das Volk tyrannisieren

qǐtú 企图 versuchen, die Absicht haben

qǐtú táopǎo
企图逃跑
einen Fluchtversuch unternehmen

qǐ 启 öffnen, anfangen, aufklären

qǐháng
启航
auslaufen (Fähre)

qǐfā 启发 inspirieren, aufklären

bèi nǐ qǐfā-le
被你启发了
von dir inspiriert

qǐ 起 aufstehen, herausziehen, wachsen, sich bilden, sich entwickeln

qǐ chuáng
起床
vom Bett aufstehen

qǐ píngsāi
起瓶塞
eine Flasche entkorken

jiǎo-shàng qǐ-le shuǐpào
脚上起了水泡
auf dem Fuß bildet sich eine Blase

qǐ fēng-le
起风了
ein Wind ist aufgekommen

zhè-zhǒng liàozi bú qǐ zhòu
这种料子不起皱
dieser Stoff knittert nicht

qǐ yíxīn
起疑心
misstrauisch werden

qǐ zuòyòng
起作用
wirksam werden

qǐfēi 起飞 starten, abheben

fēijī zài wǔ-fēn zhōng-nèi qǐfēi
飞机在五分钟内起飞
das Flugzeug startet in 5 Minuten

qǐlái 起来 herauf-; auf-; beginnen

qǐlái, bié shuì-le!
起来，别睡了！
aufstehen, nicht mehr weiterschlagen!

qǐyì 起义 revoltieren

qiān 牵 führen, ziehen

bù yuànyì qiān zài zhè lǐtóu
不愿意牵在这里头
nicht in diese Sachen hineingezogen werden wollen

qiānzì 签字 unterschreiben, unterzeichnen

qǐng nǐ qiān-ge zì
请你签个字
bitte unterschreiben Sie

qiánjìn 前进 voranschreiten

cháo-zhe mùbiāo qiánjìn
朝着目标前进
in Richtung Ziel voranschreiten

qiàn 欠 schulden, mangeln

qiàn zhài
欠债
Schulden haben

qiàn tā wǔ-bǎi kuài qián
欠他五百块钱
ihm 500 Yuan schulden

qiángdiào 强调 betonen, hervorheben

qiángdiào qíngkuàng-de tèshū
强调情况的特殊
die Besonderheiten der Verhältnisse herausstreichen

qiángdiào chǎnpǐn-de zhìliàng
强调产品的质量
die Qualität des Produktes betonen

qiángjiān 强奸 vergewaltigen

tā qǐtú qiángjiān wǒ
他企图强奸我
er hat versucht mich zu vergewaltigen

qiǎng 抢 rauben, plündern, entreißen

tā bǎ wǒ-de shǒujī qiǎng-le guòqù
他把我的手机抢了过去
er hat mir mein Handy aus der Hand gerissen

qiǎng 强 sich abmühen, sich anstrengen

qiǎng zuò zhènjìng
强作镇静
sich bemühen, gelassen zu bleiben

qiǎngpò 强迫 zwingen

qiǎngpò gōngzuò
强迫工作
zwingen zu arbeiten

qiāo 敲 schlagen, klopfen

qiāo mén
敲门
an die Tür klopfen

qiāozòu dǎjí yuèqì
敲奏打击乐器
Schlagzeug spielen

qiáo 瞧 sehen, schauen

děng-zhe qiáo ba!
等着瞧吧！
warte nur ab, wir werden ja sehen!

nǐ qiáo-zhe bàn ba!
你瞧着办吧！
tu, was du für richtig hältst!

qiáo nǐ zhè déxíng
瞧你这德行
schau nur, was für eine ekelhafte Person du bist

qiē 切 schneiden, zerschneiden

qiē cài
切菜
Gemüse schneiden

qiē ròu
切肉
Fleisch zerschneiden

qīnwěn 亲吻 küssen

tōutōu qīnwěn
偷偷亲吻
sich heimlich küssen

qīngshì 轻视 verachten, unterschätzen

qīng 倾 tendieren

xiàng zuǒ qīng
向左倾
sich nach links neigen

shēntǐ xiàng qián qīng
身体向前倾
den Körper nach vorn beugen

qǐng 请 bitten, ersuchen, einladen

qǐngjià
请假
sich beurlauben lassen

qǐng bàn-tiān jià
请半天假
sich für einen halben Tag entschuldigen

qǐng bìngjià huíjiā-le
请病假回家了
sich krank gemeldet haben und nach Hause gegangen sein

qǐngjiào
请教
um Rat fragen

wǒmen xiǎng qǐngjiào nǐ jǐ-ge wèntí
我们想请教你几个问题
wir möchten Sie zu einigen Problemen konsultieren

qǐng tā jìnlái
请他进来
bitte ihn herein

qǐngqiú
请求
bitten

qǐng dàifu
请大夫
einen Arzt holen

qǐng lǜshī
请律师
einen Rechtsanwalt engagieren

qǐng rén lái xiū xǐyījī
请人来修洗衣机
jdn zur Reparatur der Waschmaschine anfordern

qǐng jiàoshòu jiǎngkè
请教授讲课
den Professor einladen eine Vorlesung zu halten

qǐngkè
请客
jdn einladen

wǒ xiǎng qǐng nǐmen kè
我想请你们客
ich möchte Euch einladen

qǐngshì
请示
Anweisungen erbitten

xiàng lǎobǎn qǐngshì
向老板请示
beim Chef um Anweisungen nachsuchen

qǐngwèn, ...
请问, ...
Entschuldigung, darf ich fragen .....

qìngzhù 庆祝 feiern

qìngzhù xīnnián
庆祝新年
Neujahr feiern

qìngzhù kuánghuānjié
庆祝狂欢节
Fasching feiern

qiú 求 bitten, anflehen, nach etw. streben

qiú nǐ bāng-ge máng
求你帮个忙
dich um Hilfe bitten

qiú jìnbù
求进步
sich bemühen, Fortschritte zu machen

qiú zhí
求职
sich bewerben

qūbié 区别 differenzieren

qūbié hǎo-huài
区别好坏
zwischen Gutem und Schlechtem unterscheiden

wèile qūbié
为了区别
um zu unterscheiden

qūshēn 曲身 biegen, sich krümmen

qūshēn jiǎn qián
曲身捡钱
sich bücken, um Geld aufzuheben

qū 屈 biegen, sich beugen

qū bì
屈臂
den Arm beugen

qūfú 屈服 sich beugen, sich unterwerfen

qūfú yú wàijiè-de yālì
屈服于外界的压力
äußerem Druck nachgeben

qū 趋 eilen, zu etw. neigen

júshì qū yú wěndìng
局势趋于稳定
die Lage beginnt sich zu stabilisieren

tāmen-de yìjiàn qū yú yízhì
他们的意见趋于一致
ihre Meinungen gleichen sich an

qūxiàng 趋向 tendieren

guǎnlǐ zhìdù zhúbù qūxiàng wánshàn
管理制度逐步趋向完善
das Verwaltungssystem ist auf dem Weg perfektioniert zu werden

qǔ 取 holen, abholen, abheben, nehmen, wählen

qǔ xínglǐ
取行李
das Gepäck holen

qǔ zìxíngchē
取自行车
das Fahrrad holen

qǔ qián
取钱
Geld abheben

qǔ míngzì
取名字
einen Namen geben

qǔdé 取得 erringen, erzielen

qǔdé jīngyàn
取得经验
Erfahrungen gewinnen

qǔdé tóngyì
取得同意
Zustimmung erreichen

qǔdé yízhì-de yìjiàn
取得一致的意见
Übereinstimmung erzielen

qǔdé xìnrèn
取得信任
Vertrauen gewinnen

qǔdé xiǎnzhù-de chéngjiù
取得显著的成就
beachtliche Erfolge erzielen

qǔdé kěxǐ-de chéngjī
取得可喜的成绩
erfreuliche Leistungen erreichen

qǔdé-le hěn dà-de jìnbù
取得了很大的进步
große Fortschritte erzielt haben

qǔxiāo 取消 abschaffen, rückgängig machen

qǔxiāo juédìng
取消决定
eine Entscheidung widerrufen

qǔxiāo jìnlìng
取消禁令
ein Verbot aufheben

qǔxiāo cānjiā àoyùnhuì zīgé
取消参加奥运会资格
die Berechtigung zur Teilnahme an der Olympiade aberkennen

qù 去 gehen, hingehen

qù shìchǎng
去市场
auf den Markt gehen

qù yěcān
去野餐
picknicken gehen

qù dǎ pīngpāngqiú
去打乒乓球
Tischtennis spielen gehen

qù jiàn kǒngfūzǐ
去见孔夫子
sterben

dào shànghǎi qù
到上海去
nach Shanghai fahren

tújīng xiānggǎng qù shànghǎi
途经香港去上海
via Hongkong nach Shanghai fahren

zuò fēijī qù zhōngguó
坐飞机去中国
nach China fliegen

cóng guǎngzhōu qù guìlín
从广州去桂林
von Kanton nach Guilin fahren

shéi qù dōu yíyàng
谁去都一样
es ist egal, wer hingeht

qù nǎli?
去哪里?
wo gehst du hin? (Begrüßungsfloskel)

gànma qù?
干吗去?
wo gehst du hin? (Begrüßungsfloskel)

tā qù duōjiǔ-le?
他去多久了?
wie lange ist er schon weg?

qù-guò lǎowō
去过老挝
in Laos mal gewesen sein

qùshì 去世 sterben

quàn 劝 zureden, überreden, ermutigen

quàn tā jiè yān
劝他戒烟
ihm vom Rauchen abraten

quàn tā xiūxī
劝他休息
ihn zum Ausruhen bewegen

quàn kèrén duō chī yì-xiē
劝客人多吃一些
den Gästen zureden, mehr zu essen

wǒ quàn-le tā bàntiān
我劝了他半天
ich habe ihm eine Ewigkeit zugeredet

wǒmen quàn tā bú yào zhōngduàn xuéyè
我们劝他不要中断学业
wir redeten ihm zu, sein Studium nicht abzubrechen

quē 缺 fehlen

quē rén
缺人
es fehlt an Personal

yuánliào bǐjiào quē
原料比较缺
die Rohstoffe sind ziemlich knapp

zhè-běn shū quē liǎngyè
这本书缺两页
diesem Buch fehlen zwei Seiten

quēfá 缺乏 mangeln, fehlen, entbehren

quēfá jīngyàn
缺乏经验
unerfahren

yóuyú quēfá zhèngjù
由于缺乏证据
aus Mangel an Beweisen

quēshǎo 缺少 fehlen, mangeln

bùkě quēshǎo-de tiáojiàn
不可缺少的条件
unerlässliche Bedingungen

quēxí 缺席 abwesend sein

cóng méiyǒu quēxí-guò
从没有缺席过
nie gefehlt haben

quèdìng 确定 festsetzen, bestimmen

quèdìng rìqī hé dìdiǎn
确定日期和地点
Termin und Ort festlegen

quèdìng lùxiàn
确定路线
eine Route festlegen

quèdìng rènwù
确定任务
Aufgaben festlegen

quèrèn 确认 bestätigen, bekräftigen

quèrèn jīpiào
确认机票
das Flugticket bestätigen

quèrèn sǐxíng pànjué
确认死刑判决
das Todesurteil bestätigen

quèrèn yuánzé
确认原则
Prinzipien bekräftigen

R

rán 燃 brennen, anzünden

rán-qǐ lièhuǒ
燃起烈火
eine Feuersbrunst entfachen

ránshāo 燃烧 brennen

róngyì ránshāo
容易燃烧
leicht brennen

rǎn 染 färben

rǎn fà
染发
Haare färben

rǎn-chéng .....
染成 .....
..... färben

bǎ yí-kuài bù rǎn-chéng lánsè
把一块布染成蓝色
ein Tuch blau färben

rǎng 嚷 schreien, laut rufen

nǐ rǎng yì-xiē shénme?
你嚷一些什么?
was hast du so laut gerufen?

bié rǎng-le!
别嚷了!
hör auf mit dem Schreien!

ràng 让 nachgeben, anbieten, lassen, erlauben

ràng-zhe dìdi yìdiǎn
让着弟弟一点
dem jüngeren Bruder ein wenig nachgeben

ràng chá
让茶
jdm Tee anbieten

ràng wǒ duō hē shuǐ
让我多喝水
mich veranlassen viel Wasser zu trinken

ràng wǒ shuō-wán
让我说完
lass mich ausreden

ràng wǒ xiǎng yi xiǎng
让我想一想
lass mich mal darüber nachdenken

dàifu bú ràng tā qǐlái
大夫不让她起来
der Arzt lässt sie nicht aufstehen

bù néng ràng zhè-zhǒng shì zài wǒmen zhèli fāshēng
不能让这种事在我们这里发生
nicht zulassen können, dass so etw. bei uns geschieht

ràng rén hàipà
让人害怕
jdn in Angst versetzen

ràng nǐ jiǔ děng-le
让你久等了
ich habe sie lange warten lassen

ràng dàyānguǐ jièchú dúyǐn
让大烟鬼戒除毒瘾
einen Abhängigen von der Droge wegbringen

rào 绕 wickeln, sich im Kreis drehen, um etw. herumgehen, verwirren

dìqiú rào-zhe tàiyáng zhuǎn
地球绕着太阳转
die Erde dreht sich um die Sonne

fēijī zài jīchǎng shàngkōng rào juàn
飞机在机场上空绕圈
ein Flugzeug kreist im Luftraum über dem Flughafen

rào-zhe shuō
绕着说
im Kreis herumreden

rào bú guòqù
绕不过去
etw. nicht umgehen können

nǐ-de huà bǎ tā rào-zhù-le
你的话把他绕住了
deine Worte machten ihn ganz verwirrt

rè 热 erhitzen

rè yí-xià
热一下
etw. erhitzen

bǎ tāng rè yi rè
把汤热一热
die Suppe aufwärmen

gěi tā rè yi rè fàn
给他热一热饭
ihm das Essen aufwärmen

rè'ài 热爱 leidenschaftlich lieben

rè'ài zǔguó
热爱祖国
das Vaterland leidenschaftlich lieben

rè'ài zìjǐ-de gōngzuò
热爱自己的工作
die eigene Arbeit sehr lieben

rěn 忍 dulden, ertragen

rěn-zhe yǎnlèi
忍着眼泪
Tränen zurückhalten

rěn-bu-zhù 忍不住 unfähig, etw. zu ertragen

rěn-bu-zhù xiào
忍不住笑
Lachen nicht zurückhalten können

rěn-bu-zhù diào-xià-le yǎnlèi
忍不住掉下了眼泪
Tränen nicht zurückhalten können

yǎng-de jīhū rěn-bu-zhù-le
痒得几乎忍不住了
den Juckreiz kaum noch aushalten können

rěnnài 忍耐 geduldig sein, ertragen

rěnnài tòngkǔ
忍耐痛苦
Schmerzen ertragen

rěnshòu 忍受 ertragen, leiden

nányǐ rěnshòu
难以忍受
schwer zu ertragen

rèn 认 wiedererkennen

rènchū zuìfàn
认出罪犯
einen Verbrecher identifizieren

tā-de zì hěn nán rèn
他的字很难认
seine Handschrift ist schwer zu entziffern

rènde 认得 kennen

zhè-ge rén nǐ rènde ma?
这个人你认得吗?
kennst du diese Person?

shànghǎi wǒ yǐjīng bú rènde-le
上海我已经不认得了
Shanghai kann ich nicht mehr wieder erkennen

rènde huíjiā-de lù
认得回家的路
den Heimweg kennen

rènshí 认识 kennen, kennenlernen, verstehen

tōngguò yīntèwǎng rènshi
通过因特网认识
sich durch das Internet kennen lernen

zài nánjīng rènshi tā
在南京认识他
ihn in Nanjing kennengelernt haben

rènshi zìjǐ-de cuòwù
认识自己的错误
die eigenen Fehler einsehen

rènshi-dào zìjǐ-de rènwù
认识到自己的任务
sich seiner eigenen Pflicht bewusst sein

rènwéi 认为 meinen, die Ansicht vertreten

nǐ rènwéi zěnmeyàng?
你认为怎么样?
was meinst du dazu?

nǐ rènwéi zhè shì zhēn-de ma?
你认为这是真的吗?
glaubst du, dass das stimmt?

rènwéi zhè-ge jiànyì shì kěxíng-de
认为这个建议是可行的
diesen Vorschlag durchführbar finden

rèn 任 ernennen, einsetzen, eine Funktion ausüben

xīn-rèn xiàozhǎng
新任校长
neu ernannter Schuldirektor

rèn zǒngtǒng
任总统
das Amt des Präsidenten antreten

rèn 纫 nähen, einfädeln

rèn zhēn
纫针
einen Faden einfädeln

rēng 扔 werfen, schleudern

rēng-dào jiāng-zhōng
扔到江中
in den Fluss werfen

rēng-jìn jiāng-lǐ
扔进江里
in den Fluss werfen

rēng-diào
扔掉
wegwerfen

rēng qiú
扔球
einen Ball werfen

róngxìng 荣幸 beehrt werden

gǎndào fēicháng róngxìng
感到非常荣幸
sich sehr geehrt fühlen

róng 容 enthalten, zulassen

néng róng wǔ-ge rén
能容五个人
fünf Personen fassen können

bù róng huáiyí
不容怀疑
keinen Zweifel zulassen

rónghuà 融化 mischen, verschmelzen

xuě yǐjīng rónghuà-le
雪已经融化了
der Schnee ist schon geschmolzen

hú-shàng-de bīng kāishǐ rónghuà-le
湖上的冰开始融化了
das Eis auf dem See beginnt zu tauen

rù 入 hineingehen, Mitglied (einer Organisation) werden

rùjìng
入境
in ein Land einreisen

rùdǎng
入党
in die Partei eintreten

rùxué
入学
in die Schule kommen

rùyù
入狱
ins Gefängnis kommen

rùyuàn
入院
in ein Krankhaus eingeliefert werden

rùn 润 schmieren, verschönern

rùnfū
润肤
die Haut verschönern

S

sā 撒 loslassen, auswerfen

sā wǎng
撒网
ein Fangnetz auswerfen

bǎ shǒu sā-kāi
把手撒开
die Hände loslassen

sā niào
撒尿
pinkeln

sāhuǎng
撒谎
lügen

dāngmiàn sāhuǎng
当面撒谎
jdn ins Gsicht lügen

sǎ 洒 verschütten, spritzen

bié bǎ tāng sǎ-le!
别把汤洒了！
verschütte die Suppe nicht!

sǎ xiāodúshuǐ
洒消毒水
Desinfektionsmittel versprühen

sāi 塞 hineinstecken, verstopfen

hái kěyǐ sāi diǎn dōngxi
还可以再塞点东西
man kann noch etw. hineinstopfen

bǎ suǒyǒu-de dōngxi sāi-jìn bìguì-lǐ
把所有的东西塞进壁柜里
alle Sachen in den Wandschrank zwängen

cèsuǒ sāi-zhù-le
厕所塞住了
die Toilette ist verstopft

sài 赛 übertreffen

sàipǎo
赛跑
um die Wette laufen

sàn 散 verbreiten, verteilen

dǎkāi chuānghu sànsàn yān
打开窗户散散烟
das Fenster öffnen, damit der Rauch abzieht

sànbù 散步 spazieren gehen

fàn-hòu sànbù
饭后散步
nach dem Essen spazieren gehen

sàng 丧 etw. verlieren

sàng mìng
丧命
sterben

sàngshi 丧失 etw. verlieren, einbüßen

sàngshī shíjī
丧失时机
eine Gelegenheit versäumen

sàngshī lìchǎng
丧失立场
seinem Standpunkt untreu werden

sàngshī wēixìn
丧失威信
sein Ansehen einbüßen

sǎo 扫 fegen, kehren

sǎo dì
扫地
den Boden kehren

sǎo xuě
扫雪
Schnee kehren

sǎo-qīng zhàng'ài
扫清障碍
Hindernisse beseitigen

sǎodàng 扫荡 säubern, ausrotten

sǎodàng dúfànzǐ
扫荡毒贩子
Drogenhändler ausrotten

sǎodàng dìxià zǔzhī
扫荡地下组织
Untergrundorganisationen ausrotten

shā 杀 töten

shā rén
杀人
jdn ermorden

shā zhū
杀猪
Schweine schlachten

shāsǐ
杀死
töten

shài 晒 sonnen, in der Sonne trocknen lassen

zhèlǐ shài-de huang
这里晒得慌
hier brennt die Sonne unerträglich

tā-de liǎn dōu shài-hēi-le
他的脸都晒黑了
sein Gesicht ist von der Sonne gebräunt

nǐ zěnme shài-de nàme hēi?
你怎么晒得那么黑?
wie konntest du nur so dunkel werden?

shānchú 删除 löschen, streichen

shānchú géshì
删除格式
die Formatierung löschen

shān 扇 wedeln, fächeln

shān shànzi
扇扇子
sich Luft zufächeln

shǎn 闪 schnell ausweichen, schwanken, verrenken, aufleuchten

wǎng pángbiān yì shǎn
往旁边一闪
seitlich ausweichen

tā shēnzi yì shǎn
他身子一闪
sein Körper gerät ins Wanken

shǎn-le yāo
闪了腰
sich die Hüfte verrenkt haben

wǒ nǎozi-lǐ shǎn-guò yí-ge niàntou
我脑子里闪过一个念头
mir ist blitzartig etw. eingefallen

liǎn-shàng shǎn-zhe xìngfú-de guāngcǎi
脸上闪着幸福的光彩
über das ganze Gesicht strahlen

shànyú 善于 gut können, beherrschen

shànyú chuī niú
善于吹牛
gut im Protzen

shāng 伤 verletzen

shāng gǎnqíng
伤感情
Gefühle verletzen

yān jiǔ shāng shēn
烟酒伤身
Rauchen und Trinken schadet der Gesundheit

bèi qìchē zhuàngshāng
被汽车撞伤
von einem Auto angefahren und verletzt werden

shuāi shāng
摔伤
sich beim Hinfallen verletzen

shānghài 伤害 verletzen, traurig sein

shānghài zìzūnxīn
伤害自尊心
Stolz verletzen

shāngxīn 伤心 Schmerz empfinden

shāngxīn-sǐ-le
伤心死了
zutiefst traurig sein

shāngliàng 商量 beraten, besprechen, verhandeln

wǒmen děi shāngliàng yí-xià
我们得商量一下
wir müssen es einmal besprechen

zhǎo xiāoshòu jīnglǐ shāngliàng
找销售经理商量
mit dem Vertriebsmanager darüber reden

shǎng 赏 bewundern, genießen, sich erfreuen

shǎng yuè
赏月
den Mond bewundern

shàng 上 einsteigen, hochgehen, hineingehen, gehen, fahren, zu einer festgesetzten Zeit mit etw. beschäftigt sein (Studium, Arbeit)

shàng chē
上车
in ein Fahrzeug einsteigen

shàng zìxíngchē
上自行车
ein Fahrrad besteigen

shàng fēijī
上飞机
an Bord eines Flugzeuges gehen

shàng shān
上山
auf einen Berg steigen

shàng cèsuǒ
上厕所
auf die Toilette gehen

nǐ shàng nǎli qù?
你上哪里去?
wohin gehst du?

wǒ shàng hángzhōu qù
我上杭州去
ich fahre nach Hangzhou

shàng kè
上课
Unterricht haben

shàng xué
上学
zur Schule oder Uni gehen

wǒ-de háizi yǐjīng shàng xiǎoxué-le
我的孩子已经上小学了
mein Kind besucht schon die Grundschule

tā-de nǚ'ér zài shàng dàxué
他的女儿在上大学
seine Tochter studiert an der Universität

shàng bān
上班
zur Arbeit gehen

shàng wǎng
上网
ins Internet gehen

gěi gǒu shàng hùkǒu
给狗上户口
den Hund bei der Stadt melden

shàngdàng 上当 hereingelegt werden, auf den Leim gehen

bú yào shàng huàirén-de dàng
不要上坏人的当
man soll nicht auf schlechte Menschen hereinfallen

shànglái 上来 heraufkommen

kuài shànglái!
快上来！
komm schnell herauf!

shàngqù 上去 hinaufgehen

kuài shàngqù!
快上去！
geh schnell hinauf!

shāo 烧 brennen, kochen, schmoren, fiebern

gānchái hǎo shāo
干柴好烧
trockenes Holz brennt leicht

bǎ zhè-xiē fèizhǐ shāo-diào
把这些废纸烧掉
dieses Abfallpapier verbrennen

bǎ shāfā shāo-le yí-ge dòng
把沙发烧了一个洞
ein Loch ins Sofa brennen

shāo fàn
烧饭
Essen kochen

shāo yìdiǎn shuǐ
烧一点水
etw. Wasser kochen

shuǐ shāo-kāi-le
水烧开了
das Wasser kocht

shāo qiézi
烧茄子
Auberginen schmoren

bìngrén shāo-de lìhài
病人烧得厉害
der Patient hat heftiges Fieber

shāo 捎 mitbringen

bǎ zhè-běn cídiǎn shāo gěi tā
把这本词典捎给她
dieses Wörterbuch für sie mitbringen

gěi nǐ shāo-lái yì-xiē tǔtèchǎn
给你捎来一些土特产
ein paar Spezialitäten für dich mitgebracht haben

shǎo 少 fehlen, mangeln

wǒmen hái shǎo liǎng-bǎ yǐzi
我们还少两把椅子
uns fehlen noch zwei Stühle

shǎo-bu-liǎo 少不了 unentbehrlich sein, sich nicht vermeiden lassen

zuò cài shǎo-bu-liǎo cù
做菜少不了醋
beim Kochen darf der Essig nicht fehlen

shě-bu-de 舍不得 etw. ungern tun, etw. nicht fertigbringen

tā shě-bu-de líkāi wǒmen
他舍不得离开我们
er trennt sich nur ungern von uns

shěde 舍得 gern tun, bereit sein

nǐ shěde bǎ zhè-fú huà sòng gěi wǒ?
你舍得把这幅画送给我?
bist du bereit, mir dieses Bild zu schenken?

shèjì 设计 planen, entwerfen

shèjì xīn-jīqì
设计新机器
neue Maschinen konstruieren

shèjì bāozhuāng
设计包装
Verpackungen entwerfen

shèzhì 设置 einrichten, aufstellen, ausstatten

shèzhì xīn-kèchéng
设置新课程
neue Kurse einrichten

shèzhì zhuānmén jīgòu
设置专门机构
eine spezielle Organisation aufbauen

lóufáng shèzhì-le diànnǎo
楼房设置了电脑
das Gebäude mit Computern ausstatten

shè 射 schießen, strahlen

shè-jìn yì-qiú
射进一球
ein Tor geschossen haben

shèyǐng 摄影 fotografieren

shèyǐng liúniàn
摄影留念
ein Erinnerungsfoto schießen

shēnqǐng 申请 beantragen

shēnqǐng qiānzhèng
申请签证
ein Visum beantragen

shēn 伸 strecken, dehnen

shēn dàmǔzhǐ
伸大拇指
mit dem Daumen nach oben zeigen

bǎ tóu shēn-chū chuāng-wài
把头伸出窗外
den Kopf aus dem Fenster strecken

shēn shǒu
伸手
die Hand ausstrecken

shēnrù 深入 tief eindringen

shēnrù shēnghuó
深入生活
sich ins Leben stürzen

shēng 升 steigen, aufsteigen

tàiyáng cóng dōngfāng shēng-qǐ
太阳从东方升起
die Sonne geht im Osten auf

tàiyáng shēng-qǐlai-le
太阳升起来了
die Sonne scheint

shēng 生 gebären, werden, sich etw. zuziehen, anzünden

nǐ nǎ-nián shēng-de?
你哪年生的？
in welchem Jahr bist du geboren?

shēng háizi
生孩子
ein Kind gebären

mǐ-lǐmiàn shēng chóng-le
米里面生虫了
im Reis sind auf einmal Würmer

tiěbǎn shēng-xiù-le
铁板生锈了
das Eisenblech rostet

shēng huǒ
生火
ein Feuer anzünden

shēng lúzi
生炉子
den Ofen anmachen

shēngbìng 生病 erkranken

cónglái méiyǒu shēng-guò bìng
从来没有生过病
ich war noch nie krank

shēngchǎn 生产 produzieren

shēngchǎn yōuzhì chǎnpǐn
生产优质产品
Produkte von bester Qualität produzieren

shēnghuó 生活 leben

bù néng shēnghuó-xiàqu
不能生活下去
nicht weiterleben können

shēngqì 生气 sich ärgern, zornig werden

qǐng nǐ bié shēngqì!
请你别生气！
bitte, sei nicht böse!

shēngzhǎng 生长 wachsen, aufwachsen

xiǎomài shēngzhǎng liánghǎo
小麦生长良好
der Weizen wächst gut

shēngzhǎng zài wǔhàn
生长在武汉
in Wuhan geboren und aufgewachsen sein

shēngmíng 声明 erklären

zhuāngyán shēngmíng
庄严声明
feierlich proklamieren

shěng 省 sparen

shěng-zhe diǎn yòng
省着点用
sparsam mit etw. umgehen

shěng shíjiān
省时间
Zeit sparen

shěng-diào bù shǎo máfán
省掉不少麻烦
sich eine Menge Unannehmlichkeiten ersparen

shěngde 省得 sich etw. ersparen

nǐ jiù zhù zài zhèli, shěngde tiāntiān láihuí pǎo
你就住在这里，省得天天来回跑
wohne doch hier, damit du dir das tägliche Pendeln sparst

shěnglüè 省略 auslassen

zhè-ge jùzi-de zhǔyǔ shěnglüè-le
这个句子的主语省略了
das Subjekt dieses Satzes fehlt

shènglì 胜利 siegen

déguóduì shènglì-le
德国队胜利了
die deutsche Mannschaft hat gewonnen

shèng 剩 übrig bleiben

shèng-le duōshǎo?
剩了多少？
wieviel ist übriggeblieben?

shībài 失败 besiegt sein, scheitern

zhùdìng yào shībài
注定要失败
zum Scheitern verurteilt sein

shīqù 失去 verlieren

shīqù pínghéng
失去平衡
das Gleichgewicht verlieren

shīqù xìnxīn
失去信心
seine Zuversicht verlieren

shīqù shíxiào
失去时效
nicht mehr wirksam sein

shījiā 施加 etw. gegen jdn anwenden, etw. gegen jdn ausüben, jdn etw. zufügen, etw. geltend machen

shījiā yālì
施加压力
Druck ausüben

shījiā yǐngxiǎng
施加影响
Einfluss geltend machen

shīxíng 施行 in die Praxis umsetzen

shīxíng piànshù
施行骗术
einen Betrug verüben

shīxíng shǒushù
施行手术
eine Operation vornehmen

shīxíng jíjiù
施行急救
Erste Hilfe leisten

shí 识 kennen

shí zì
识字
lesen und schreiben können

shíjiàn 实践 praktizieren, durchführen

shíjiàn nuòyán
实践诺言
sein Versprechen einlösen

shíxí 实习 Praktikum machen

qù bàoshè shíxí
去报社实习
in einem Zeitungsverlag ein Praktikum machen

shíxiàn 实现 verwirklichen, wahr werden

shíxiàn gǎigé
实现改革
eine Reform in die Tat umsetzen

shíxiàn xiàndàihuà
实现现代化
modernisieren

shíxíng 实行 praktizieren, durchführen

shíxíng píngděng-de zhèngcè
实行平等的政策
eine Politik der Gleichberechtigung anwenden

shíxíng gǎigé
实行改革
eine Reform durchführen

duì ..... shíxíng zhuānzhèng
对..... 实行专政
eine Diktatur über ..... ausüben

shí 拾 auflesen, finden

shí-dào-de qiánbāo
拾到的钱包
ein gefundenes Portemonnaie

shǐ 使 schicken, lassen

shǐ rén qù dǎtīng xiāoxí
使人去打听消息
jdm den Auftrag geben, Erkundigungen einzuziehen

shǐ rénmen xiǎngqǐ .....
使人们想起 .....
bei den Leuten Erinnerungen an ..... hervorrufen

mǔqin-de qùshì shǐ tā xīnlǐ fēicháng nánguò
母亲的去世使他心里非常难过
der Tod seiner Mutter hat ihn tief getroffen

shǐyòng 使用 benutzen, anwenden, gebrauchen

shǐyòng wǎngluò
使用网络
das Internet benutzen

shǐyòng quánlì
使用权利
Recht anwenden

shǐyòng zìjǐ-de yǔyán
使用自己的语言
die eigene Sprache benutzen

shǐyòng hùfāsù
使用护发素
eine Haarspülung benutzen

línghuó-de shǐyòng
灵活地使用
flexibel einsetzen

yǐ kāishǐ shǐyòng
已开始使用
bereits in Betrieb sein

shǐyòng fāngbiàn
使用方便
leicht zu handhaben

shìwēi 示威 demonstrieren

shìwēi yóuxíng
示威游行
eine Demonstration veranstalten

shìde 似的 es scheint, dass .....

xiàng xuě shìde nàme bái
象雪似的那么白
weiß wie Schnee

tā fǎngfú shuì-zháo-le shìde
他仿佛睡着了似的
er scheint eingeschlafen zu sein

shì 试 probieren, testen, prüfen

shì yi shì
试一试
mal probieren

shì-dài yùshǒuzhuó
试戴玉手镯
einen Jadearmreif anprobieren

shì 视 anschauen, jdn/etw. als ..... ansehen

shì wéi .....
视为 .....
erachten als .....

shì 是 sein, wahr sein

nǐ shuō-de shì
你说得是
du hast recht

wǒ shì jīnglǐ
我是经理
ich bin Manager

tā shì dúshēngzǐ
他是独生子
er ist Einzelkind

zhè-tái fēijī shì zhōngguó zhìzào-de
这台飞机是中国制造的
dieses Flugzeug wurde in China gebaut

wǒ shì lái kàn péngyou-de
我是来看朋友
ich bin gekommen, um einen Freund zu besuchen

tā-de gòngxiàn shì fēicháng liǎo-bu-qǐ-de, yǐngxiǎng shì hěn dà-de
他的贡献是非常了不起的，影响是很大的
sein Beitrag ist großartig und hat sehr großen Einfluss

duìmiàn shì zhōngguó yínháng
对面是中国银行
gegenüber ist die „Bank of China"

nǐ shì zuò huǒchē háishì zuò qìchē?
你是坐火车还是坐汽车?
fährst du mit dem Zug oder mit dem Auto?

shì shéi gàosu nǐ-de?
是谁告诉你的?
wer hat dir das gesagt?

shì bú shì pàng-diǎnr-le?
是不是胖一点儿了?
bist du ein bisschen dicker geworden?

wǒ mèng-lǐ quán shì nǐ
我梦里全是你
ich träume nur von dir

wǒ-de yíqiè dōu shì nǐ-de
我的一切都是你的
alles, was ich habe, gehört dir

shìhé 适合 geeignet sein, entsprechen, passen

shìhé dāngdì qíngkuàng
适合当地情况
den örtlichen Verhältnissen entsprechen

shìhé tā-de kǒuwèi
适合他的口味
nach seinem Geschmack sein

shìhé rényuán-de xūyào
适合人员的需要
den Bedürfnissen des Personals entsprechen

zhè-ge fǎxíng hěn shìhé nǐ
这个发型很适合你
diese Frisur steht dir sehr gut

shìyìng 适应 entsprechen, sich anpassen, umstellen

shìyìng shídài-de yāoqiú
适应时代的要求
mit der Zeit Schritt halten

shìyìng huánjìng
适应环境
sich seiner Umwelt anpassen

shìyìng dāngdì-de qìhòu
适应当地的气候
sich auf das örtliche Klima umstellen

shìyú 适于 passen

shìshì 逝世 sterben

shì 释 erklären, beseitigen, loslassen, freilassen

shì yì
释义
den Sinn erklären

shì yí
释疑
Zweifel ausräumen

shì shǒu
释手
die Hand loslassen

shì fú
释俘
Gefangene freilassen

shōu 收 annehmen, empfangen, einkassieren, ernten

shōu-xià zuòwéi jì'niàn
收下作为纪念
etw. als Souvenir entgegennehmen

shōu shuǐdiànfèi
收水电费
die Wasser- und Stromgebühr kassieren

shōu shuì
收税
Steuern einziehen

shōu zhuāngjia
收庄稼
Getreide ernten

shōudào 收到 etw. bekommen

shōudào yīmèir
收到伊妹儿
E-mails empfangen

shōuhuí 收回 zurücknehmen, widerrufen

shōuhuí jièchū-de shūxiāng
收回借出的书箱
ausgeliehene Bücher wieder zurückerhalten

shōuhuí zhǔquán
收回主权
die Souveränität wiedergewinnen

shōuhuí dàikuǎn
收回贷款
ein Darlehen zurückerstattet bekommen

shōuhuí jiànyì
收回建议
einen Vorschlag zurücknehmen

shōuhuò 收获 ernten, etw. bekommen

shōuhuò xiǎomài
收获小麦
Weizen ernten

shōují 收集 einsammeln, sammeln

shōují yìjiàn
收集意见
Meinungen zusammentragen

shōují qíngbào
收集情报
Informationen sammeln

shōují zīliào
收集资料
Daten sammeln

shōují yìshù zuòpǐn
收集艺术作品
Kunst sammeln

shōushí 收拾 ordnen

shōushí wūzi
收拾屋子
in einem Zimmer Ordnung machen

bǎ gōngjù shōushí yí-xià
把工具收拾一下
das Werkzeug aufräumen

shōushí chuángpù
收拾床铺
Betten machen

shōushí wǎnkuài
收拾碗筷
den Tisch abräumen

shōushí xínglǐ
收拾行李
Koffer packen

shōushí lǚxíng bēibāo
收拾旅行背包
den Rucksack packen

shǒu 守 verteidigen, bewachen, festhalten

shǒu chéng
守城
eine Stadt bewachen

zài yīyuàn shǒu-le yí-yè
在医院守了一夜
(bei einem Patienten) im Krankenhaus eine ganze Nacht durchwachen

shǒu jìlǜ
守纪律
die Disziplin einhalten

shǒu guīju
守规矩
sich anständig benehmen

shǒu xìnyòng
守信用
sein Wort halten

shǒu yuē
守约
einen Termin einhalten

shǒusuì 守岁 die letzte Nacht des Jahres durchwachen

guò chūnjié-de shíhou yǒu shǒusuì-de fēngsu
过春节的时候有守岁的风俗
beim Frühlingsfest gibt es den Brauch, die letzte Nacht des Jahres zu durchwachen

shòu 受 erhalten, bekommen, erleiden, ertragen

shòu biǎoyáng
受表扬
gelobt werden

shòu huānyíng
受欢迎
beliebt sein

shēn-shòu huānyíng
深受欢迎
sehr beliebt sein

zuì-shòu huānyíng
最受欢迎
am beliebtesten sein

shòu-dào huáiyí
受到怀疑
verdächtigt werden

shòu-dào liángxīn-de zébèi
受到良心的责备
Gewissensbisse fühlen

shòu-dào dàjiā-de zūnjìng
受到大家的尊敬
von allen respektiert werden

shòu jiàoyù
受教育
Bildung erhalten

shòu-dào qīnqiè-de jiēdài
受到亲切的接待
freundlich aufgenommen werden

shòu-dào tèbié zhàogù
受到特别照顾
jdm gilt besondere Fürsorge

shòu lǐ
受礼
ein Geschenk entgegennehmen

shòu zhòngshì
受重视
geschätzt werden, beachtet werden

shòu sǔnhài
受损害
Verluste erleiden

shòu pīpíng
受批评
kritisiert werden

shòudào-le guǎngfàn-de pīpíng
受到了广泛的批评
umfassend kritisiert worden sein

shòu yāpò
受压迫
unterdrückt werden

shòu jiāndū
受监督
unter Bewachung stehen

shòu xǐ
受洗
sich taufen lassen

shòu yǐngxiǎng
受影响
einem Einfluss ausgesetzt sein

shēn-shòu yǐngxiǎng
深受影响
einem starken Einfluss ausgesetzt sein

shòu jiànkāng zhuàngkuàng-de xiànzhì
受健康状况的限制
bedingt durch seinen (schlechten) Gesundheitszustand

shòu huì
受贿
für etw. (Bestechungs-)Geld annehmen

shòu-bu-liǎo
受不了
etw. nicht aushalten können

qìwèi shízài ràng rén shòu-bu-liǎo
气味实在让人受不了
der Gestank ist wirklich unerträglich

shòu 授 überreichen, lehren

shòu yǐ quánquán
授以全权
jdm Vollmacht erteilen

shòuquán 授权 jdm die Vollmacht erteilen

shòuquán xīnhuáshè fābiǎo shēngmíng
授权新华社发表声明
die Nachrichtenagentur Xinhua autorisieren, eine Erklärung abzugeben

shòu 售 verkaufen

shòu-wán
售完
ausverkauft sein

shòu huò
售货
Waren verkaufen

shū 梳 kämmen

shū tóu
梳头
(sich) die Haare kämmen

shū 输 transportieren, verlieren

bǎ ..... zhíjiē shūsòng gǎngkǒu
把 ..... 直接输送港口
etw. direkt zum Hafen transportieren

shū-le yì-jú
输了一局
einen Satz verlieren (beim Spiel)

shūrù 输入 etw. eingeben, etw. einlesen

shūrù shùjù
输入数据
Daten eingeben

shūrù xìngmíng
输入姓名
den Namen eingeben

shūrù yànzhèngmǎ
输入验证码
eine Verifizierungsnummer eingeben

shǔ 属 gehören zu, (im Tierkreiszeichen) sein

xīshuāngbǎnnà shǔ yàrèdài qìhòu
西双版纳属亚热带气候
Xishuangbanna hat ein subtropisches Klima

nǐ shì shǔ shénme-de?
你是属什么的?
in welchem Tierkreiszeichen bist du geboren?

shǔ lóng
属龙
(im Tierkreiszeichen) Drache sein

shǔyú 属于 gehören zu

déguó shǔyú ōuzhōu
德国属于欧洲
Deutschland gehört zu Europa

shǔ 数 zählen

cóng yī shǔ dào shí
从一数到十
von 1 bis 10 zählen

shǔ qián
数钱
Geld zählen

xué shǔ shù
学数数
zählen lernen

shùlì 树立 jdm/etw. Geltung verschaffen

shùlì yuǎndà-de lǐxiǎng
树立远大的理想
sich ein hohes Ideal setzen

shùlì bǎngyàng
树立榜样
jdn/etw. als Vorbild hinstellen

shuā 刷 bürsten, malen, rascheln, rauschen

shuā xié
刷鞋
Schuhe putzen

shuā qiáng
刷墙
eine Wand tünchen

bèi fēng chuī-de shuā-shuā xiǎng
被风吹得刷刷响
im Winde rascheln

shuā yá 刷牙 Zähne putzen

rènzhēn shuāyá
认真刷牙
sich gewissenhaft die Zähne putzen

shuāi 摔 fallen, stürzen, abstürzen

shuāi-le hǎo-duō cì
摔了好多次
viele Male hingefallen sein

cóng lóutī-shàng shuāi-xiàlai
从楼梯上摔下来
von der Treppe herunterfallen

shuǎi 甩 schwenken, hin und her schwingen

shuǎi gēbo
甩胳膊
die Arme schwenken

láihuí shuǎi-dòng
来回甩动
etw. wippt hin und her

shuàilǐng 率领 führen, kommandieren

shuàilǐng dàibiǎotuán
率领代表团
eine Delegation leiten

yóu tā shuàilǐng
由他率领
unter seinem Kommando

shuì 睡 schlafen

shuì-dào tiān liàng
睡到天亮
schlafen bis es hell wird

nǐ shuì-de zěnmeyàng?
你睡得怎么样?
wie hast du geschlafen?

shuìjiào 睡觉 schlafen

gāi shuìjiào-le
该睡觉了
es ist Zeit zum Schlafen

shuì wǔ jiào
睡午觉
einen Mittagsschlaf halten

shuì-ge lǎn-jiào
睡个懒觉
lange ausschlafen

shuì-bu-zhao jiào
睡不着觉
nicht einschlafen können

shuō 说 sprechen, erklären, erläutern

shuō-dào zuò-dào
说到做到
gesagt, getan

bào-shàng shuō-de
报上说的
was in den Zeitungen steht

gàikuò-de shuō
概括地说
kurz gesagt

shuō-bu-dìng
说不定
möglicherweise

qǐng shuō màn yìdiǎn!
请说慢一点!
sprechen Sie bitte ein bisschen langsamer!

yǒu shénme kùnnan shuō-chūlai
有什么困难说出来
lass mich wissen, falls es Schwierigkeiten gibt

nǐ shuō-de hěn duì
你说得很对
was du gesagt hast, stimmt genau

tā shuō-le yòu shuō
他说了又说
er hat es wiederholt erklärt

wǒ yī shuō tā jiù míngbai-le
我一说他就明白了
meine Erklärung leuchtete ihm auf Anhieb ein

shuō-bu-lái
说不来
nichts miteinander anfangen können

wǒ gēn tā shuō-bu-lái
我跟他说不来
wir sprechen keine gemeinsame Sprache

shuō-hǎo-le
说好了
abgemacht

shuō huà 说话 sprechen

shuō déyǔ
说德语
Deutsch sprechen

shuō wàiyǔ
说外语
Fremdspachen sprechen

shuō fèihuà
说废话
Unsinn daherreden

shuō dà-huà
说大话
den Mund vollnehmen

tā shuō huà děngyú fàngpì
他说话等于放屁
er redet nur Unsinn

shuō huà tài luōsuō
他说话太罗嗦
langatmig und inhaltslos daherreden

súhuà shuō .....
俗话说 .....
eine Redensart besagt, dass .....

shuōfú 说服 überreden, überzeugen

yào nàixīn shuōfú tā
要耐心说服他
ihn mit Geduld überzeugen

shuōhuǎng 说谎 lügen

nǐ kàn wǒ xiàng shì huì shuōhuǎng-de rén ma?
你看我象是会说谎的人吗?
sehe ich so aus, als könnte ich lügen?

shuōmíng 说明 erklären

shuōmíng diànnǎo-de yòngfǎ
说明电脑的用法
die Anwendungsmöglichkeiten des Computers erklären

shuōmíng zìjǐ-de lìchǎng
说明自己的立场
den eigenen Standpunkt erläutern

shuō xīnlǐ-huà
说心里话
seine Meinung sagen

sīkao 思考 nachdenken

sīkǎo wèntí
思考问题
über ein Problem nachdenken

dúlì sīkǎo
独立思考
selbständig denken

fǎnfù sīkǎo
反复思考
etw. hin und her überlegen

sīsuo 思索 durchdenken, nachdenken

yòngxīn sīsuǒ
用心思索
etw. konzentriert durchdenken

zhōumì-de sīsuǒ
周密地思索
etw. von allen Seiten her sorgfältig durchdenken

fǎnfù sīsuǒ yí-ge wèntí
反复思索一个问题
ein Problem hin und her wälzen

sī 撕 zerreißen, abreißen

bǎ xìn sī-kāi
把信撕开
einen Brief aufreißen

sī-de fěnsuì
撕得粉碎
etw. in Fetzen reißen

shàngyī sī-huài-le
上衣撕坏了
die Jacke ist zerrissen

sǐ 死 sterben

qù sǐ!
去死!
fahr zur Hölle!

sìyǎng 饲养 etw. züchten, etw. halten

sìyǎng mǎpǐ
饲养马匹
Pferde züchten

sìyǎng jiāqín
饲养家禽
Federvieh züchten

sōng 松 lockern

sōng luósī
松螺丝
eine Schraube lockern

sòng 送 senden, schenken, begleiten

sòng xìn
送信
Briefe zustellen

tā sòng wǒ yí-ge shùzì xiāngjī
他送我一个数字相机
er schenkt mir eine Digitalkamera

sòng tā huíjiā
送她回家
sie nach Hause begleiten

bǎ kèrén sòng-dào dàménkǒu
把客人送到大门口
Gäste bis zum Tor begleiten

bǎ wèixīng sòng-shàng tàikōng
把卫星送上太空
Satelliten ins Weltall schicken

sòng háizi shàng xué
送孩子上学
ein Kind zur Schule bringen

sòng huò shàng mén
送货上门
Waren frei Haus liefern

sòngxíng 送行 jdn zum Abschied begleiten

wǒ huì gěi nǐ sòngxíng-de
我会给你送行的
ich begleite dich zum Abschied

sōu 搜 durchsuchen

sōu yí-xià nǐ-de bāo, xíng ma?
搜一下你的包，行吗?
kann ich mal kurz Ihre Tasche durchsuchen?

sōují 搜集 einsammeln, sammeln

sōují qíngbào
搜集情报
Informationen sammeln

sōují xuéshēng-de yìjiàn
搜集学生的意见
die Meinung der Schüler einholen

sùsòng 诉讼 mitteilen, beschuldigen, anklagen

wǒ sùsòng nǐ
我诉讼你
ich mache dir den Prozess

sùqīng 肃清 liqidieren, ausrotten, beseitigen

sùqīng èliè-de yǐngxiǎng
肃清恶劣的影响
schlechten Einfluss beseitigen

sù 塑 modellieren, formen

sù xiàng
塑像
eine Statue modellieren

suàn 算 rechnen, einbeziehen, gelten

xīn suàn
心算
im Kopf rechnen

suàn-suàn lǚyóu fèiyòng
算算旅游费用
Reisekosten berechnen

qǐng nǐ suàn yi suàn
请你算一算
bitte rechne mal kurz

suàn-shàng nǐ
算上你
dich miteinbezogen

bǎ sǔnshī suàn-jìnqu
把损失算进去
Verluste einkalkulieren

suànjì fēngshuǐ
算计风水
Fengshui berechnen

suàndé 算得 als etw. gelten (können), zu etw. gerechnet werden

tā suàndé-shàng shì yí-ge hǎo lǎoshī
他算得上是一个好老师
er gilt als guter Lehrer

suí 随 folgen

suí wǒ lái!
随我来！
folge mir!

suì 碎 zerbrechen

wǎn dǎ-suì-le
碗打碎了
die Schüssel ist zerbrochen

sǔnhài 损害 benachteiligen, schaden

sǔnhài jiànkāng
损害健康
der Gesundheit schaden

sǔnhài shìlì
损害视力
der Sehkraft abträglich sein

sǔnhài gōngsī-de lìyì
损害公司的利益
den Interessen der Firma zuwiderlaufen

sǔnshī 损失 verlieren

wǒ sǔnshī-le yíqiè
我损失了一切
ich habe alles verloren

suō 缩 schrumpfen

zhè-zhǒng bù xià shuǐ bù suō
这种布下水不缩
dieser Stoff läuft beim Waschen nicht ein

dírén suō-huíqu-le
敌人缩回去了
der Feind hat sich zurückgezogen

suōduǎn 缩短 kürzen, verkleinern

suōduǎn jùlí
缩短距离
den Abstand verringern

bǎ bàogào suōduǎn yíbàn
把报告缩短一半
den Vortrag um die Hälfte kürzen

bǎ tíngliú shíjiān suōduǎn yì-tiān
把停留时间缩短一天
die Aufenthaltsdauer um einen Tag verkürzen

suǒ 索 suchen, fordern

suǒ péi
索赔
eine Entschädigung fordern

suǒ 锁 verschließen

suǒ-shàng mén
锁上门
die Tür abschließen

suǒ zài bǎoxiǎnxiāng-lǐ
锁在保险箱里
etw. im Safe verschließen

T

tà 踏 treten, betreten

tà-shàng yàzhōu-de tǔdì
踏上亚洲的土地
asiatischen Boden betreten

tái 抬 heben, (zu mehreren) tragen

tái shǒu
抬手
die Hand heben

tái tóu
抬头
den Kopf heben

bǎ zhuōzi tái-qǐlai
把桌子抬起来
einen Tisch hochheben

tái dānjià
抬担架
eine Bahre tragen

tān 摊 ausbreiten, entfallen auf

bǎ làjiāo tān-kāi shài yi shài
把辣椒摊开晒一晒
Chili zum Trocknen auslegen

bǎ shìqíng tān-dào zhuōmiàn lái tán
把事情摊到桌面来谈
ein Problem aufs Tapet bringen

měirén tān wǔ-bǎi-kuài qián
每人摊五百块钱
auf jeden entfällt ein Anteil von 500 Kuai

tán 谈 sich unterhalten

hǎo-hǎo tán-tán
好好谈谈
etw. eingehend besprechen

gēn nǐ tán yi tán màoyì fāngmiàn-de wèntí
跟你谈一谈贸易方面的问题
mit dir Handelsfragen diskutieren

dūn-zhe tánhuà
蹲着谈话
sich hinhocken und plaudern

tán-de-lái
谈得来
sich gut verstehen

tāmen liǎ tán-le yí-ge wǎnshang
他们俩谈了一个晚上
die beiden haben sich den ganzen Abend unterhalten

tán-dào
谈到
über etw. sprechen

tán-bu-shàng
谈不上
von etw. kann nicht die Rede sein

tánlùn 谈论 etw. diskutieren, etw. besprechen

hěn shǎo zài gōnggòng chǎnghé tánlùn xìng'ài
很少在公共场合谈论性爱
selten in der Öffentlichkeit über Sex reden

tánpan 谈判 verhandeln

gōngpíng tánpàn
公平谈判
fair verhandeln

tán 弹 schnellen, etw. mit dem Finger abklopfen, ein Instrument spielen

qiú cóng lánbǎn-shàng tán-huílai
球从篮板上弹回来
der Ball ist vom Korbbrett abgeprallt

cóng tiàobǎn-shàng tán-qǐlai
从跳板上弹起来
vom Sprungbrett federnd abspringen

tán yānhuī
弹烟灰
Zigarettenasche abklopfen

tán gāngqín
弹钢琴
Klavier spielen

tán pípa
弹琵琶
Pipa spielen

tán jítā
弹吉他
Gitarre spielen

tàn 叹 seufzen, ausrufen

tàn yí-shēng
叹一声
einen Seufzer ausstoßen

tàn yí-kǒu qì
叹一口气
einen Seufzer ausstoßen

tàn 探 besuchen, erkunden

tàn bìng
探病
einen Kranken besuchen

tànqīn 探亲 Verwandte/Eltern besuchen

dào gùxiāng tànqīn
到故乡探亲
in der Heimat Verwandte besuchen

tànsuǒ 探索 erforschen

tànsuǒ gǔdài mìmi
探索古代秘密
die Geheimnisse alter Zeiten erforschen

tànsuǒ shìwù-de běnzhì
探索事物的本质
nach dem Wesen einer Sache forschen

tànsuǒ zhēnlǐ
探索真理
nach der Wahrheit suchen

tǎng 躺 liegen, sich hinlegen

tǎng zài chuáng-shàng
躺在床上
im Bett liegen

bú yào tǎng zài guòqù-de chéngjì-shàng shuì dà jiào
不要躺在过去的成绩上睡大觉
man darf sich nicht auf seinen Lorbeeren ausruhen

tàng 烫 sich verbrennen, bügeln, sich Dauerwellen machen lassen

tàng-le zuǐ
烫了嘴
sich den Mund verbrannt haben

ràng kāishuǐ tàng-le ge pào
让开水烫了个泡
sich vom kochenden Wasser eine Brandblase holen

tàng yīfu
烫衣服
bügeln

tàng tóufa
烫头发
Dauerwelle machen (lassen)

tāo 掏 herausnehmen, graben, stehlen (Taschendieb)

cóng kǒudài-lǐ tāo-chū bǐjìběn
从口袋里掏出笔记本
ein Notizbuch aus der Tasche holen

tāo shǒuqiāng
掏手枪
eine Pistole ziehen

tāo ěrduo
掏耳朵
in den Ohren stochern

tāo bíkǒng
掏鼻孔
in der Nase bohren

táo 逃 fliehen, flüchten

táo xué
逃学
die Schule schwänzen

táo-chū jiānyù
逃出监狱
aus dem Gefängnis ausbrechen

táopǎo 逃跑 abhauen, davonlaufen

guānjiàn shíkè táopǎo
关键时刻逃跑
in kritischen Momenten davonrennen

tǎo 讨 verurteilen, fordern

tǎo zhàng
讨账
Schulden eintreiben

tǎolùn 讨论 diskutieren

tǎolùn wèntí
讨论问题
Fragen diskutieren

téng 疼 schmerzen, weh tun, sehr liebhaben

tóu téng
头疼
Kopfschmerzen haben

sǎngzi téng
嗓子疼
Halsschmerzen haben

téng háizi
疼孩子
Kinder liebhaben

tī 踢 treten, kicken

bǎ mén tī-kāi
把门踢开
mit einem Fußtritt die Tür aufstoßen

tī zúqiú
踢足球
Fußball spielen

tī-jìn yí-ge qiú
踢进一个球
ein Tor schießen

tí 提 in der Hand tragen, hochheben, äußern, erwähnen

tí xiāngzi
提箱子
einen Koffer in der Hand tragen

néng tí-qǐlai
能提起来
etw. hochheben können

tí wèntí
提问题
eine Frage aufwerfen

tí yìjiàn
提意见
Kritik üben

tí kàngyì
提抗议
Protest erheben

tí tiáojiàn
提条件
Bedingungen stellen

tí yāoqiú
提要求
Forderungen stellen

tíchàng 提倡 befürworten, unterstützen, für etw. eintreten

tíchàng jìhuà shēngyù
提倡计划生育
die Ein-Kind-Politik unterstützen

tíchū 提出 mit etw. kommen, etw. vorbringen

tíchū jiànyì
提出建议
einen Vorschlag machen

tíchū kàngyì
提出抗议
Protest erheben

tíchū yì-zhǒng xīn-de lǐlùn
提出一种新的理论
eine neue Theorie aufstellen

tíchū qǐngqiú
提出请求
an jdn eine Bitte richten

tíchū yāoqiú
提出要求
Ansprüche erheben

tígāo 提高 heben, steigern

tígāo sùdù
提高速度
die Geschwindigkeit erhöhen

zhè-zhǒng fāngfǎ tígāo-le yìnshuà sùdù
这种方法提高了印刷速度
diese Methode hat die Druckgeschwindigkeit erhöht

tígāo jìshù shuǐpíng
提高技术水平
das technische Niveau erhöhen

tígāo gōngzuò xiàolǜ
提高工作效率
die Arbeitseffizienz steigern

tígāo bàofù
提高报复
die Rache vergrößern

tígāo chǎnpǐn zhíliàng
提高产品质量
die Qualität der Produkte verbessern

shēnghuó shuǐpíng zhúnián tígāo
生活水平逐年提高
der Lebensstandard steigt mit jedem Jahr

tígōng 提供 liefern, anbieten

tígōng yuánliào
提供原料
Rohstoffe anbieten

tígōng yuánzhù
提供援助
Unterstützung anbieten

tígōng dàikuǎn
提供贷款
einen Kredit gewähren

tígōng xīn-de zhèngjù
提供新的证据
neue Beweise liefern

tíxǐng 提醒 jdn an etw. erinnern, mahnen

jíshí tíxǐng
及时提醒
jdn rechtzeitig an etw. erinnern

tíxǐng tā zǎo yìdiǎn lái
提醒他早一点来
ermahne ihn, ein bisschen früher zu kommen

tì 替 ersetzen

wǒ lái tì nǐ
我来替你
ich mache für dich weiter

tìhuàn 替换 auswechseln, ablösen

ràng wǔ-hào tìhuàn jiǔ-hào
让五号替换九号
die Nr. 9 gegen die Nr. 5 auswechseln

dài-shàng yí-tào tìhuàn-de yīfu!
带上一套替换的衣服！
nimm Kleidung zum Wechseln mit!

tiān 添 hinzufügen, ergänzen

tiān yīfu
添衣服
sich wärmer anziehen

gěi nǐ tiān máfan-le
给你添麻烦了
dir viele Unannehmlichkeiten bereiten

tiānjiā biǎogé
添加表格
eine Tabelle einfügen

tián 填 ausfüllen (Formular)

tián biǎo
填表
ein Formular ausfüllen

tián-cuò-le
填错了
falsche Angaben gemacht haben

tiāo 挑 auswählen, aussuchen

tiāo zuì-hǎo-de chǎnpǐn
挑最好的产品
das beste Produkt aussuchen

tiāo máobìng
挑毛病
an allem etw. auszusetzen haben

tiáo 调 mischen

tiáo xiǎotíqínxián
调小提琴弦
eine Geige stimmen

tiáojiě 调解 vermitteln, einen Streit schlichten

tiáojiě jiātíng jiūfēn
调解家庭纠纷
einen Familienstreit schlichten

tiáojiě zhēngduān
调解争端
Streitigkeiten beilegen

tiáoqíng 调情 flirten

tā tiānshēng ài tiáoqíng
他天生爱调情
er flirtet von Natur aus gerne

tiáozhěng 调整 regeln, regulieren

tiáozhěng yīnliàng
调整音量
die Lautstärke einstellen

tiáozhěng gōngzī
调整工资
Neuregelung von Gehältern

tiáozhěng jiàgé
调整价格
Preise neu festsetzen

tiáozhěng shēngchǎn jìhuà
调整生产计划
den Produktionsplan revidieren

tiào 跳 hüpfen, springen

tiào sǎn
跳伞
Fallschirmspringen

tiào jí
跳极
Bungeejumping

tiào bālěiwǔ
跳芭蕾舞
Ballett tanzen

tiào píjīn
跳皮筋
Gummi hüpfen

tiào xuányá
跳悬崖
sich von einer Klippe in den Tod stürzen

tiào-qǐlai
跳起来
in die Luft springen

tiào-xià zìxíngchē
跳下自行车
vom Fahrrad herunterspringen

tiào-guò yì-tiáo xiǎo hé
跳过一条小河
über einen kleinen Fluss springen

tiàowǔ 跳舞 tanzen

wǒ tiào jiē wǔ
我跳街舞
ich tanze Hip Hop

tiē 贴 kleben, aufkleben, sich anlehnen

tiē yóupiào
贴邮票
eine Briefmarke aufkleben

tiē bùgào
贴布告
eine öffentliche Bekanntmachung anschlagen

tiē duìlián
贴对联
Spruchpaare zum Frühlingsfest an Türen kleben

tiē-shàng jiāobù
贴上胶布
ein Heftpflaster aufkleben

tiē-shàng chūnlián
贴上春联
zweizeilige Spruchbänder zum chinesischen Neujahrsfest an Türen kleben

tīng 听 hören, anhören

tīng shēngyīn
听声音
ein Geräusch hören

tīng yīnyuè
听音乐
Musik hören

tīng wǒ shuō xiàqu!
听我说下去！
lass mich ausreden!

tīng wǒ jiǎng-wán!
听我讲完！
lass mich ganz ausreden!

tīng huà 听话 gehorchen

tīng jiějie-de huà
听姐姐的话
auf den Rat der älteren Schwester hören

wǒ quàn tā, tā bù tīng
我劝他，他不听
ich habe ihm Ratschläge gegeben, aber er hört nicht auf mich

duì pīpíng tīng-bu-jìnqu
对批评听不进去
taube Ohren für Kritik haben

tīng-dào 听到 hören, akustisch wahrnehmen

tīng-dào shēngyīn
听到声音
ein Geräusch akustisch wahrnehmen

tīng-de-dǒng 听得懂 verstehen können

tīng-de-dǒng wàiguórén shuō-de zhōngwén
听得懂外国人说的中文
das von Ausländern gesprochene Chinesisch verstehen können

tīng-bu-dǒng 听不懂 nicht verstehen können

tīng-jiàn 听见 hören, akustisch wahrnehmen

shénme yě méiyǒu tīng-jiàn
什么也没有听见
kein Geräusch vernommen haben

tīng-jiàn yǒurén qiāomén
听见有人敲门
jdn anklopfen hören

tā shuō huà-de shēngyīn xiǎo-de jīhū tīng-bu-jiàn
他说话的声音小得几乎听不见
seine Stimme ist kaum vernehmbar

tīng-qǐ-lái 听起来 klingen, sich anhören wie

tīng-qǐ-lái liǎng-zhǒng zhǔzhāng dōu yǒu dàolǐ
听起来两种主张都有道理
beide Meinungen scheinen vernünftig zu sein

tā-de jiànyì tīng-qǐ-lái hái bú cuò
他的建议听起来还不错
ihr Vorschlag lässt sich hören

tīngshuō 听说 gehört haben

tīngshuō tā dào shànghǎi qù-le
听说他到上海去了
er soll nach Shanghai gefahren sein

cónglái méi tīngshuō-guo zhè-zhǒng shì
从来没听说过这种事
von so etw. noch nie gehört haben

tīng-wán 听完 bis zu Ende anhören

tīng-wán biéren jiǎng huà
听完别人讲话
jdn bis zu Ende anhören

tíng 停 anhalten, stehen bleiben, sich aufhalten, parken

yǔ tíng-le
雨停了
der Regen hat aufgehört

tíng-xiàlai xiūxī
停下来休息
haltmachen und verschnaufen

bù tíng-de jiǎng huà
不停地讲话
er redete in einem fort

chē tíng zài zhèlǐ
车停在这里
den Wagen hier parken

zhōngtú bú tíng
中途不停
keinen Zwischenhalt machen

tíngdùn 停顿 stillstehen, halten

niàn-dào zhèlǐ yào tíngdùn yí-xià
念到这里要停顿一下
wenn du bis hierher gelesen hast, dann mach eine kleine Zäsur

tíngzhǐ 停止 aufhören

tíngzhǐ gōngzuò
停止工作
die Arbeit einstellen

tíngzhǐ yíngyè
停止营业
einen Betrieb schließen

tíngzhǐ guǎngbò
停止广播
aufhören zu senden

tíngzhǐ bàgōng
停止罢工
einen Streik beenden

tǐng 挺 durchhalten, standhalten

nǐ tǐng-de-zhù ma?
你挺得住吗?
kannst du standhalten?

tǐnglì 挺立 aufrecht stehen

sōngshù tǐnglì zài shānpō-shàng
松树挺立在山坡上
Kiefern halten sich aufrechtstehend am Berghang

tōng 通 jdn informieren

bù néng lái jiù tōng ge diànhuà!
不能来就通个电话!
ruf mich an, wenn du nicht kommen kannst!

tōngguò 通过 durchgehen, akzeptieren

diànliú tōngguò dǎoxiàn
电流通过导线
der elektrische Strom fließt durch die Leitung

zìxíngchē bù néng tōngguò
自行车不能通过
Fahrräder können nicht durchfahren

tōngguò xiànfǎ
通过宪法
die Verfassung annehmen

tōngjiān 通奸 fremdgehen

yǔ tā tōngjiān
与他通奸
mit ihm eine Affäre haben

tōngzhī 通知 mitteilen, informieren

mǎshàng tōngzhī tā
马上通知她
sie sofort benachrichtigen

bǎ wǒmen-de juédìng tōngzhī tā
把我们的决定通知他
ihm unseren Entschluss mitteilen

yùxiān tōngzhī
预先通知
jdn im voraus informieren

tóngqíng 同情 sympathisieren

wǒ hěn tóngqíng nǐ
我很同情你
ich bringe dir große Sympathie entgegen

tóngyì 同意 einverstanden sein, zustimmen, bewilligen

tóngyì yìjiàn
同意意见
einer Meinung sein

tóngyì zhè-xiàng jiànyì
同意这项建议
diesem Vorschlag zustimmen

tóngyì fúwù tiáokuǎn
同意服务条款
mit den Geschäftsbedingungen einverstanden sein

tǒngyī 统一 vereinigen, vereinheitlichen, einigen

tǒngyī déguó
统一德国
Deutschland vereinen

déguó bèi-tǒngyī-le
德国被统一了
Deutschland wurde vereinigt

tǒngyī xíngdòng
统一行动
Aktivitäten koordinieren

tǒngzhì 统治 regieren, herrschen

tǒngzhì fǎguó
统治法国
Frankreich regieren

tōu 偷 stehlen

tōu qián
偷钱
Geld stehlen

tóu 投 werfen, schleudern, einwerfen, zukommen lassen

tóu shǒuliúdàn
投手榴弹
eine Handgranate werfen

bǎ xìn tóu-jìn xìnxiāng
把信投进信箱
einen Brief in den Briefkasten werfen

tóu jiāng 投江 sich in einen Fluss stürzen (um Selbstmord zu begehen)

tiào qiáo tóu jiāng
跳桥投江
sich von einer Brücke in den Tod stürzen

tóu piào 投票 abstimmen, seine Stimme abgeben, wählen

tóupiào xuǎnjǔ
投票选举
wählen

tóuxiáng 投降 sich ergeben, kapitulieren

xiàng gōngjīzhě tóuxiáng
向攻击者投降
gegenüber dem Angreifer kapitulieren

tóuzī 投资 Kapital anlegen, investieren

tóuzī hézī qǐyè
投资合资企业
in ein Joint Venture investieren

tóuzī yì-bǎi-wàn ōuyuán
投资一百万欧元
eine Million Euro investieren

tòu 透 durchdringen, zeigen

zhè-shuāng xié tòu qì
这双鞋透气
diese Schuhe sind atmungsaktiv

tā liǎn-shàng tòu-chū xìngfú-de wēixiào
他脸上透出幸福的微笑
auf seinem Gesicht zeigt sich ein glückliches Lächeln

tòushì 透视 röntgen, sich röntgen lassen

tòushì xiǎotuǐ
透视小腿
den Unterschenkel röntgen lassen

tūchū 突出 hervorragen, betonen

tūchū-de yánshí
突出的岩石
vorspringender Fels

tā lǎo xiǎng tūchū zìjǐ
他老想突出自己
er versucht sich immer in den Vordergrund zu drängen

tú 涂 beschmieren, durchstreichen

gěi jīqì tú yóu
给机器涂油
eine Maschine ölen

tú diǎn ruǎngāo
涂点软膏
etw. Salbe auftragen

tú-diào jǐ-ge zì
涂掉几个字
einige Schriftzeichen ausstreichen

bǎ dàmén tú-chéng hóngsè
把大门涂成红色
ein Tor mit rotem Lack anstreichen

bǎ zhuōzi zài tú yí-biàn
把桌子再涂一遍
den Tisch ein zweites Mal lackieren

tǔ 吐 spucken, ausspucken

tǔ hé
吐核
Kerne ausspucken

tǔ shétou
吐舌头
die Zunge herausstrecken

qǐng wù suídì tǔtán!
请勿随地吐痰！
bitte nicht auf den Boden spucken!

tù 吐 sich übergeben, sich erbrechen

wǒ kuài yào tù-le
我快要吐了
ich muss mich gleich übergeben

tuánjié 团结 sich vereinigen, sich zusammenschließen

tuánjié jiù shì lìliang
团结就是力量
Einigkeit macht stark

tuánjù 团聚 sich wieder vereinigen, zusammenkommen

yǔ jiārén tuánjù
与家人团聚
mit der Familie zusammenkommen

tuányuán 团圆 zusammenkommen

hǎo xiǎng tuányuán
好想团圆
sehr gerne mit der Familie zusammenkommen wollen

tuī 推 drücken, schieben

tuī chē
推车
einen Wagen schieben

tuī gòuwùchē
推购物车
den Einkaufswagen schieben

bǎ mén tuī-kāi
把门推开
die Tür aufstoßen

tuīchí 推迟 hinausschieben, verzögern

tuīchí zuòchū juédìng
推迟作出决定
eine Entscheidung hinauszögern

huìyì tuīchí jǐ-tiān kāi
会议推迟几天开
die Sitzung ist um einige Tage verschoben

tuīdòng 推动 vorantreiben, fördern

tuīdòng shèhuì xiàng-qián fāzhǎn
推动社会向前发展
die Gesellschaft vorwärtsbringen

tuīfān 推翻 umstürzen, umstoßen

tuīfān zhèngquán
推翻政权
ein Regime stürzen

tuīguǎng 推广 verbreiten

tuīguǎng pǔtōnghuà
推广普通话
Hochchinesisch allgemein verbreiten

tuījiàn 推荐 empfehlen

xiàng nǐ tuījiàn yōuxiù-de wénxué zuòpǐn
向你推荐优秀的文学作品
dir ausgezeichnete literarische Werke empfehlen

tuījìn 推进 vorantreiben, fördern, jdn antreiben

tuījìn gōngzuò
推进工作
die Arbeit vorantreiben

tuīqiāo 推敲 abwägen, hin und her überlegen, immer wieder bessern und glätten

fǎnfù tuīqiāo
反复推敲
mehrmals überarbeiten

tuīxiè 推卸 etw. auf einen anderen schieben

tuīxiè zérèn
推卸责任
die Verantwortung von sich abwälzen

tuì 退 zurücktreten, zurückgeben

wǎng hòu tuì-le jǐ-bù
往后退了几步
einige Schritte zurückgetreten sein

bǎ lǐwù tuì-diào
把礼物退掉
ein Geschenk zurückgeben

tuì huò
退货
Waren zurückgeben

tuì qián
退钱
den Kaufpreis zurückerstatten

tuìxiū 退休 in den Ruhestand treten

tuìxiū-hòu xiǎngfú
退休后享福
nach der Pensionierung in Saus und Braus leben

tūn 吞 verschlingen, schlucken

tūn-xià yàowán
吞下药丸
Pillen schlucken

yì-kǒu tūn-diào
一口吞掉
etw. auf einmal hinunterschlucken

tūnbìng 吞并 annektieren, sich etw. einverleiben

qín-guó zǒng xiǎng tūnbìng qítā liù-guó
秦国总想吞并其他六国
das Reich Qin wollte immer die anderen sechs Reiche annektieren

tuō 托 auf der flachen Hand tragen, beauftragen

tuō-zhe pánzi
托着盘子
einen Teller in der Hand tragen

tuō rén mǎi yóupiào
托人买邮票
jdn beauftragen, Briefmarken zu kaufen

tuō 拖 ziehen, schleppen

huǒchētóu tuō-zhe shíjiǔ-jié chēxiāng
火车头拖着十九节车厢
die Lokomotive zieht 19 Waggons

bǎ xiāngzi cóng chuáng-dǐxia tuō-chūlai
把箱子从床底下拖出来
den Koffer unter dem Bett hervorziehen

tuō dìbǎn
拖地板
den Boden wischen

tuō 脱 abwerfen, ausziehen (Kleidung), entfliehen

tuō xié
脱鞋
Schuhe ausziehen

tuō-diào yīfu
脱掉衣服
die Kleidung ausziehen

tuō xiǎn
脱险
eine Gefahr überstehen

tuōlí 脱离 sich trennen, sich losreißen

tuōlí guānxi
脱离关系
die Beziehungen zu jdm abbrechen

bìngrén tuōlí wéixiǎn-le
病人脱离危险了
der Patient befindet sich außer Gefahr

tuó 驮 auf dem Rücken tragen

zhè-tou lǘ néng tuó liǎng-ge rén
这头驴能驮两个人
dieser Esel kann zwei Menschen tragen

W

wā 挖 ausbaggern, graben

wā jǐng
挖井
einen Brunnen graben

wā suìdào
挖隧道
einen Tunnel graben

zài qiáng-shang wā yí-ge dòng
在墙上挖一个洞
ein Loch in die Wand hacken

wāiqū 歪曲 verfälschen, verdrehen

wāiqū shìshí
歪曲事实
Tatsachen verdrehen

wāiqū zhèngzhìjiā-de yuányì
歪曲政治家的原意
die Absicht des Politikers falsch darstellen

wāiqū biéren-de huà
歪曲别人的话
die Worte anderer Leute entstellt wiedergeben

wánchéng 完成 vollenden

wánchéng rènwù
完成任务
eine Aufgabe zu Ende bringen

wán 玩 spielen, sich amüsieren

wán qiú
玩球
Ball spielen

wán yóuxì
玩游戏
ein Spiel spielen

wán pèngpèngchē
玩碰碰车
Autoscooter fahren

ài wán shātǔ
爱玩沙土
gerne mit Sand spielen

wán pái
玩牌
Karten spielen

wán gǔpiào
玩股票
am Aktienmarkt spekulieren

zài xī'ān wán wǔ-tiān
在西安玩五天
in Xi'an fünf freie Tage verbringen

wánnì-le
玩腻了
sich an etw. sattspielen

wǎn 挽 ziehen, aufrollen

shǒu wǎn-zhe shǒu
手挽着手
Arm in Arm

wǎn-qǐ xiùzi
挽起袖子
die Ärmel aufkrempeln

wǎnjiù 挽救 retten, wiedergutmachen

wǎnjiù bìngrén-de shēngmìng
挽救病人的生命
einem Patienten das Leben retten

wǎnjiù wéijú
挽救危局
eine drohende Gefahr abwenden

wàng 忘 vergessen

wàng-le tā-de míngzi
忘了他的名字
seinen Namen vergessen haben

wàng dài yàoshi
忘带钥匙
den Schlüssel vergessen

wǒ yòu wàng dài yàoshi-le
我又忘带钥匙了
ich habe wieder den Schlüssel vergessen

bǎ zhè-jiàn shì quán wàng-le
把这件事全忘了
diese Angelegenheit schon völlig vergessen haben

zhè-jiàn shì wǒ yíbèizi yě wàng-bu-liǎo
这件事我一辈子也忘不了
diesen Vorfall werde ich mein ganzes Leben lang nicht vergessen können

wàngjì 忘记 vergessen

yǒngyuǎn bú huì wàngjì
永远不会忘记
niemals etw. vergessen

wàng 望 blicken, besuchen, hoffen

yuǎn wàng
远望
weit in die Ferne blicken

kànwàng
看望
jdn besuchen

wàng huíxìn
望回信
in Erwartung Ihrer Antwort

wēixié 威胁 bedrohen

wēixié ānquán
威胁安全
die Sicherheit gefährden

wēixié hépíng
威胁和平
den Frieden bedrohen

wēixiào 微笑 lächeln

qīngqīng wēixiào
轻轻微笑
sanft lächeln

wéi 为 handeln, bedeuten

kuāndù wéi sān-mǐ
宽度为三米
die Breite beträgt 3 Meter

wéinán 为难 Schwierigkeiten machen

gùyì wéinán
故意为难
jdm absichtlich Schwierigkeiten bereiten

wéi 违 sich widersetzen, zuwiderhandeln

wéiguī
违规
gegen Regeln verstoßen

wéifǎn 违反 gegen etw. verstoßen, zuwiderhandeln

wéifǎn fǎlǜ
违反法律
ein Gesetz brechen

wéifǎn jiāotōng guīzé
违反交通规则
Verkehrsregeln übertreten

wéifǎn xíngfǎ
违反刑法
eine Straftat begehen

wéi 围 einkreisen, umzingeln

wéi-zhe tā
围着他
ihn umringen

yì-qún rén wéi-zhe yì-pǐ mǎ
一群人围着一匹马
eine Gruppe Menschen steht um ein Pferd herum

wéirǎo 围绕 sich um etw. drehen

wéirào zhōngxīn rènwu ānpái qítā gōngzuò
围绕中心任务安排其他工作
im Umfeld der zentralen Aufgabe andere Arbeiten planen

wéichí 维持 wahren, aufrechterhalten

wéichí xiànzhuàng
维持现状
den Status quo aufrechterhalten

wéichí shēnghuó
维持生活
sich seinen Lebensunterhalt verdienen

wéihù 维护 erhalten, wahren, schützen, verteidigen

wéihù lìyì
维护利益
Interessen wahren

wéihù guójiā zhǔquán
维护国家主权
die Souveränität des Staates verteidigen

wéihù gōnggòng zhìxù
维护公共秩序
die öffentliche Ordnung wahren

wěiqu 委屈 ungerecht behandeln

duì-bu-qǐ, wěiqū nǐ-le
对不起，委屈你了
es tut uns leid, Ihnen so viel Ungelegenheiten bereitet zu haben

wěituō 委托 jdn mit etw. beauftragen

wěituō fùzé zhè-xiàng gōngzuò
委托负责这项工作
ihm die Verantwortung für diese Arbeit übertragen

zhè-jiàn shì jiù wěituō nǐ-le
这件事就委托你了
ich überlasse es Ihnen

wèi 未 nicht getan haben

shàng wèi huīfù jiànkāng
尚未恢复健康
noch nicht wieder gesund sein

wèiyú 位于 liegen (geographisch)

wèiyú ōuzhōu xībù
位于欧洲西部
im Westen Europas liegen

wèi 喂 füttern

wèi yú
喂鱼
Fische füttern

wèi háizi mǔnǎi
喂孩子母奶
das Kind stillen

gěi bìngrén wèi fàn
给病人喂饭
einen Kranken füttern

wèiwèn 慰问 jdm seine Anteilnahme ausdrücken, jdm beglückwünschen

tèlái wèiwèn nǐ
特来慰问你
extra kommen, um dich zu beglückwünschen

wén 闻 hören, riechen

bǎi wén bù rú yí jiàn
百闻不如一见
einmal sehen ist besser als hundertmal hören

wénxùn
闻讯
über etw. informiert sein

wěn 吻 küssen

wǒ hé nǐ wěnbié
我和你吻别
wir küssen uns zum Abschied

wèn 问 fragen, sich nach etw. erkundigen

wèn lù
问路
nach dem Weg fragen

wèn bìngqíng
问病情
sich nach dem Zustand eines Kranken erkundigen

bù dǒng jiù wèn
不懂就问
frage, wenn du etw. nicht verstehst

bù-hǎoyìsi zài wèn
不好意思再问
sich scheuen nachzufragen

wèn tā wèishénme zhèyàng zuò
问他为什么这样做
ihn fragen, warum er so gehandelt hat

wèn yí-xià kāifàn-de shíjiān
问一下开饭的时间
sich nach den Essenszeiten erkundigen

wèn hǎo 问好 grüßen

qǐng dài wǒ xiàng nǐ fùqīn wèn hǎo!
请代我向你父亲问好！
bitte grüße deinen Vater von mir!

tā xiàng nǐ wèn hǎo
他向你问好
er lässt dich grüßen

wō 窝 verbergen

wō zāng
窝赃
Diebesgut bei sich unterbringen

wò 卧 sich hinlegen, liegen

wò zài chuáng-shàng
卧在床上
auf dem Bett liegen

wò 握 fassen, etw. in der Hand halten

jǐn wò
紧握
fest halten

wò quán
握拳
die Faust ballen

wòshǒu 握手 Hände schütteln

yǒuhǎo wòshǒu
友好握手
die Hand freundschaftlich schütteln

hé tā wòshǒu
和他握手
ihm die Hand schütteln

wūrǎn 污染 verschmutzen

wūrǎn huánjìng
污染环境
die Umwelt verschmutzen

wūrǎn kōngqì
污染空气
die Luft verschmutzen

wūmiè 诬蔑 verleumden, diffamieren

zàoyáo wūmiè
造谣诬蔑
jdm mit erfundenen Beschuldigungen verunglimpfen

wǔrǔ 侮辱 beleidigen

wùhuì 误会 missverstehen

nǐ wùhuì-le wǒ-de yìsi
你误会了我的意思
du hast mich missverstanden

wù 悟 gewahr werden, auf einmal verstehen

wù-chū qízhōng dàolǐ
悟出其中道理
nach langer Überlegung den Sinn erkennen

X

xī 吸 atmen, aufsaugen

shēnshēn-de xī yì-kǒu qì
深深地吸一口气
einmal tief einatmen

xī dú
吸毒
Rauschgift nehmen

xī chén
吸尘
staubsaugen

xīqǔ 吸取 aufsaugen

xīqǔ shuǐfèn
吸取水分
Feuchtigkeit aufsaugen

xīqǔ jīnghuá
吸取精华
die Quintessenz aus etw. ziehen

xīqǔ jiàoxun
吸取教训
eine Lehre ziehen

xīqǔ yíngyǎng
吸取营养
Nährstoffe in sich aufnehmen

xīshōu 吸收 in sich aufnehmen, absorbieren

xīshōu zhīshi
吸收知识
sich Kenntnisse aneignen

xīshōu wénhuà zhīshi
吸收文化知识
das kulturelle Wissen übernehmen

xīshōu zhèngquè-de yìjiàn
吸收正确的意见
richtige Ratschläge annehmen

xīshōu yǎngfèn
吸收养分
Nährstoffe absorbieren

xīyān 吸烟 rauchen

xīyān yǒuhài jiànkāng
吸烟有害健康
Rauchen ist gesundheitsschädlich

xīyǐn 吸引 anziehen, faszinieren, fesseln

xīyǐn zhùyìlì
吸引注意力
die Aufmerksamkeit auf sich ziehen

bǎ ..... xīyǐn-guòlai
把 ..... 吸引过来
etw. auf sich lenken

bèi ..... xīyǐn-zhù-le
被 ..... 吸引住了
von etw. fasziniert sein

tā-de fāyán hěn xīyǐn rén
他的发言很吸引人
seine Worte sind sehr fesselnd

xīwàng 希望 hoffen, wünschen

xīwàng jīntiān bù xià yǔ
希望今天不下雨
hoffentlich regnet es heute nicht

xīwàng nǐ néng xǐhuan zhèr
希望你能喜欢这儿
hoffentlich gefällt es dir hier

xīshēng 牺牲 opfern

xīshēng gèrén lìyì
牺牲个人利益
seine persönlichen Interessen opfern

zài zhàndòu-zhōng xīshēng
在战斗中牺牲
im Kampf fallen

xí 习 üben, vertraut sein

fù xí
复习
(etw. Gelerntes) wiederholen

xíguàn 习惯 sich anpassen, sich an etw. gewöhnen

..... xíguàn-le jiù hǎo-le
..... 习惯了就好了
sich mit der Zeit an ..... gewöhnen

duì xīn-gōngzuò yǐjīng xíguàn-le
对新工作已经习惯了
sich an die neue Arbeit bereits gewöhnt haben

zhèyàng shēnghuó wǒ shízài bù xíguàn
这样生活我实在不习惯
ich kann mich auf ein solches Leben einfach nicht umstellen

xǐ 洗 waschen, taufen, entwickeln

xǐ chē
洗车
Auto waschen

xǐ gānjìng
洗干净
etw. sauber waschen

xǐ tóu
洗头
Haare waschen

xǐ liǎn
洗脸
Gesicht waschen

xǐ shǒu
洗手
Hände waschen

xǐ zǎo
洗澡
baden, duschen

xǐ lěngshuǐ zǎo
洗冷水澡
sich kalt duschen

xǐ zhàopiàn
洗照片
Fotos entwickeln

xǐhuan 喜欢 mögen, gern haben

xǐhuan chī chuān cài
喜欢吃川菜
Sichuan-Küche gerne essen

hěn xǐhuan kàn diànyǐng
很喜欢看电影
sehr gerne Kinofilme anschauen

gèng-xǐhuan dǎ májiàng
更喜欢打麻将
lieber Mahjong spielen

zuì-xǐhuan mànpǎo
最喜欢慢跑
am liebsten joggen

zuì bù xǐhuan chànggē
最不喜欢唱歌
Singen verabscheuen

xià 下 sich von oben nach unten bewegen, aussteigen, herabfallen, erlassen, sich eine Meinung/ein Urteil bilden, einsetzen, setzen

xià shān
下山
absteigen

xià fēijī
下飞机
von Bord eines Flugzeugs gehen

xià chē
下车
aus einem Wagen steigen

xià-zhàn xià chē
下站下车
an der nächsten Haltestelle aussteigen

xià chuáng
下床
aus dem Bett aufstehen

xià lóu
下楼
Treppen/Stockwerke abwärts gehen

xià yǔ
下雨
regnen

xià mìnglìng
下命令
einen Befehl erteilen

xià juéxīn
下决心
einen Entschluss fassen

xià dìngyì
下定义
eine Definition geben

xià gǎng
下岗
die Anstellung bei einer Firma behalten, aber keine Arbeit haben und geringeren Lohn erhalten

xià gōngfu
下工夫
viel Energie und Zeit in etw. stecken

xià lìqi
下力气
große Anstrengungen machen

xià qí
下棋
Schach spielen

xià xiàngqí
下象棋
Schach spielen

xiàjiàng 下降 sinken, fallen

fēijī kāishǐ xiàjiàng
飞机开始下降
das Flugzeug beginnt zu sinken

qìwēn míngxiǎn xiàjiàng
气温明显下降
die Lufttemperatur ist merklich gesunken

jiàgé píngjūn xiàjiàng bǎi-fēn-zhī-èrshí
价格平均下降百分之二十
die Preise wurden durchschnittlich um 20 Prozent herabgesetzt

chūshēnglǜ kāishǐ xiàjiàng
出生率开始下降
die Geburtenrate beginnt rückläufig zu werden

hóngshuǐ xiàjiàng-le yì-mǐ
洪水下降了一米
das Hochwasser ist um einen Meter gefallen

xià kè 下课 den Unterricht beenden

xiànzài xià kè
现在下课
die Unterrichtsstunde ist zu Ende

xià kè-yǐhòu cái qù hē kāfēi
下课以后才去喝咖啡
erst nach Unterrichtsende Kaffeetrinken gehen

xiàlái 下来 herunterkommen

kuài xiàlái
快下来
komm schnell runter

xià-bu-lái
下不来
nicht herunterkommen können

tā-de tǐwēn xià-bu-lái
他的体温下不来
seine Temperatur ist immer noch nicht gesunken

xiàqù 下去 hinuntergehen, mit einer Tätigkeit fortfahren

xiàqù kànkàn
下去看看
hinuntergehen und nachsehen

zhèyàng xiàqù
这样下去
so weitermachen

xiàtái 下台 von der Bühne abtreten, abdanken, entlassen

bèi-gǎn xiàtái
被赶下台
gestürzt werden

xià 吓 erschrecken, erschrocken sein

xià yí-tiào
吓一跳
einen Schreck bekommen

xià-sǐ
吓死
zu Tode erschrecken

zhè-zhǒng kùnnan xià-bu-dǎo wǒ
这种困难吓不倒我
derartige Schwierigkeiten können mich nicht abschrecken

xiánliáo 闲聊 plaudern

xiánliáo guòqù
闲聊过去
über vergangene Zeiten plaudern

xián 嫌 verabscheuen, verdächtigen

xián máfán
嫌麻烦
etw. lästig finden

wǒmen dōu xián tā-de píqi tài jí
我们都嫌他的脾气太急
wird sind alle von seinem Jähzorn genervt

nǐ bù xián wǒ zài zhèlǐ chōuyān ba?
你不嫌我在这里抽烟吧?
es macht dir doch nichts aus, wenn ich hier rauche?

xiǎn 显 zeigen, aussehen

shēnsè yīfu bù xiǎn zāng
深色衣服不显脏
auf dunkler Kleidung fällt Schmutz nicht auf

xiǎnde 显得 scheinen, aussehen

wǒ zhēn-de xiǎnde nàme niánqīng ma?
我真的显得那么年轻吗?
sehe ich wirklich so jung aus?

tā xiǎnde yǒu yì-diǎn jǐnzhāng
他显得有一点紧张
er scheint ein bisschen nervös zu sein

nǐ lǐfà-hòu xiǎnde hěn jīngshen
你理发后显得很精神
du schaust gut aus nach dem Haarschnitt

wūzi zhème yī bùzhì, xiǎnde kuānchǎng duō-le
屋子这么一布置，显得宽敞多了
wenn das Zimmer so eingerichtet ist, sieht es sehr viel geräumiger aus

xiǎnshì 显示 zeigen, demonstrieren

xiǎnshì tèdiǎn
显示特点
Besonderheiten zur Schau stellen

xiǎnshì zìjǐ-de yōudiǎn
显示自己的优点
seine eigenen Vorteile zur Schau stellen

xiǎnshì wēifēng
显示威风
seine Stärke demonstrieren

xiǎnshì lìliang
显示力量
seine Macht demonstrieren

xiǎnshì géshì
显示格式
die Formatierung anzeigen

xiàndàihuà 现代化 modernisieren

shǐ jūnduì xiàndàihuà
使军队现代化
die Armee modernisieren

xiànzhì 限制 einschränken, limitieren

xiànzhì shùliàng
限制数量
die Quantität begrenzen

xiànzhì fāyán shíjiān
限制发言时间
die Redezeit beschränken

xiànzhì zài bìyào-de fànwéi-nèi
限制在必要的范围内
etw. auf seinen notwendigen Umfang beschränken

xiànhài 陷害 jdm eine Falle stellen, gegen jdn intrigieren

xiànhài hǎorén
陷害好人
unschuldige Menschen fälschlich beschuldigen

xiànmù 羡慕 beneiden

zhēn xiànmù nǐ
真羡慕你
ich beneide dich wirklich

lìng rén xiànmù
令人羡慕
beneidenswert

xiànmù tā-de chéngjiù
羡慕他的成就
ihn um seine Erfolge beneiden

xiàn 献 zeigen, darbieten, abgeben

jìng xiàn huāquān
敬献花圈
einen Kranz niederlegen

xiàng kèrén xiàn huā
向客人献花
den Gästen Blumen überreichen

xiàn gěi wǒ-de jiàoshòu
献给我的教授
meinem Professor gewidmet

xiàn xuè
献血
Blut spenden

xiāngbǐ 相比 vergleichen

yǔ ..... xiāngbǐ
与 ..... 相比
verglichen mit .....

gēn .... xiāngbǐ
跟 ..... 相比
verglichen mit .....

hé ..... xiāngbǐ
和 ..... 相比
verglichen mit .....

xiāngxìn 相信 vertrauen, glauben, von etw. überzeugt sein

xiāngxìn zhēnlǐ
相信真理
an die Wahrheit glauben

bù xiāngxìn huàirén-de chányán
不相信坏人的谗言
den Verleumdungen schlechter Menschen nicht glauben

xiáng 降 sich ergeben, besiegen

xiáng yāo chú mó
降妖除魔
böse Geister vertreiben

xiǎngshòu 享受 genießen, sich an einer Sache erfreuen

xiǎngshòu gōngfèi yīliáo
享受公费医疗
kostenlose ärztliche Betreuung genießen

xiǎngshòu yí-dùn fēngshèng-de jiérì dàcān
享受一顿丰盛的节日大餐
ein opulentes Festtagsmahl genießen

xiǎngyǒu 享有 sich (eines Privilegs oder eines besonderen Ansehens) erfreuen, genießen

guǎngdōngcài zài guó-nèi-wài xiǎngyǒu shēngyù
广东菜在国内外享有声誉
die kantonesische Küche genießt im In- und Ausland Ansehen

xiǎngyǒu píngděng-de quánlì
享有平等的权利
gleichberechtigt sein

xiǎngyǒu hěn gāo-de wēiwàng
享有很高的威望
sich hohen Ansehens erfreuen

xiǎngyǒu shèngmíng
享有盛名
weit und breit einen guten Ruf genießen

xiǎng 响 ertönen

diànhuà xiǎng-le
电话响了
das Telefon hat geklingelt

nàozhōng xiǎng-le
闹钟响了
der Wecker hat geklingelt

yángshēngqì bù xiǎng-le
扬声器不响了
der Lautsprecher funktioniert nicht mehr

xiǎngyìng 响应 reagieren, antworten

xiǎng 想 denken, glauben, annehmen, wollen, möchten

xiǎng wèntí
想问题
über eine Frage nachdenken

xiǎng-de zhēn zhōudào
想得真周到
an alles gedacht haben

xiǎng-le bàntiān
想了半天
eine halbe Ewigkeit überlegen

xiǎng bànfǎ
想办法
eine Lösung suchen

ràng wǒ xiǎng yi xiǎng
让我想一想
lass mich mal nachdenken

wǒ xiǎng-chūlái-le
我想出来了
ich hab's

xiǎng-bu-dào nǐ lái-le
想不到你来了
ich hätte nicht gedacht, dass du kommen würdest

xiǎng-bu-dào-de shì
想不到的事
eine unvorhergesehene Angelegenheit

wǒ xiǎng tā jīntiān bú huì lái
我想他今天不会来
ich glaube, dass er heute nicht kommt

wǒ xiǎng wǒ gāi zǒu-le
我想我该走了
ich denke, dass ich jetzt gehen sollte

xiǎng kàn zúqiúsài
想看足球赛
das Fußballspiel anschauen wollen

wǒ yě xiǎng shìshi
我也想试试
ich möchte es auch mal versuchen

wǒ hěn xiǎng nǐ
我很想你
ich vermisse dich sehr

yǒu diǎnr xiǎng jiā-le
有点儿想家了
ein bisschen Heimweh haben

wǒ cóng zǎo dào wǎn dōu zài xiǎng nǐ
我从早到晚都在想你
ich denke von früh bis spät an dich

wǒ xiǎng nǐ xiǎng-de bù néng zìbá
我想你想得不能自拔
ich kann dich nicht aus dem Kopf kriegen

wǒ hái xiǎng lái yì-huí
我还想来一回
ich möchte noch einmal

xiǎng-dào 想到 an etw./jdn denken

hūrán xiǎng-dào yí-jiàn shì
忽然想到一件事
sich plötzlich an eine Sache erinnern

wǒmen méi xiǎng-dào nǐ huì lái
我们没想到你会来
wir haben mit deinem Kommen nicht gerechnet

jué méi xiǎng-dào
绝没想到
nie auf etw. gekommen sein

xiǎngniàn 想念 denken an, vermissen

hěn xiǎngniàn lǎoyé
很想念老爷
den Opa sehr vermissen

xiǎngxiàng 想像 sich etw. vorstellen

nányǐ xiǎngxiàng
难以想像
schwer vorzustellen

xiǎngxiàng-bú-dào-de kùnnan
想像不到的困难
unvorstellbare Schwierigkeiten

xiǎngxiàng-bú-dào-de sǔnhài
想像不到的损害
unvorstellbare Schäden

xiàng 象 nachahmen, ähneln, aussehen, als ob .....; scheinen

xiàng tā māma
象他妈妈
seiner Mutter ähneln

jiěmèi zhǎng-de hěn xiàng
姐妹长得很象
die Schwestern ähneln sich sehr

xiàng wǒ yíyàng
象我一样
so wie ich

xiàng yào xià yǔ-le
象要下雨了
es sieht nach Regen aus

xiàng shì yǒu-rén zài qiāo mén
象是有人在敲门
es hört sich an, als ob jemand an die Tür klopft

nǐ-de tóufǎ lǐ-de xiàng gǒu kěn-guò shìde
你的头发理得象狗啃过似的
deine Frisur sieht richtig übel aus

xiàngzhēng 象征 symbolisieren

chī yuánxiāo xiàngzhēng tuányuán
吃元宵象征团圆
das Essen von süßen Reisklößchen symbolisiert Zusammensein

liándāo fǔtou xiàngzhēng gōngrén nóngmín
镰刀斧头象征工人农民
Hammer und Sichel symbolisieren die Arbeiter- und Bauernschaft

biānfú xiàngzhēng hǎoyùn
蝙蝠象征好运
die Fledermaus symbolisiert Glück

xiàng 像 so tun als ob (siehe 象 xiàng)

xiāo 削 etw. mit einem Messer schälen, schnitzen

xiāo píngguǒ
削苹果
einen Apfel schälen

xiāo 消 verschwinden, zerstreuen, brauchen

tā-de qì xiāo-le
他的气消了
sein Ärger hat sich gelegt

xiāochú 消除 überwinden, beheben

xiāochú fēnqí
消除分歧
Meinungsverschiedenheiten beseitigen

xiāochú huáiyí
消除怀疑
Zweifel beseitigen

xiāochú piānjiàn
消除偏见
Vorurteile aus der Welt schaffen

xiāochú wùhuì
消除误会
ein Missverständnis aufklären

xiāofèi 消费 verbrauchen, konsumieren

tòngkuài xiāofèi
痛快消费
ausgelassen Geld ausgeben

xiāohuà 消化 etw. verdauen, etw. verarbeiten

xiāohuà-bu-liao
消化不了
etw. nicht verdauen können

xiāohuà suǒ-xué-de dōngxi
消化所学的东西
das Gelernte verdauen

xiāomiè 消灭 abschaffen, vernichten, untergehen

xiāomiè zuìhòu liǎng-ge bāozi
消灭最后两个包子
die letzten beiden Baozi vernichten

xiāoshī 消失 verschwinden

xiāoshī zài nóngwù-zhōng
消失在浓雾中
im dichten Nebel verschwinden

xiāoshī zài rénqún-zhōng
消失在人群中
im Gedränge verlorengehen

xiāo 销 schmelzen, annullieren, verkaufen

xiāo hùkǒu
销户口
sich beim Einwohnermeldeamt abmelden

zhì xiāo
滞销
sich schwer verkaufen lassen

chàng xiāo
畅销
sich gut verkaufen lassen

xiāohuǐ 销毁 zerstören, vernichten

xiāohuǐ zuìzhèng
销毁罪证
belastende Beweisstücke beseitigen

xiāohuǐ héwǔqì
销毁核武器
nukleare Waffen vernichten

xiǎobiàn 小便 pinkeln, urinieren

xiǎode 晓得 wissen

tiān xiǎode!
天晓得！
das weiß der liebe Gott!

xiào 笑 lachen

dà xiào
大笑
laut lachen

xiē 歇 Pause machen

xiē yíhuìr
歇一会儿
eine kurze Pause machen

xiédìng 协定 vereinbaren, ein Abkommen treffen

xiédìng tiáojiàn
协定条件
Bedingungen vereinbaren

xiédài 携带 mitnehmen, mitbringen

xiédài fāngbiàn
携带方便
leicht zu tragen

zhè-xiē dōngxi hěn bènzhòng, xiédài bù fāngbiàn
这些东西很笨重，携带不方便
diese Sachen sind sehr unhandlich und schwer zu tragen

suíshēn xiédài-de wùpǐn
随身携带的物品
Handgepäck

měi-rén kě xiédài xínglǐ èrshí-duō gōngjīn
每人可携带行李二十多公斤
jeder kann Gepäck im Gewicht von 20 kg mitnehmen

xiě 写 schreiben

xiě zì
写字
(Zeichen) schreiben

yòng ..... xiě zì
用 ..... 写字
mit ..... schreiben

yòng máobǐ xiě zì
用毛笔写字
mit Pinsel schreiben

zhè-zhī bǐ bù hǎo xiě
这只笔不好写
dieser Stift schreibt nicht gut

mén-shàng xiě-zhe
门上写着
an der Tür steht geschrieben

xiě shī
写诗
Gedichte schreiben

xiě rìjì
写日记
ein Tagebuch schreiben

xiě bóshì lùnwén
写博士论文
eine Doktorarbeit schreiben

xiě kēxué lùnwén
写科学论文
eine wissenschaftliche Abhandlung verfassen

xiěshēng 写生 nach der Natur skizzieren

shìwài xiěshēng
室外写生
draußen die Natur malen

xiè 卸 ausladen, entladen, demontieren, freimachen

xiè chē
卸车
einen Wagen ausladen

xiè língjiàn
卸零件
Maschinenteile abbauen

bǎ mén xiè-xiàlai
把门卸下来
eine Tür aus den Angeln heben

xiè dànzi
卸担子
eine Last ablegen

xiè 谢 danken, sich bedanken

xiè-le yòu xiè
谢了又谢
immer wieder danken

duō xiè
多谢
vielmals danken

xièxie 谢谢 danken

xièxie nǐ bāngmáng!
谢谢你帮忙！
danke für deine Hilfe!

xièxie nǐ lái!
谢谢你来！
schön, dass du gekommen bist!

xīnshǎng 欣赏 genießen, bewundern

xīnshǎng měilì-de fēngjǐng
欣赏美丽的风景
die schöne Landschaft genießen

xīnshǎng yīnyuè
欣赏音乐
Musik genießen

hěn xīnshǎng tā
很欣赏他
ihn sehr bewundern

xìn 信 glauben an, vertrauen, gläubig sein

xìn bú xìn yóu nǐ
信不信由你
es steht dir frei, daran zu glauben oder nicht

xìn jiào
信教
sich zu einem Glauben bekennen

xìn fó
信佛
gläubiger Buddhist sein

xìnrèn 信任 vertrauen

xíng 行 gehen, sich fortbewegen, in Ordnung sein

zài yóujú-lǐmiàn chōuyān bù xíng
在邮局里面抽烟不行
man darf auf der Post nicht rauchen

....., xíng ma?
....., 行吗?
....., geht das?

xíngchéng 形成 formen, Gestalt annehmen

xíngchéng xiānmíng-de duìbǐ
形成鲜明的对比
einen scharfen Kontrast bilden

xíngchéng yí-ge liánméng
形成一个联盟
ein Bündnis bilden

zài jǐ-shí-nián shēnghuó-zhōng xíngchéng-de xìnggé
在几十年生活中形成的性格
durch Lebensjahrzehnte geformter Charakter

xíngchéng fēngqì
形成风气
zum Trend werden

yí-ge jīngjì gāocháo zhèngzài xíngchéng
一个经济高潮正在形成
ein wirtschaftlicher Aufschwung zeichnet sich gerade ab

xíngchéng-le zìjǐ-de fēnggé
形成了自己的风格
einen eigenen Stil entwickelt haben

xíngchéng shēngdòng huópo-de zhèngzhì júmiàn
形成生动活泼的政治局面
eine lebhafte politische Situation schaffen

xíngróng 形容 beschreiben

nányǐ xíngróng
难以形容
unbeschreiblich

xǐng 醒 aufwachen, erwachen

tā xǐng guòlai-le
他醒过来了
er ist wieder zu Bewusstsein gekommen

tā hái xǐng-zhe ne
他还醒着呢
er ist noch hellwach

xìng 姓 mit Familiennamen heißen

tā xìng wú
她姓吴
sie heißt mit Familiennamen Wu

xiū 休 sich ausruhen

zài jiā-lǐ xiū yi xiū
在家里休一休
sich daheim ausruhen

xiūjià 休假 Urlaub machen, im Urlaub sein

xiū liǎng-ge xīngqī-de jià
休两个星期的假
zwei Wochen Urlaub machen

xiū wǔ dào bā-tiān-de jiàqī
休五到八天的假期
5 bis 8 Tage Urlaub nehmen

xiūjià yì-zhōu
休假一周
eine Woche Urlaub haben

xiūxi 休息 sich ausruhen

xiūxi yí-xià, chī diǎn dōngxi
休息一下，吃点东西
eine Pause machen und eine kleine Stärkung zu sich nehmen

xiūxi yíhuìr
休息一会儿
ein bisschen ausruhen

xiūxi yì-tiān
休息一天
einen Tag frei haben

xiū 修 reparieren, bauen, anlegen, stutzen, schneiden

xiū lù
修路
Strassen ausbessern

xiū zìxíngchē
修自行车
Fahrrad reparieren (lassen)

xiū xié
修鞋
Schuhe reparieren (lassen)

xiū shuǐkù
修水库
einen Stausee bauen

xiū tiělù
修铁路
eine Eisenbahnlinie anlegen

xiū zhǐjiǎ
修指甲
die Fingernägel schneiden

xiūgǎi 修改 verbessern, korrigieren, abändern

xiūgǎi jìhuà
修改计划
einen Plan abändern

xiūgǎi xiànfǎ
修改宪法
die Verfassung ändern

xiūjiàn 修建 bauen, aufbauen

xiūjiàn jīchǎng
修建机场
einen Flughafen bauen

xiūjiàn jì'niànbēi
修建纪念碑
ein Denkmal errichten

xiūjiàn qiáoliáng
修建桥梁
eine Brücke bauen

xiūlǐ 修理 reparieren

xiūlǐ jīqì
修理机器
eine Maschine reparieren

xiūlǐ yí-jià hángtiān fēijī
修理一架航天飞机
eine Raumfähre reparieren

zhèng zài xiūlǐ
正在修理
gerade in Reparatur sein

xiūshì 修饰 schmücken, dekorieren, verzieren

xiūshì kètīng
修饰客厅
das Wohnzimmer dekorieren

xiù 绣 sticken

xiù huā
绣花
(mit Blumen) besticken

xūyào 须要 müssen, brauchen

zuò zhè-xiàng gōngzuò xūyào xìxīn
做这项工作须要细心
diese Arbeit erfordert große Sorgfalt

jiàoyù értóng xūyào nàixīn
教育儿童须要耐心
bei der Erziehung von Kindern braucht man Geduld

xūyào 需要 brauchen, etw. nötig haben

xūyào zhùyuàn
需要住院
ins Krankenhaus eingeliefert werden müssen

wūlóngchá bù xūyào chōngfèn fāxiào
乌龙茶不需要充分发酵
Oolong-Tee bedarf keiner völligen Fermentation

zhè-suǒ fángzi xūyào xiūlǐ
这所房子需要修理
dieses Haus ist reparaturbedürftig

zhè-zhǒng qíngkuàng xūyào lìjí cǎiqǔ cuòshī
这种情况需要立即采取措施
in diesem Fall sind Sofortmaßnahmen erforderlich

..... xūyào hěn cháng shíjiān
..... 需要很长时间
für etw. sehr lange Zeit brauchen

xǔ 许 versprechen, erlauben

zhè-xiàng rènwù bù xǔ tuōyán
这项任务不许拖延
diese Aufgabe darf nicht aufgeschoben werden

xǔnuò 许诺 jdm etw. versprechen, jdm etw. versichern

tā xǔnuò-guo wǒ yì-zhāng piào
他许诺过我一张票
er hat mir eine Eintrittskarte versprochen

xǔnuò bāngzhù
许诺帮助
Hilfe zusichern

xù 叙 sprechen, beurteilen

xù jiācháng
叙家常
über Familienangelegenheiten plaudern

xùshù 叙述 erzählen

xùshù guòqù
叙述过去
die Vergangenheit erzählen

xù 续 fortführen, hinzufügen

gǎnkuài xù shuǐ
赶快续水
schnell Wasser nachschütten

xuān 宣 verkünden

xuān zhàn
宣战
den Krieg erklären

xuānbù 宣布 verkünden, bekanntmachen

xuānbù dúlì
宣布独立
die Unabhängigkeit erklären

xuānbù wú xiào
宣布无效
etw. für ungültig erklären

xuānbù kǎoshì jiéguǒ
宣布考试结果
das Ergebnis einer Prüfung bekannt geben

xuán 旋 drehen, kreisen

xuán zài kōngzhōng
旋在空中
sich in der Luft drehen

xuánzhuǎn 旋转 kreisen, rotieren

dìqiú wéirào-zhe tàiyáng xuánzhuǎn
地球围绕着太阳旋转
der Erdball dreht sich um die Sonne

shùn shízhēn fāngxiàng xuánzhuǎn
顺时针方向旋转
sich im Uhrzeigersinn drehen

nì shízhēn fāngxiàng xuánzhuǎn
逆时针方向旋转
sich gegen den Uhrzeigersinn drehen

xuánzhuǎn yì-bǎi-bā-shí-dù
旋转一百八十度
eine Wendung um 180 Grad machen

xuǎn 选 wählen

xuǎn tā dāng bānzhǎng
选他当班长
ihn zum Klassensprecher wählen

xuǎn tā wéi gōngsī dàibiǎo
选他为公司代表
ihn als Vertreter der Firma auswählen

xuǎnjǔ 选举 politisch wählen

zhíjiē xuǎnjǔ
直接选举
direkt wählen

jiànjiē xuǎnjǔ
间接选举
indirekt wählen

wú-jìmíng tóupiào xuǎnjǔ
无记名投票选举
durch geheime Abstimmung wählen

xuǎnzé 选择 auswählen

xuǎnzé rìqī
选择日期
einen Termin festsetzen

xuǎnzé duìxiàng
选择对象
einen Ehepartner auswählen

xuǎnzé zìtǐ
选择字体
eine Schriftart auswählen

xuē 削 schneiden, schälen

xuēfà wéi ní
削发为尼
sich die Haare scheren lassen und buddhistische Nonne werden

xuē jià
削价
die Preise senken

xuēruò 削弱 schwächen, entkräften

xuèruò dírén-de lìliang
削弱敌人的力量
den Feind schwächen

xué 学 lernen, studieren

xué wénhuà
学文化
Bildung erwerben

xué wàiyǔ
学外语
Fremdsprachen lernen

xué chē
学车
Autofahren lernen

gēn fǎguórén xué fǎyǔ
跟法国人学法语
von Franzosen Französisch lernen

xué-dào-le
学到了
etw. erlernt haben

xué-huì-le
学会了
etw. erlernt haben

xuéxí 学习 lernen, studieren

xuéxí biéren-de chángchù
学习别人的长处
von den Stärken anderer lernen

yǐ ..... wèi xuéxí-de bǎngyàng
以 ..... 为学习的榜样
sich jdm./etw. als Vorbild nehmen

zài yóuyǒng-zhōng xuéxí yóuyǒng
在游泳中学习游泳
das Schwimmen beim Schwimmen lernen

xún 寻 suchen, auf der Suche sein

xún bǎo
寻宝
nach Schätzen suchen

xúnzhǎo 寻找 suchen

xúnzhǎo jièkǒu
寻找借口
nach einer Ausrede suchen

xúnzhǎo yīkào
寻找依靠
Halt suchen

xùn 讯 fragen, verhören

shēn xùn
深讯
sich nach etw. erkundigen

xùnwèn 讯问 verhören, vernehmen, fragen

xùnwèn bèigàorén
讯问被告人
den Angeklagten vernehmen

xùnwèn yuányīn
讯问原因
nach dem Grund fragen

xùn 训 lehren, mahnen

xùn tā yí-dùn
训他一顿
ihm eine Lehre erteilen

xùnliàn 训练 trainieren, einüben

xùnliàn bùduì
训练部队
Truppen ausbilden

Y

yā 压 drücken, pressen, etw. unter Kontrolle bringen

yòng shítou yā-zhù dìtú
用石头压住地图
eine Landkarte mit Steinen beschweren

hē diǎn rèshuǐ bǎ késòu yā yi yā
喝点热水把咳嗽压一压
ein bisschen warmes Wasser trinken, um den Husten zu lindern

..... yā-bu-kuǎ wǒmen
..... 压不垮我们
uns kann jd/etw. nicht entmutigen

yāpò 压迫 unterdrücken

yāpò yánlùn zìyóu
压迫言论自由
die Rede- und Meinungsfreiheit unterdrücken

yāzhì 压制 auf jdn Druck ausüben, etw./jdn unterdrücken

yāzhì xīnwén zìyóu
压制新闻自由
die Pressefreiheit unterdrücken

yāzhì kǒngbùzhǔyì
压制恐怖主义
den Terrorismus unterdrücken

yā 押 geleiten, eskortieren, verhaften

yā xínglǐ
押行李
Gepäck begleiten

bǎ xiǎotōu yā-dào pàichūsuǒ
把小偷押到派出所
einen Dieb ins Polizeirevier überführen

yān 淹 überschwemmen

tiándì bèi shuǐ yān-le
田地被水淹了
die Felder wurden vom Hochwasser überschwemmt

yán 延 verlängern, verschieben

yán hùzhào
延护照
den Reisepass verlängern

yáncháng 延长 verlängern

yáncháng qiānzhèng
延长签证
Visum verlängern

yáncháng tuìxiū niánlíng
延长退休年龄
das Rentenalter verschieben

shūyóuguǎn yáncháng-le sān-bǎi-gōnglǐ
输油管延长了三百公里
die Pipeline wurde um 300 km verlängert

huìyì yáncháng-le sān-tiān
会议延长了三天
das Meeting wurde um drei Tage verlängert

yánjiū 研究 forschen, prüfen, beraten

yánjiū biānfú
研究蝙蝠
Fledermäuse erforschen

yánjiū liǎng-sān-ge wèntí
研究两三个问题
zwei, drei Probleme behandeln

yǎn 掩 zuhalten, bedecken, schließen

yǎn bí ér guò
掩鼻而过
mit zugehaltener Nase vorbeigehen

yǎn kǒu ér xiào
掩口而笑
hinter vorgehaltener Hand lachen

yǎn 演 spielen, vorführen

yǎn zhǔjué
演主角
die Hauptrolle spielen

yǎn diànyǐng
演电影
einen Film vorführen

yǎn sān-chǎng
演三场
drei Vorstellungen geben

yǎnchū 演出 aufführen

dēngtái yǎnchū
登台演出
einen Bühnenauftritt haben

yàn 验 prüfen

yàn hùzhào
验护照
den Pass kontrollieren

yáng 扬 aufheben, verbreiten

yángqǐ huīchén
扬起灰尘
Staub aufwirbeln

yǎng 养 ernähren, züchten, pflegen

yǎng jiā
养家
eine Familie ernähren

yǎng gǒu
养狗
Hunde halten

yǎng zhū
养猪
Schweine züchten

yǎng dòngwù
养动物
Tiere halten

yǎng-hǎo shēntǐ
养好身体
nach Erholung wieder zu Kräften kommen

yǎng shāng
养伤
von einer Verletzung genesen

yǎngchéng 养成 kultivieren, pflegen

yǎngchéng liánghǎo-de xíguàn
养成良好的习惯
gute Gewohnheiten pflegen

yǎnghuo 养活 ernähren, großziehen

yǎnghuo yì-jiārén
养活一家人
eine Familie ernähren

yāoqiú 要求 verlangen, fordern

yán'gé yāoqiú zìjǐ
严格要求自己
strenge Anforderungen an sich stellen

yāoqiú péicháng
要求赔偿
Wiedergutmachung verlangen

yāoqǐng 邀请 einladen

xièxie nǐ yāoqǐng wǒ
谢谢你邀请我
danke, dass Sie mich eingeladen haben

yáo 摇 schütteln, schwenken

yáo líng
摇铃
eine Glocke läuten

yáo qí
摇旗
eine Fahne schwingen

yáo tóu
摇头
mit dem Kopf schütteln

yáo wěiba
摇尾巴
mit dem Schwanz wedeln

yǎo 咬 beißen, bellen, beschuldigen

yǎo-bu-dòng
咬不动
zu hart zum Beißen sein

yǎo-le yì-kǒu
咬了一口
in etw. hineinbeißen

gǒu yǎo xiǎotōu
狗咬小偷
der Hund beißt den Dieb

yǎo zì qīngchu
咬字清楚
deutlich sprechen

yǎo ěrduo
咬耳朵
heimliche Gespräche führen

yào 要 etw. haben wollen, bitten, lassen, mögen, wünschen, müssen, sollen, werden, brauchen

zhè-shuāng xié wǒ hái yào ne
这双鞋我还要呢
dieses Paar Schuhe will ich noch behalten

shéi méi yǒu piào, xiàng tā yào
谁没有票，向他要
wer keine Eintrittskarte hat, soll sich an ihn wenden

tā yào wǒ gàosu nǐ, ...
他要我告诉你， .....
er lässt dir von mir ausrichten, dass .....

yào jiàn zhǔrèn
要见主任
den Direktor zu sprechen wünschen

wǒ hái yǒu jǐ-jù huà yào shuō
我还有几句话要说
ich möchte noch ein paar Worte mehr sagen

dàjiā yào xiǎoxīn
大家要小心
alle müssen aufpassen

yào xià yǔ-le
要下雨了
es wird regnen

zhè-xiàng rènwù yào shí-tiān cái néng wánchéng
这项任务要十天才能完成
für die Erledigung dieser Aufgabe braucht man 10 Tage

láihuí zhǐ yào yí-ge xīngqī
来回只要一个星期
die Hin- und Rückreise nimmt nur eine Woche in Anspruch

yào-bu-liao zhème duō rén
要不了这么多人
nicht so viele Leute benötigen

yào ... le 要 ... 了 im Begriff sein, etw. zu tun

tā yào shàngbān-le
他要上班了
er geht gleich in die Arbeit

wǒ yào lā kùzi-le
我要拉裤子了
ich mache mir gleich in die Hose

yīkào 依靠 sich verlassen, stützen

yīkào zìjǐ-de lìliang
依靠自己的力量
sich auf die eigene Kraft verlassen

yí 移 bewegen, wegrücken

yí yí-xià
移一下
etw. wegrücken

yíxīn 疑心 verdächtigen, bezweifeln

yíxīn tārén
疑心他人
andere verdächtigen

yǐwéi 以为 glauben, meinen, denken

wǒ hái yǐwéi shì tā ne
我还以为是她呢
ich glaubte, sie sei es

bié yǐwéi .....
别以为 .....
glaube nicht, dass .....

yǐ ... wéi ... 以 ... 为... mit ... als ..., betrachten als ...

zài mǔxìshèhuì, rénmen yào yǐ mǔqīn-de xìng wéi xìng
在母系社会，人们要以母亲的姓为姓
im Matriarchat nimmt man den Nachnamen der Mutter als Nachnamen (für die Kinder)

yǐ dàmǐ wéi zhǔshí
以大米为主食
Reis als Hauptnahrungsmittel ansehen

yǐ shìshí wéi yījù
以事实为依据
auf Tatsachen beruhen

yìlùn 议论 diskutieren, besprechen

jūmín duì cǐ yìlùn fēnfēn
居民对此议论纷纷
dies ist zum Gegenstand endloser Diskussionen unter den Einwohnern geworden

rénmín duì zhè-jiàn shì yìlùn fēnfēn
人民对这件事议论纷纷
diese Angelegenheit ist in aller Munde

yì 译 übersetzen, dolmetschen

bǐ yì
笔译
schriftlich übersetzen

kǒu yì
口译
mündlich übersetzen

yì-chéng déwén
译成德文
ins Deutsche übersetzen

yì-chéng mìmǎ
译成密码
in einem Geheimcode schreiben

yìzhì 抑制 kontrollieren, unterdrücken

yìzhì zìjǐ
抑制自己
sich beherrschen

yìzhì zìjǐ-de gǎnqíng
抑制自己的感情
seine Gefühle kontrollieren

yìzhì-bu-zhù nèixīn-de xǐyuè
抑制不住内心的喜悦
seine Freude nicht unterdrücken können

yìshí 意识 sich bewusst werden

yìshì-dào zìjǐ-de zérèn
意识到自己的责任
sich seiner Verantwortung bewusst werden

yǐn 引 ziehen, anlocken, verursachen, anführen, zitieren

yǐn gōng
引弓
einen Bogen spannen

yǐn huǒ
引火
Feuer anzünden

tā zhè-yí-jù huà yǐn-de dàjiā xiào-qǐlai
他这一句话引得大家笑起来
seine Worte haben alle zum Lachen gebracht

yǐn yòng máo zédōng-de huà
引用毛泽东的话
Mao Zedong zitieren

yǐnchū 引出 herausführen, hervorbringen

yǐnchū zhèngquè-de jiélùn
引出正确的结论
einen richtigen Schluss ziehen

yǐndǎo 引导 führen, leiten

yǐndǎo yònghù cānguān chējiān
引导用户参观车间
die Kunden beim Besichtigen der Werkstatt begleiten

yǐnfā 引发 initiieren, auslösen, in Bewegung setzen

yǐnfā huíguīcháo
引发回归潮
Rückreisestrom auslösen

yǐnqǐ 引起 hervorrufen, verursachen

yǐnqǐ yánzhòng hòuguǒ
引起严重后果
ernste Folgen nach sich ziehen

yǐnqǐ liánsuǒ fǎnyìng
引起连锁反应
eine Kettenreaktion zur Folge haben

yǐnqǐ gōngfèn
引起公愤
eine allgemeine Empörung hervorrufen

yǐnqǐ huáiyí
引起怀疑
Zweifel wecken

yǐnqǐ zhùyì
引起注意
Aufmerksamkeit erregen

yǐnqǐ yì-chǎng rèliè-de tǎolùn
引起一场热烈的讨论
eine hitzige Diskussion auslösen

yǐnyòu 引诱 verführen, verlocken

yòng měinǚ lái yǐnyòu nánrén
用美女来引诱男人
Männer mit schönen Frauen verführen

yìn 印 kopieren, drucken, entsprechen, übereinstimmen

yìn-de bù qīngchǔ
印得不清楚
nicht gut kopiert sein

yìn zhèng
印证
die Richtigkeit bestätigen

yìnshuā 印刷 drucken

zhèng zài yìnshuà-zhōng
正在印刷中
sich gerade im Druck befinden

yīng 应 sollen

yīng xiǎngshòu-de quánlì
应享受的权利
jdm zustehendes Recht

yīng jìn-de yìwù
应尽的义务
bindende Verpflichtung

cuòwù yīng lìjí jiūzhèng
错误应立即纠正
Fehler soll man sofort korrigieren

yīngdāng 应当 sollen, es gehört sich

wǒmen yīngdāng hùxiāng bāngzhù
我们应当互相帮助
wir sollen einander helfen

bù yīngdāng gān
不应当干
nicht tun sollen

yīnggāi 应该 sollen

yīnggāi cānjiā
应该参加
teilnehmen sollen

wǒ zuò-le wǒ yīnggāi zuò-de shì
我做了我应该做的事
ich habe nur meine Pflicht getan

yíng 迎 entgegengehen

yíng-zhe kùnnan-shàng
迎着困难上
Schwierigkeiten mutig entgegentreten

yíngjiē 迎接 entgegengehen, begrüßen

dào jīchǎng yíngjie kèrén
到机场迎接客人
Gäste am Flughafen begrüßen

yíngjie shànghǎi shìbóhuì
迎接上海世博会
die World Expo Shanghai begrüßen

yíng 营 verwalten

yíng lì
营利
gewinnorientiert handeln

yíngsī 营私 eigenen Vorteilen nachjagen

jiédǎng yíngsī
结党营私
sich aus eigennützigen Motive zu einer Clique zusammenschließen

yíngyè 营业 Geschäfte machen

shāngdiàn shàngwǔ shí-diǎn kāishǐ yíngyè
商店上午十点开始营业
der Laden macht morgens um 10 Uhr auf

yíng 赢 siegen, gewinnen

shéi yíng-le?
谁赢了?
wer hat gewonnen?

wǒ xiàngqí xià-bu-yíng tā
我象棋下不赢他
ich kann ihn im chinesischen Schach nicht schlagen

wǒ májiàng dǎ-bu-yíng tā
我麻将打不赢他
ich kann ihn beim Mahjong nicht schlagen

tā měi-cì dǎ májiàng dōu yíng
他每次打麻将都赢
er gewinnt jedes Mahjong-Spiel

yíngdé 赢得 gewinnen, erringen, erlangen

yíngdé dúlì
赢得独立
Unabhängigkeit erlangen

yíngdé zànyáng
赢得赞扬
Lob erhalten

yíngdé shènglì
赢得胜利
den Sieg erringen

yíngdé shíjiān
赢得时间
Zeit gewinnen

yǐngxiǎng 影响 beeinflussen, beeinträchtigen

yǐngxiǎng gōngchéng jìndù
影响工程进度
das Tempo eines Projektes negativ beeinflussen

yǐngxiǎng-dào értóng-de chéngzhǎng
影响到儿童的成长
die Entwicklung der Kinder stören

yǐngxiǎng zhìliàng
影响质量
die Qualität beeinträchtigen

yǐngxiǎng wēixìn
影响威信
das Ansehen schädigen

yǐngxiǎng rénmen-de jījíxìng
影响人们的积极性
den Enthusiasmus der Leute dämpfen

yǐngxiǎng gōngzuò
影响工作
auf die Arbeit störend einwirken

yìng 应 antworten, annehmen, begegnen, sich anpassen

yìng zhōngguó zhèngfǔ-de yāoqǐng
应中国政府的邀请
auf Einladung der chinesischen Regierung

yìng dúzhě xūyào
应读者需要
den Bedürfnissen der Leserschaft nachkommend

yìngyòng 应用 anwenden, gebrauchen

yìngyòng xīn-jìshù
应用新技术
eine neue Technik anwenden

yìng 映 spiegeln

yuèliàng yìng zài hú-shàng
月亮映在湖上
das Mondlicht spiegelt sich auf dem See

yōngbào 拥抱 umarmen, umklammern

liǎng-ge péngyou rèliè yōngbào
两个朋友热烈拥抱
zwei Freunde umarmen sich herzlich

yōnghù 拥护 befürworten, unterstützen

yōnghù lǐngdǎo
拥护领导
die Führung unterstützen

yōnghù zhè-ge juédìng
拥护这个决定
diese Entscheidung befürworten

yōngjǐ 拥挤 drängeln, sich drängen

bú yào yōngjǐ!
不要拥挤！
nicht drängeln!

gāofēng shíjiān gōnggòng qìchē yōngjǐ
高峰时间公共汽车拥挤
zur Stoßzeit herrscht Gedränge in den Bussen

yǒng 涌 sprudeln, strömen, aufsteigen

quánshuǐ yǒngchū
泉水涌出
das Quellwasser sprudelt hervor

yì-qún rén yǒng xiàng tiān'ānmén guǎngchǎng
一群人涌向天安门广场
eine Menschenmenge strömt zum Platz des Himmlischen Friedens

yǒngrù zhǎnlǎn dàtīng
涌入展览大厅
in die große Ausstellungshalle strömen

yòng 用 gebrauchen, verwenden, etw. nötig haben, etw. zu tun brauchen, essen, trinken

qián yòng-wán-le
钱用完了
das Geld ist alle

yòng zhēncì mázuì
用针刺麻醉
Akupunkturanästhesie anwenden

shāfā yě kěyǐ dāng chuáng yòng
沙发也可以当床用
das Sofa kann auch als Bett benutzt werden

zhènghǎo yòng-de-zháo nǐ
正好用得着你
gerade dich brauchen

xiǎng yòng diànnǎo
想用电脑
den Computer benutzen wollen

jiéyuē yòng shuǐ
节约用水
sparsam mit Wasser umgehen

zhè shì guò shēngrì yòng-de
这是过生日用的
das ist für den Geburtstag

bú yòng kāi dēng
不用开灯
das Licht nicht anzumachen brauchen

bú yòng dānxīn!
不用但心！
mach dir keine Sorgen!

qǐng yòng chá!
请用茶！
bitte trinken Sie eine Tasse Tee!

yòng-bu-liǎo 用不了 nach Gebrauch übrig bleiben

yòng-bu-liǎo-de qián
用不了的钱
überschüssiges Geld

yòng-bu-zháo 用不着 etw. nicht benötigen, unnötig sein, es lohnt nicht

bǎ yòng-bu-zháo-de shū fàng-huí shūjià
把用不着的书放回书架
nicht mehr benötigte Bücher in die Regale zurückstellen

yòng-bu-zháo wèi zhè-xiē xiǎoshì zhēngchǎo-bu-xiū
用不着为这些小事争吵不休
es lohnt sich nicht wegen Kleinigkeiten dauernd zu streiten

yōu 悠 baumeln, pendeln

yōu-zhe diǎnr!
悠着点儿！
übertreib's nicht!

yóuyù 犹豫 zögern, unentschlossen sein

yóuyù-bu-jué
犹豫不决
mit etw. zögern

yóu 游 schwimmen, herumfahren, umherziehen

zài shuǐ-lǐ yóu
在水里游
im Wasser schwimmen

yóu-le wǔ-gōnglǐ
游了五公里
5 Kilometer geschwommen sein

zhōu yóu shìjiè
周游世界
um die Welt fahren

yóulǎn 游览 besichtigen

yóulǎn chángchéng
游览长城
die Große Mauer besuchen

yóuyǒng 游泳 schwimmen

qù yóuyǒng
去游泳
schwimmen gehen

zài hú-lǐ yóuyǒng
在湖里游泳
im See schwimmen

yǒu 有 haben, besitzen, existieren, dasein

yǒu chē
有车
ein Fahrzeug besitzen

yǒu yì-tái diànnǎo
有一台电脑
einen Computer besitzen

hěn yǒu xuéwèn
很有学问
über umfassende Bildung verfügen

yǒu xiǎnzhù-de jìnbù
有显著的进步
deutliche Fortschritte machen

fùjìn yǒu cèsuǒ ma?
附近有厕所吗?
gibt's in der Nähe eine Toilette?

yǒurén ma?
有人吗?
ist da jemand drin?

yǒu kěnéng
有可能
möglich

yǒu zhè-zhǒng kěnéng
有这种可能
es gibt diese Möglichkeit

yígòng yǒu bā-shí ōuyuán
一共有八十欧元
insgesamt 80,– Euro

yǒu fēnqí
有分歧
Differenzen geben

yǒu-zhe hěn dà-de fēnqí
有着很大的分歧
sehr große Unterschiede haben

yǒu kòng
有空
freie Zeit haben

zhōngqiūjié yǐjīng yǒu liǎngqiān-duō-nián-de lìshǐ-le
中秋节已经有两千多年的历史了
das Mittherbstfest ist bereits über 2000 Jahre alt

yǒu shíjiān
有时间
Zeit haben

yǒu shuǐpíng
有水平
Niveau haben

yǒu hěn gāo-de yìshù shuǐpíng
有很高的艺术水平
ein hohes künstlerisches Niveau haben

yǒu shuōfǎ
有说法
Redensarten geben

yǒu wèntí
有问题
Probleme/Fragen haben

yǒu yòng
有用
nützlich sein

zhè yǒu shénme yòng?
这有什么用?
wozu nützt das?

zhè háishì yǒu diǎn yòng-de
这还是有点用的
das ist doch noch von einigem Nutzen

yǒu diǎn tóuyūn
有点头晕
jdm ist ein bisschen schwindlig

shuǐ yǒu wǔ-mǐ-duō shēn
水有五米多深
das Wasser ist mehr als 5 Meter tief

tā yǒu nǐ zhème gāo
他有你这么高
er ist genauso groß wie du

yī yǒu wèntí jiù qù jiějué
一有问题就去解决
sobald ein Problem auftaucht, muss es gelöst werden

yǒu yì-tiān nǐ yào hòuhuǐ-de
有一天你要后悔的
eines Tages wirst du es bereuen

yǒu yí-cì wǒ wèn-guò tā zhè-jiàn shì
有一次我问过他这件事
ich habe ihn einmal danach gefragt

yǒu jìhuà-de kòngzhì
有计划地控制
planmäßig kontrollieren

yǒu-guò wàiyù
有过外遇
mal fremdgegangen sein

yǒuguān 有关 betreffen, zu tun haben mit

zhè-jiàn shì yǔ tā yǒuguān
这件事与他有关
er ist von dieser Angelegenheit unmittelbar betroffen

zhè-xiē wèntí dōu gēn jīngjì yǒuguān
这些问题都跟经济有关
diese Fragen haben alle mit Wirtschaft zu tun

yǒuguān quánjú
有关全局
sich auf die Lage im Ganzen beziehen

yòuhuò 诱惑 reizen, verlocken, verführen

yòng tiánshí yòuhuò értóng
用甜食诱惑儿童
Kinder mit Süßigkeiten locken

wǒ bú huì bèi nǐ yòuhuò-de
我不会被你诱惑的
ich lass mich doch von dir nicht verführen

yù 育 pflegen, erziehen

yù miáo
育苗
junge Pflanzen züchten

yù ér
育儿
Kinder erziehen

yùbèi 预备 vorbereiten

yùbèi gōngkè
预备功课
den Unterricht vorbereiten (als Schüler)

nǐmen yùbèi hǎo-le ma?
你们预备好了吗?
seid ihr bereit?

gèjiù gèwèi, yùbèi, pǎo!
各就各位，预备，跑！
auf die Plätze, fertig, los!

yùdìng 预订 vorbestellen

yùdìng fángjiān
预订房间
Zimmer vorbestellen

yùdìng zázhì
预订杂志
eine Zeitschrift abonnieren

yùdìng jīpiào
预订机票
ein Flugticket buchen

yùdìng yì-zhuō fàn
预订一桌饭
einen Tisch reservieren

yùgǎn 预感 ahnen

yùgǎn-dào yào xià yǔ
预感到要下雨
ahnen, dass es regnet

yùjiàn 预见 voraussehen

yùjiàn-bu-dào-de kùnnan
预见不到的困难
nicht vorauszusehende Schwierigkeiten

zhè shì kěyǐ yùjiàn-dào-de
这是可以预见到的
es ist vorauszusehen

yùxí 预习 sich auf den Unterricht vorbereiten (als Schüler)

yùxí gōngkè
预习功课
sich auf den Unterricht vorbereiten

yù 寓 wohnen, mitenthalten

zhè-ge gùshi yù-yǒu shēnyì
这个故事寓有深意
in dieser Geschichte steckt ein tiefer Sinn

yù 遇 treffen

yù guǐ
遇鬼
auf böse Geister treffen

yù xiǎn
遇险
in Gefahr geraten

yùdào 遇到 zufällig treffen, begegnen

yùdào wèntí
遇到问题
auf Probleme stoßen

yùdào xià yǔ
遇到下雨
von Regen überrascht werden

yùdào-le xīn-wèntí
遇到了新问题
auf neue Probleme gestoßen sein

lù-shàng yùdào lǎo-péngyou
路上遇到老朋友
alten Freunden über den Weg laufen

yùdào wàixīngrén
遇到外星人
auf Außerirdische treffen

yùjiàn 遇见 zufällig treffen

yùjiàn péngyou
遇见朋友
Freunden begegnen

yuánliàng 原谅 entschuldigen, verzeihen

wǒ lái wǎn-le, qǐng yuánliàng
我来晚了，请原谅
entschuldigen Sie bitte meine Verspätung

yuánzhù 援助 helfen

yuánzhù qióngrén
援助穷人
den Armen helfen

yuánzhù shīxué értóng
援助失学儿童
Kinder unterstützen, die keine Schule besuchen können

yuàn 愿 wünschen

yuàn nǐmen báitóu-xiélǎo!
愿你们白头偕老！
mögt ihr euch treu sein bis ins hohe Alter!

yuànyì 愿意 gewillt sein, bereit sein, hoffen

yuànyì zuòchū rènhé xīshēng
愿意作出任何牺牲
willens sein, jedes Opfer zu bringen

tāmen yuànyì nǐ liú zài zhèlǐ
他们愿意你留在这里
sie hoffen, dass du hier bleibst

yuē 约 sich verabreden

yuē gè shíjiān tántán
约个时间谈谈
einen Termin für ein Gespräch vereinbaren

yuē-hǎo xià-xīngqī'èr pèngtóu
约好下星期二碰头
sich für nächsten Dienstag verabredet haben

yuēdìng 约定 vereinbaren, verabreden, festsetzen

yuēdìng shíjiān
约定时间
einen Termin festsetzen

yuēdìng huìwù dìdiǎn
约定会晤地点
einen Treffpunkt vereinbaren

yuèdú 阅读 lesen

yuèdú zázhì
阅读杂志
Zeitschriften lesen

yuèdú fúwù tiáokuǎn
阅读服务条款
die Geschäftsbedingungen lesen

yuè 跃 springen, hüpfen

yuè-shàng mǎbèi
跃上马背
sich auf ein Pferd schwingen

yuèjìn 跃进 nach vorn springen

yuèjìn-de júmiàn
跃进的局面
eine sprunghafte Entwicklung

yuè 越 überwinden, übertreffen

yuè qiáng
越墙
über eine Mauer klettern

yuè quán
越权
seine Kompetenzen überschreiten

yuè-chū fànwéi
越出范围
Grenzen überschreiten

yuèchū zhèngcè jièxiàn
越出政策界限
die von der Politik gesetzten Schranken übertreten

yūn 晕 in Ohnmacht fallen

yūn-guòqu-le
晕过去了
das Bewusstsein verlieren

yǔnxǔ 允许 erlauben, gestatten, zulassen

qǐng yǔnxǔ wǒ .....
请允许我 .....
bitte gestatten Sie mir, ...

bù yǔnxǔ rènhé pòhuài jìlǜ-de xiànxiàng cúnzài
不允许任何破坏纪律的现象存在
keinen Verstoß gegen die Disziplin zulassen

yùn 运 sich bewegen, befördern, transportieren

yùn wǎng hébiān
运往河边
ans Ufer bringen

cháyè yùn wǎng ōuzhōu yì-xiē guójiā
茶叶运往欧洲一些国家
Tee in einige europäische Staaten transportieren

yùnshū 运输 transportieren, befördern, versenden

yùnshū jiājù
运输家具
Möbel transportieren

yùnshū huòwù
运输货物
Güter transportieren

yùnyòng 运用 gebrauchen, anwenden

yùnyòng zhèngcè jiějué wèntí
运用政策解决问题
Probleme mit Hilfe der Politik lösen

yùnyòng guòchéng guǎnlǐ-de gōngjù
运用过程管理的工具
die Werkzeuge der Prozessadministration anwenden

Z

zā 扎 binden, zusammenschnüren

zā biànzi
扎辫子
das Haar in Zöpfe flechten

zāi 栽 pflanzen, züchten, aufstellen

zāi shù
栽树
Bäume pflanzen

zāi huā
栽花
Blumen züchten

zāi yāng
栽秧
Setzlinge umpflanzen

zǎi 载 registrieren, niederschreiben, eintragen

zǎirù jìlù
载入记录
etw. zu Protokoll nehmen

zàishuō 再说 zuerst etw. tun und dann weitersehen, verschieben

děng yí-xià zàishuō
等一下再说
schauen wir mal, dann sehen wir schon

zhè-jiàn shì xiān gē liǎng-tiān zàishuō
这件事先搁两天再说
diese Sache zwei Tage aufschieben und dann weitersehen

xiān bǎ tā sòng-jìn yīyuàn zàishuō
先把他送进医院再说
ihn zuerst ins Krankenhaus einliefern und dann weitersehen

zài 在 bestehen, existieren, sich befinden in/an/bei

fùmǔ dōu hái zài
父母都还在
die Eltern sind beide noch am Leben

tā-de nǎinai bú zài-le
他的奶奶不在了
seine Oma ist nicht mehr am Leben

wǒ biǎodì zài nóngcūn
我表弟在农村
mein Cousin lebt auf dem Land

zài jiā
在家
zuhause sein

zài zhuōzi-shàng
在桌子上
auf dem Tisch sein

zài zhè-zhǒng qíngkuáng-xià
在这种情况下
unter diesen Umständen

zài tóngshì-de bāngzhù-xià
在同事的帮助下
mit Hilfe der Kollegen

zài wàijiè shìwù-de zuòyòng-xià
在外界事物的作用下
bedingt durch äußere Einflüsse

zài zhōngguó gòngchǎndǎng lǐngdǎo-zhīxià
在中国共产党领导之下
unter der Führung der Kommunistischen Partei Chinas

zài tā-de chàngyì-xià
在他的倡议下
auf seine Initiative hin

zài ….. jīchǔ-shàng
在 ….. 基础上
auf der Grundlage von …..

zài guójì shìwù-zhōng
在国际事物中
in internationalen Angelegenheiten

zài cǐ qījiān
在此期间
während dieser Periode

zài zhòngyào guāntóu
在重要关头
im entscheidenden Moment

zài zhè-fāngmiàn
在这方面
in dieser Hinsicht

zàihu 在乎 sich sorgen, sich Gedanken machen

yíqiè wǒ dōu bú zàihu
一切我都不在乎
mir ist alles egal

zài 载 tragen, beladen sein mit

zài kè
载客
Gäste befördern

zài huò
载货
Frachtgut befördern

zànchéng 赞成 unterstützen, zustimmen

….., nǐ zànchéng ma?
….., 你赞成吗?
….., bist du damit einverstanden?

wǒ wánquán zànchéng
我完全赞成
ich bin ganz dafür

zuì bú zànchéng
最不赞成
auf das Schärfste missbilligen

jiǔ-piào zànchéng, bā-piào fǎnduì
九票赞成，八票反对
9 Stimmen dafür, 8 Stimmen dagegen

zànyáng 赞扬 loben, anerkennen

rèliè zànyáng
热烈赞扬
mit voller Begeisterung anerkennen

zāo 遭 auf etw. stoßen, erleiden, durchmachen

zāo nàn
遭难
in Not geraten

zāo zāi
遭灾
von einer Naturkatastrophe heimgesucht werden

zāodào 遭到 auf etw. stoßen, erleiden, von etw. betroffen sein

zāodào xiànhài
遭到陷害
einer Intrige zum Opfer fallen

zāodào shībài
遭到失败
eine Niederlage erleiden

zāodào jùjué
遭到拒绝
abgelehnt werden

zāodào kùnnan
遭到困难
auf Schwierigkeiten stoßen

zāodào yánzhòng-de pòhuài
遭到严重的破坏
stark beschädigt werden

zāoshòu 遭受 auf etw. stoßen, erleiden, davontragen

zāoshòu shībài
遭受失败
scheitern

zāoshòu pòhài
遭受迫害
verfolgt werden

zāoshòu hěn dà sǔnshī
遭受很大损失
einen schweren Verlust erleiden

zāoshòu bōxuē
遭受剥削
ausgebeutet werden

zāoshòu lǎobǎn-de bōxuē
遭受老板的剥削
vom Chef ausgebeutet werden

zāoshòu yāpò
遭受压迫
unterdrückt werden

zāoshòu shuǐzāi
遭受水灾
von einer Überschwemmungskatastrophe heimgesucht werden

zāoyù 遭遇 auf etw. stoßen, begegnen, treffen

yǔ dírén zāoyù-le
与敌人遭遇了
auf den Feind gestoßen sein

zào 造 machen, schaffen, bauen, erfinden

zào yí-ge yáo dòng
造一个窑洞
eine Höhlenwohnung bauen

zào yúlùn
造舆论
öffentliche Meinung erzeugen

zào yùsuàn
造预算
ein Budget aufstellen

zào zhǐ
造纸
Papier herstellen

zào jiǎzhàng
造假帐
gefälschte Abrechnungen erstellen

zàochéng 造成 schaffen, verursachen

zàochéng jùdà sǔnhài
造成巨大损害
enormen Schaden verursachen

zàochéng jiǎxiàng
造成假象
einen falschen Eindruck erwecken

zàochéng jīngshen dǎjī
造成精神打击
Psychoterror veranstalten

gěi rén zàochéng-de yìnxiàng shì .....
给人造成的印象是 .....
der Eindruck, der bei den Leuten entsteht, ist .....

zébèi 责备 schimpfen, verantwortlich machen

zébèi-de yǎnguāng
责备的眼光
tadelnde Blicke

zé 择 auswählen

zé ǒu
择偶
einen Partner suchen

zé qī
择期
einen Termin auswählen

zēng 增 hinzufügen

zēng-bō zījīn
增拨资金
mehr Geldmittel zuweisen

zēng bīng
增兵
die Truppenstärke erhöhen

zēngjiā 增加 zunehmen, steigern

zēngjiā jīlěi
增加积累
die Akkumulation steigern

zēngjiā shōurù
增加收入
die Einnahmen vermehren

zēngjiā gōngzī
增加工资
den Lohn erhöhen

zēngjiā kùnnan
增加困难
zusätzliche Schwierigkeiten bringen

chǎnliàng bǐ qùnián zēngjiā yí-bèi
产量比去年增加一倍
die Produktion hat sich im Vergleich zum Vorjahr verdoppelt

zēngjìn 增进 fördern, vorantreiben

zēngjìn hùxiāng liǎojiě hé yǒuyì
增进互相了解和友谊
gegenseitiges Verständnis und Freundschaft fördern

zēngjìn shíyù
增进食欲
den Appetit anregen

zēngzhǎng 增长 wachsen, ansteigen, zunehmen

píngjūn zēngzhǎng bǎi-fēn-zhī-èrshí
平均增长百分之二十
einen durchschnittlichen Zuwachs von 20% aufweisen

zēngzhǎng cáigàn
增长才干
seine Fähigkeiten entwickeln

zēngzhǎng zhīshì
增长知识
Kenntnisse erweitern

zhā 扎 stechen

zài zhǐ-shàng zhā yí-ge xiǎo-dòng
在纸上扎一个小洞
ein kleines Loch ins Papier piken

zhā ěryǎnr
扎耳眼儿
ein Loch ins Ohrläppchen stechen

zhā zhēn
扎针
akupunktieren

zhá 炸 frittieren

zhá xiāngjiāo
炸香蕉
Bananen frittieren

zhà 炸 platzen, sprengen, explodieren

rèshuǐpíng zhà-le
热水瓶炸了
die Thermoskanne ist zerplatzt

zhà qiáo
炸桥
eine Brücke sprengen

bǎ gāolóu zhà-diào
把高楼炸掉
das Hochhaus wegsprengen

zhāi 摘 pflücken, auswählen, herabnehmen

zhāi miánhuā
摘棉花
Baumwolle pflücken

zhāi huā
摘花
Blumen pflücken

zhāi màozi
摘帽子
den Hut abnehmen

bǎ yǎnjìng zhāi-xiàlai
把眼镜摘下来
die Brille abnehmen

bǎ dēngpào zhāi-xiàlai
把灯泡摘下来
eine elektrische Birne herausdrehen

bǎ huà zhāi-xiàlai
把画摘下来
ein Bild herabnehmen

zhān 粘 kleben, verkleben

bǎ liǎng-zhāng zhǐ zhān zài yìqǐ
把两张纸粘在一起
zwei Blätter Papier zusammenkleben

bǎ xìnfēng zhān-shàng
把信封粘上
einen Briefumschlag zukleben

zhǎnchū 展出 ausstellen

zhǎnlǎnhuì-shàng zhǎnchū-le jīqì
展览会上展出了机器
auf der Ausstellung zeigt man Maschinen

zhǎnkāi 展开 ausbreiten, entfalten, durchführen

bǎ dìtú zhǎnkāi
把地图展开
eine Landkarte entrollen

zhǎnkāi gōngshì
展开攻势
eine Offensive starten

zhǎnlǎn 展览 ausstellen

xīn-chē zhèng zài guówài zhǎnlǎn
新车正在国外展览
die neuen Autos werden gerade im Ausland ausgestellt

zhàn 占 erobern, einnehmen, festsetzen

zhàn duōshù
占多数
die Mehrheit ausmachen

zhàn tǒngzhì dìwèi
占统治地位
eine dominierende Stellung einnehmen

zhàn shìjiè dì-yī-wèi
占世界第一位
den ersten Platz in der Welt einnehmen

zhàn zǒngzhí-de bǎi-fēn-zhī-sān
占总值的百分之三
3% der Gesamtsumme ausmachen

hǎiyáng jīhū zhàn dìqiú biǎomiàn sì-fēn-zhī-sān
海洋几乎占地球表面四分之三
die Ozeane bedecken fast drei Viertel der Erdoberfläche

zhànlǐng 占领 erobern, besetzen

zhànlǐng guójiā
占领国家
Länder erobern

zhànxiàn 占线 die Leitung ist besetzt

zhàndòu 战斗 kämpfen

yīngyǒng zhàndòu
英勇战斗
heldenhaft kämpfen

zhànsheng 战胜 besiegen

zhànshèng kùnnán
战胜困难
Schwierigkeiten überwinden

zhànshèng zìrán zāihài
战胜自然灾害
einer Naturkatastrophe Herr werden

zhàn 站 stehen, stehen bleiben, halten

zhàn-qǐlai
站起来
aufstehen

zhàn-zhe bú-dòng
站着不动
unbeweglich dastehen

zhàn-zhe kàn
站着看
im Stehen zuschauen

zhàn zài wǒ-de lìchǎng-shàng
站在我的立场上
auf meinem Standpunkt stehen

zhàn zài yìqǐ shuō huà
站在一起说话
zusammenstehen und sich unterhalten

tā zhàn-dào wǒ shēn-biān lái
他站到我身边来
er stellt sich neben mich

zhǎng 长 wachsen, entstehen

zhǎng gèzi
长个子
in die Höhe wachsen (für Menschen)

zhǎng qīngchūndòu
长青春痘
Pickel kriegen

zhǎng ái
长癌
Krebs bekommen

zhǎngde 长得 sich entwickeln

zhǎngde hěn piàoliang
长得很漂亮
sehr hübsch sein

zhǎngde xiàng huāhuā gōngzǐ
长得像花花公子
aussehen wie ein Playboy

zhǎng 涨 steigen, anschwellen

héshuǐ bào-zhǎng
河水暴涨
der Fluss steigt plötzlich an

zhǎng 掌 mit der Handfläche schlagen, in der Hand halten

zhǎng bīngquán
掌兵权
die militärische Macht ausüben

zhǎngwò 掌握 mit etw. vertraut sein, beherrschen, kontrollieren, etw. in der Hand haben

zhǎngwò xīn-qíngkuàng
掌握新情况
über neue Entwicklungen auf dem Laufenden sein

zhǎngwò gōngzuò jìnchéng
掌握工作进程
mit dem Arbeitsablauf vertraut sein

zhǎngwò yì-mén wàiyǔ
掌握一门外语
eine Fremdsprache beherrschen

zhǎngwò xiàndài kēxué zhīshi
掌握现代科学知识
in modernen wissenschaftlichen Erkenntnissen versiert sein

zhǎngwò bàngōngshì-de yàoshí
掌握办公室的钥匙
den Schlüssel zum Büro aufbewahren

zhǎngwò zìjǐ-de mìngyùn
掌握自己的命运
sein Schicksal selbst in die Hand nehmen

zhǎngwò júshì
掌握局势
eine Lage unter Kontrolle haben

zhǎngwò zhǔdòngquán
掌握主动权
die Initiative ergreifen

zhàng'ài 障碍 hindern, versperren

zhàng'ài jiāotōng
障碍交通
den Straßenverkehr sperren

zhāo 招 winken, anstellen, zu sich ziehen

zhāo shǒu
招手
mit der Hand winken

zhāo gōng
招工
Arbeiter anwerben

zhāo cāngying
招苍蝇
Fliegen anlocken

zhāodài 招待 empfangen, bewirten

zhāodài kèrén
招待客人
Gäste bewirten

yòng cháshuǐ zhāodài kèrén
用茶水招待客人
Gäste mit Tee bewirten

zhāohu 招呼 rufen, begrüßen

yǒurén zhāohu nǐ
有人招呼你
jmd ruft dich

zhāo shǒu 招手 winken

tā zhāo shǒu yào wǒ jìnqù
他招手要我进去
er winkte mich herein

zháojí 着急 sich aufregen, sich beunruhigen, besorgt sein, es eilig haben

bié zháojí!
别着急！
sei unbesorgt!

zháo shénme jí
着什么急
keinen Grund zur Aufregung geben

wǒmen dàjiā dōu wéi tā zháojí
我们大家都为他着急
wir sind alle um ihn besorgt

shíjiān hái zǎo, bié zháojí!
时间还早，别着急！
nicht so hastig, es ist noch Zeit!

zháoliáng 着凉 sich erkälten

dāngxīn zháoliáng!
当心着凉！
pass auf, dass du dich nicht erkältest!

zhǎo 找 suchen, besuchen, Kontakt aufnehmen, Wechselgeld herausgeben

zhǎo fàndiàn
找饭店
Restaurant/Hotel suchen

zhǎo gōngzuò
找工作
sich nach Arbeit umsehen

wǒ dàochù zài zhǎo nǐ
我到处在找你
ich habe dich überall gesucht

zhǎo jīhuì
找机会
nach einer Gelegenheit suchen

zhǎo chūlù
找出路
einen Ausweg suchen

zhǎo-dào fāngfǎ
找到方法
eine Methode finden

yǒurén zhǎo nǐ
有人找你
jmd möchte dich sprechen

yǒurén lái zhǎo-guò nǐ
有人来找过你
jmd hat nach dir gefragt

shénme shíhòu zài lái zhǎo nǐ?
什么时候再来找你?
wann kann ich dich wieder kontaktieren?

yǒu wèntí, jiù lái zhǎo wǒ bāngmáng!
有问题，就来找我帮忙!
wenn es Probleme gibt, dann bitte mich um Hilfe!

zhǎo wǒ yǒu shénme shì?
找我有什么事?
was kann ich für Sie tun?

tā zhǎo wǒ liǎng-kuài qián
他找我两块钱
er hat mir 2 Yuan herausgegeben

zhàojí 召集 zusammenrufen, einberufen

zhàojí tóngshì kāihuì
召集同事开会
alle Kollegen zu einem Meeting zusammenrufen

zhàokāi 召开 einberufen

zhàokāi guójì huìyì
召开国际会议
eine internationale Konferenz einberufen

zhào 照 leuchten, widerspiegeln, fotografieren

tàiyáng zhào-dào wūzi-lǐ
太阳照到屋子里
die Sonne scheint ins Zimmer

ná shǒudiàn zhào lù
拿手电照路
mit einer Taschenlampe den Weg beleuchten

zhào jìngzi
照镜子
in den Spiegel sehen

zhào dàtóutiē
照大头贴
Automatenbilder machen lassen

gěi nǐ zhào-zhāng xiàng
给你照张相
ein Foto von dir machen

yòng yícìxìng xiāngjī zhàoxiàng
用一次性相机照相
mit einer Einwegkamera fotografieren

zhàogu 照顾 berücksichtigen, sich um jdn kümmern

zhàogù-dào yǒuhǎo guānxi
照顾到友好关系
mit Rücksicht auf die freundschaftlichen Beziehungen

zhàogù quánjú
照顾全局
das Ganze im Auge behalten

zhàogù duōshù
照顾多数
der Mehrheit Rechnung tragen

zhàogù shíjì xūyào
照顾实际需要
Rücksicht auf den tatsächlichen Bedarf nehmen

zhàogù tā-de kùnnan
照顾他的困难
seine Schwierigkeiten in Betracht ziehen

zhàogù bìngrén
照顾病人
für einen Kranken sorgen

zhàoxiàng 照相 fotografieren

wǒmen jīntiān zhàoxiàng qù
我们今天照相去
wir gehen heute fotografieren

zhē 遮 bedecken, zudecken

zhē-qǐlai
遮起来
etw. zudecken

yòng sùliàodài zhē-qǐlai
用塑料袋遮起来
etw. mit einer Plastiktüte zudecken

zhēzhù 遮住 bedecken

zhēzhù-le
遮住了
bedeckt sein

yuèliàng bèi yúncai zhēzhù-le
月亮被云彩遮住了
der Mond war von Wolken bedeckt

zhé 折 brechen, umkehren, falten

zhé-duàn yì-gēn shùzhī
折断一根树枝
einen Zweig abbrechen

zhé-duàn tuǐ
折断腿
sich ein Bein brechen

biānjiè yóu zhèlǐ zhé xiàng xī'nán
边界由这里折向西南
die Grenze biegt hier nach Südwesten ab

tā zhé-le huílai
他折了回来
er drehte sich um und kam zurück

bǎ xìnzhǐ zhé-hǎo
把信纸折好
einen Briefbogen falten

zhé-qǐlai
折起来
zusammenfalten

zhéhé 折合 umrechnen

bǎ ōuyuán zhéhé-chéng rénmínbì
把欧元折合成人民币
Euro in Renminbi umrechnen

zhēnxī 珍惜 achten, hochschätzen

zhēnxī shíjiān
珍惜时间
die kostbare Zeit sinnvoll zu nutzen verstehen

zhēnxī shēnghuó
珍惜生活
das Leben hochschätzen

zhēnxī péngyou-zhījiān-de yǒuyì
珍惜朋友之间的友谊
die Freundschsaft zwischen Freunden schätzen

zhěn 诊 medizinisch untersuchen

zhěn bìng
诊病
eine Krankheit diagnostizieren

zhěn mài
诊脉
den Puls fühlen

zhèn 振 flattern, schütteln, anregen

zhèn chì
振翅
mit den Flügeln schlagen

zhèn 震 erschüttern, beben, erschrecken

wǒ yào zhèn-zhù nǐ!
我要震住你！
ich will dich erschrecken!

zhèn 镇 unterdrücken

zhèn tòng
镇痛
Schmerzen lindern

zhènyā 镇压 unterdrücken, hinrichten

zhènyā pànluàn
镇压叛乱
einen Aufruhr niederschlagen

zhēng 争 kämpfen, streiten

zhēng lǐngdǎoquán
争领导权
um die Führung ringen

nǐmen zài zhēng shénme?
你们在争什么?
worüber streitet ihr euch?

zhēngduó 争夺 sich streiten, um etw. kämpfen

zhēngduó shìchǎng
争夺市场
miteinander um Absatzmärkte ringen

zhēngduó shìlì fànwéi
争夺势力范围
um Einflusssphären ringen

zhēngduó guànjūn
争夺冠军
sich um eine Meisterschaft bewerben

zhēngqǔ 争取 sich bemühen, für etw. kämpfen

zhēngqǔ shíjiān
争取时间
Zeit gewinnen

zhēngqǔ zhǔdòng
争取主动
nach der Initiative streben

zhēng 征 eine weite Reise machen (müssen), eine Expedition unternehmen, Steuern einziehen

chū zhēng
出征
eine (militärische) Expedition antreten

zhēng shuì
征税
Steuern erheben

zhēngfú 征服 erobern, unterwerfen

yòng wǔlì zhēngfú
用武力征服
mit Waffengewalt unterwerfen

zhēngfú chángjiāng
征服长江
den Langen Fluss bändigen

zhēngqiú 征求 befragen, erbitten

zhēngqiú yìjiàn
征求意见
um die Meinung von jdm bitten

zhēngqiú xuéshēng duì lǎoshī-de yìjiàn
征求学生对老师的意见
die Meinungen der Schüler über die Lehrer sammeln

zhēng 睁 die Augen öffnen

xià-de zhēng dà yǎnjīng
吓得睁大眼睛
die Augen groß aufreißen

xūn-de ràng rén zhēng-bu-kāi yǎnjīng!
熏得让人睁不开眼睛！
es stinkt bestialisch!

zhēng 蒸 dämpfen, verdunsten

zhēng fàn
蒸饭
Reis dämpfen

zhěnglǐ 整理 in Ordnung bringen

zhěnglǐ fángjiān
整理房间
ein Zimmer aufräumen

zhěnglǐ zhuōzi-shàng-de dōngxi
整理桌子上的东西
den Tisch aufräumen

zhěnglǐ shūjià-shàng-de shū
整理书架上的书
die Bücher in den Regalen ordnen

zhěnglǐ zīliào
整理资料
Material ordnen

zhěnglǐ tóuxù
整理头绪
sich nicht verzetteln

zhèngmíng 证明 beweisen, bestätigen

ná shìshí zhèngmíng
拿事实证明
etw. durch Tatsachen beweisen

chōngfèn zhèngmíng
充分证明
etw. hinreichend beweisen

zhèng 挣 verdienen

zhèng qián
挣钱
Geld verdienen

zhèng fàn chī
挣饭吃
seinen Lebensunterhalt verdienen

zhīchí 支持 ertragen, unterstützen

tā dòng-de zhīchí-bu-zhù-le
他冻得支持不住了
er konnte die Kälte nicht mehr aushalten

zhì yǐ qīnqiè-de wènhòu
致以亲切的问候
herzliche Grüße senden

wǒ wánquán zhīchí zhè-ge jiànyì
我完全支持这个建议
ich stimme diesem Vorschlag völlig zu

zhīyuán 支援 unterstützen

tāmen lái zhīyuán wǒmen
他们来支援我们
sie kommen uns zu Hilfe

zhīdao 知道 wissen

wǒ bù zhīdào
我不知道
ich weiß es nicht

nǐ-de yìsi wǒ zhīdao
你的意思我知道
ich verstehe, was du damit meinst

wǒ zhīdao wèntí-de yánzhòngxìng
我知道问题的严重性
ich kenne den Ernst der Lage

nǐ yìdiǎn yě bù zhīdào zhè-jiàn shì
你一点也不知道这件事
du hast keine blasse Ahnung von dieser Sache

nǐ shénme shíhòu zhīdào zhè-jiàn shì-de?
你什么时候知道这件事的?
wann hast du es erfahren?

zhī 织 weben, flechten, stricken

zhī máoyī
织毛衣
einen Pullover stricken

zhíxíng 执行 vollstrecken, durchführen

zhíxíng rènwù
执行任务
eine Aufgabe durchführen

zhíxíng sǐxíng
执行死刑
die Todesstrafe vollstrecken

zhíxíng mìnglìng
执行命令
einen Befehl ausführen

zhíxíng zhèngcè
执行政策
eine Politik befolgen

zhíxíng pànjué
执行判决
ein Urteil vollstrecken

zhí 值 kosten, wert sein

zhè-tào fáng zhí duōshǎo?
这套房值多少?
wieviel kostet diese Wohnung?

bù zhí yī tí
不值一提
nicht der Rede wert sein

zhíde 值得 sich lohnen, wert sein

zhíde mǎi
值得买
wert sein, gekauft zu werden

zhíde huáiyí
值得怀疑
nicht glaubwürdig

zhíde zǐxì kǎolǜ
值得仔细考虑
wert sein, reiflich überlegt zu werden

zhíde zhùyì
值得注意
es verdienen, beachtet zu werden

zhè-běn xiǎoshuō zhíde yì-dú
这本小说值得一读
es lohnt sich, diesen Roman zu lesen

zhí 植 pflanzen, gründen

zhí shù
植树
Bäume pflanzen

zhǐ 止 stoppen

zhǐ xiè
止泻
den Durchfall stoppen

zhǐ tòng
止痛
die Schmerzen stillen

zhǐ 指 zeigen

shízhēn zhǐ xiàng sān-diǎn
时针指向三点
der Zeiger weist auf 3 Uhr

tā-de huà bú shì zhǐ nǐ-de
他的话不是指你的
seine Bemerkung gilt nicht dir

fāyánrén zhǐchū, ...
发言人指出, ...
der Sprecher weist darauf hin, dass .....

pànjuéshū zhǐchū, ...
判决书指出, ...
das Urteil weist darauf hin, dass .....

zhǐchū zhèngquè fāngxiàng
指出正确方向
die korrekte Richtung weisen

zhǐchū quēdiǎn
指出缺点
Mängel aufzeigen

zhǐdǎo 指导 leiten, anleiten

zhǐdǎo qīngnián gōngzuò
指导青年工作
junge Leute bei der Arbeit anleiten

zhǐhuī 指挥 befehlen, kommandieren

zhǐhuī jiāotōng
指挥交通
den Verkehr regeln

zhǐhuī yuèduì
指挥乐队
ein Orchester dirigieren

zhǐshì 指示 zeigen, anweisen

zhǐshì fāngxiàng
指示方向
die Richtung weisen

zhǐnánzhēn shì zhǐshì fāngxiàng-de gōngjù
指南针是指示方向的工具
der Kompass ist ein Werkzeug, das die Richtung weist

zhìyú 至于 was ..... anbetrifft

zhìyú qítā wèntí, wǒmen yǐhòu zài tán
至于其他问题，我们以后再谈
was die anderen Fragen betrifft, werden wir später noch darüber sprechen

zhì 治 regieren, verwalten, ärztlich behandeln, kurieren, umgestalten, regulieren

zhì guó
治国
einen Staat regieren

zhì jiā
治家
Familienangelegenheiten regeln

tā-de bìng zhì-hǎo-le
他的病治好了
seine Krankheit ist geheilt

zhì shā
治沙
der Verwüstung Einhalt gebieten

zhì shān
治山
Berge aufforsten

zhì shuǐ
治水
Flüsse regulieren

zhìliáo 治疗 kurieren, behandeln

yòng ..... zhìliáo
用 ..... 治疗
mit ..... therapieren

yīshēng gěi bìngrén yòng zhēnjiǔ zhìliáo
医生给病人用针灸治疗
der Arzt behandelt den Patienten mit Akupunktur

zhì 制 herstellen, erzeugen

yòng ... zhì-chéng ...
用 ... 制成 ...
... mit ... herstellen

yòng sīmián zhì-chéng yì-zhǒng zhǐ
用丝绵制成一种纸
aus Seidenwatte Papier herstellen

zhìdìng 制定 etw. ausformulieren, etw. festsetzen

zhìdìng yí-ge gòngtóng-de gānglǐng
制定一个共同的纲领
ein gemeinsames Programm vereinbaren

zhìzào 制造 produzieren, erzeugen, schaffen

zhōngguó zhìzào
中国制造
in China hergestellt

zhìzào fēijī
制造飞机
ein Flugzeug bauen

zhìzào dòngluàn
制造动乱
Unfrieden stiften

zhìzào jǐnzhāng júshì
制造紧张局势
Spannungen schaffen

zhìzào fēnliè
制造分裂
Spaltungen hervorrufen

zhìzào zhàng'ài
制造障碍
jdm Hindernisse in den Weg legen

zhìzào yáoyán
制造谣言
Gerüchte in Umlauf setzen

zhìzào jiǎxiàng
制造假象
sich einen falschen Anschein geben

zhìzào nèiluàn
制造内乱
innere Unruhen heraufbeschwören

zhìzào yúlùn
制造舆论
eine öffentliche Meinung schaffen

zhìzhǐ 制止 hindern, verhindern, zurückhalten

zhìzhǐ liúshā
制止流沙
dem Flugsand Einhalt gebieten

zhìzhǐ tōnghuò péngzhàng
制止通货膨胀
die Inflation bremsen

zhìzhǐ tā shuō-xiàqu
制止他说下去
ihn am Weitersprechen hindern

zhìzhǐ zhànzhēng
制止战争
einen Krieg verhindern

zhìzuò 制作 herstellen, machen, produzieren

zhìzuò yuèbǐng
制作月饼
Mondkuchen machen

zhìzuò jiājù
制作家具
Möbel herstellen

zhì 致 schicken, sich widmen, verursachen

zhì hè
致贺
jdm Glückwünsche senden

xiàng tā zhì jìnglǐ
向他致敬礼
ihn grüßen lassen

zhì yǐ qīnqiè-de wènhòu
致以亲切的问候
herzliche Grüße senden

zhìbìng
致病
eine Krankheit hervorrufen

zhìfù
致富
reich werden

zhì 掷 werfen, schleudern

zhì shǎizi
掷色子
würfeln

zhōngduàn 中断 abbrechen, unterbrechen

zhōngduàn pànduàn
中断判断
die Verhandlungen unterbrechen

liǎng-guó guānxì zhōngduàn-le hǎo-duō nián
两国关系中断了好多年
die Beziehungen der beiden Staaten waren für viele Jahre unterbrochen

jiāotōng zhōngduàn-le jǐ-xiǎoshí
交通中断了几小时
der Verkehr stockte einige Stunden

zhòng 种 pflanzen, anbauen, züchten

zhòng shuǐdào
种水稻
Nassreis anbauen

zhòng zhuāngjia
种庄稼
Getreide pflanzen

zhòng bā mǔ dì
种八亩地
8 Mu Land bebauen

zhòng yí-kuài tián
种一块田
ein Feld bebauen

zhòngshì 重视 beachten, Wert legen auf

zhòngshì duì zhíyuán-de péiyǎng
重视对职员的培养
großen Wert auf die Ausbildung der Mitarbeiter legen

zhòngshì zhè-jiàn shì
重视这件事
diese Sache ernst nehmen

zhòu 皱 knittern, Falten ziehen

zhòu méitóu
皱眉头
die Stirn runzeln

zhú 逐 verfolgen, vertreiben

zhú kè
逐客
Gäste vor die Tür setzen

zhǔzhāng 主张 befürworten, behaupten

zhǔzhāng gǎigé
主张改革
Reformen befürworten

zhǔ 煮 kochen

zhǔ jīdàn
煮鸡蛋
Hühnereier kochen

zhǔ fàn
煮饭
Essen zubereiten

zhǔfu 嘱咐 ermahnen, einschärfen, raten

zàisān zhǔfù
再三嘱咐
jdm wiederholt etw. einhämmern

dàifu zhǔfù hǎohāo xiūxī
大夫嘱咐好好休息
der Arzt rät dazu, einmal gründlich auszuspannen

zhù 助 helfen

hùzhù
互助
sich gegenseitig helfen

zhù xiāohuà
助消化
die Verdauung fördern

zhù 住 wohnen, aufhören

zhù chéng-wài
住城外
außerhalb der Stadt wohnen

zhù bīnguǎn
住宾馆
im Hotel wohnen

zhù lóufáng
住楼房
in einer Wohnung wohnen

zhù zài Běijīng
住在北京
in Beijing wohnen

yí-ge rén zhù
一个人住
alleine wohnen

hé bàba māma zhù zài yìqǐ
和爸爸妈妈住在一起
mit den Eltern zusammen wohnen

zhù-dào yǎnglǎoyuàn-lǐ
住到养老院里
ins Altersheim ziehen

zhù-shàng xīnfáng
住上新房
in eine neue Wohnung einziehen

zhùsù 住宿 übernachten, logieren

zài bīnguǎn zhùsù
在宾馆住宿
im Hotel übernachten

zhù yuàn 住院 im Krankenhaus liegen

wǒ cónglái méiyǒu zhù-guò yuàn
我从来没有住过院
ich war noch nie im Krankenhaus

zhùcè 注册 registrieren, eintragen

zhùcè shāngbiāo
注册商标
eingetragenes Warenzeichen

zhùcè xìnxiāng
注册信箱
ein Email-Account registrieren

zhùyì 注意 achten, beachten, aufpassen

zhùyì jiāotōng
注意交通
auf den Straßenverkehr aufpassen

wǒ méi zhùyì .....
我没注意 .....
ich habe nicht gemerkt, dass .....

zhùyì bié shuāi-dǎo!
注意别摔倒!
pass auf, dass du nicht stürzt!

zhù 驻 sich aufhalten, bleiben

zhù-zài biānjiè
驻在边界
an der Grenze stationiert sein

déguó zhù zhōngguó dàshǐguǎn
德国驻中国大使馆
die deutsche Botschaft in China

zhù 祝 wünschen

zhù nǐ jiànkāng!
祝你健康!
ich wünsche dir Gesundheit!

zhù nǐ yí-lù píng'ān!
祝你一路平安!
gute Reise!

zhù nǐmen yǒngyuǎn xìngfú!
祝你们永远幸福!
auf dass ihr für immer glücklich seid!

zhù dàjiā wán-de gāoxìng!
祝大家玩得高兴!
allen viel Spaß beim Spielen!

zhùhè 祝贺 gratulieren

zhùhè yǎnchū chénggōng
祝贺演出成功
zur erfolgreichen Aufführung gratulieren

zhùyuàn 祝愿 wünschen

zhùyuàn nǐ qǔdé gèngdà-de chéngjiù
祝愿你取得更大的成就
ich wünsche dir noch größere Erfolge

zhù 著 verfassen, zeigen

zhù shū
著书
ein Buch schreiben

zhùzuò 著作 schreiben, verfassen

tā yīshēng-zhōng zhùzuò shèn duō
他一生中著作甚多
er hat in seinem Leben viel geschrieben

zhù 筑 bauen, errichten

zhù lù
筑路
eine Straße anlegen

zhuā 抓 ergreifen, packen

zhuā xiǎotōu
抓小偷
einen Dieb fassen

zhuā quán
抓权
die Macht an sich reißen

zhuā-zhù jīhuì
抓住机会
eine Gelegenheit beim Schopf packen

zhuājǐn 抓紧 nicht nachlassen, im Griff haben

zhuājǐn shíjī
抓紧时机
eine Gelegenheit beim Schopf packen

zhuājǐn shíjiān
抓紧时间
die Zeit voll ausnutzen

zhuǎn 转 wenden, sich verwandeln, sich umdrehen, überbringen, weitergeben

zhuǎn bài wéi shèng
转败为胜
eine Niederlage in einen Sieg verwandeln

zhuǎn shēn
转身
sich umdrehen

zhuǎn tóu
转头
den Kopf drehen

tā zhuǎn-guò-tóu-lái hé wǒ shuō-huà
他转过头来和我说话
er wendet sich um und spricht zu mir

zhuǎn gěi tā
转给他
ihm etw. übergeben

bǎ tā-de yóujiàn zhuǎn-jì dào tā-de xīn dìzhǐ
把他的邮件转寄到他的新地址
seine Post an seine neue Adresse weiterleiten

zhuǎnbiàn 转变 ändern, verwandeln

zhuǎnbiàn lìchǎng
转变立场
seinen Standpunkt ändern

zhuǎndá 转达 weitergeben, übermitteln

xiàng tā zhuǎndá wǒ-de wènhòu
向他转达我的问候
ihm mein Grüße ausrichten

zhuǎn'gào 转告 weitersagen

zhuǎn'gào xiāoxí
转告消息
eine Nachricht weitersagen

zhuàn 转 sich drehen, rotieren

chēlún zhuàn-de hěn kuài
车轮转得很快
das Rad dreht sich sehr schnell

dìqiú rào-zhe tàiyáng zhuàn
地球绕着太阳转
die Erde dreht sich um die Sonne

zhuāng 装 sich verkleiden, sich verstellen, montieren, aufladen

zhuāng hùshi
装护士
sich als Krankenschwester verkleiden

zhuāng bìng
装病
sich krank stellen

zhuāng sǐ
装死
sich tot stellen

zhuāng shǎ
装傻
sich dumm stellen

zhuāng dǒng
装懂
vorgeben etw. zu verstehen

zhuāng chē
装车
einen Wagen beladen

zhuāng xiāng
装箱
eine Kiste packen

zhuāng bāo
装包
einen Rucksack packen

zhuāng yāndài
装烟袋
eine Pfeife stopfen

zhè-ge bāo zhuāng-bu-xià zhème duō dōngxi
这个包装不下这么多东西
in diese Tasche geht nicht soviel rein

gěi mén zhuāng-shàng suǒ
给门装上锁
ein Schloß an der Tür anbringen

zhuāngshì 装饰 schmücken, dekorieren

zhuāngshì fángjiān
装饰房间
Zimmer dekorieren

fángjiān zhuāngshì-de hěn piàoliang
房间装饰得很漂亮
das Zimmer ist schön geschmückt

yòng ..... zhuāngshì fángjiān
用 ..... 装饰房间
Zimmer mit ..... dekorieren

yòng duìlián zhuāngshì fángjiān
用对联装饰房间
Zimmer mit Spruchbändern dekorieren

zhuāngzhì 装置 einbauen, montieren, installieren

yíqì yǐjīng zhuāngzhì-hǎo-le
仪器已经装置好了
das Instrument ist schon fest eingebaut worden

zhuàngdà 壮大 stärker werden, verstärken

zhuàngdà jīngjì lìliang
壮大经济力量
die Wirtschaftskraft stärken

zhuàng 撞 zusammenstoßen, treffen, begegnen

zhuàng qiáng
撞墙
gegen eine Wand rennen

zhuàng zhōng
撞钟
die Glocke läuten

yí-liàng huòchē zhuàng-huài-le wǒmen-de qìchē
一辆货车撞坏了我们的汽车
ein LKW hat unser Auto gerammt und schwer beschädigt

bèi gōnggòng qìchē zhuàng-dǎo-le
被公共汽车撞倒了
von einem Bus zu Boden geschleudert werden

liǎng-ge chuán zài wù-zhōng xiāng zhuàng
两个船在雾中相撞
zwei Schiffe stießen im Nebel zusammen

wǒ bù xiǎng jiàn tā, piān zhuàng-shàng tā-le
我不想见他，偏撞上他了
ich wollte ihn nicht sehen, aber ausgerechnet ihm musste ich in die Arme laufen

zhuī 追 verfolgen, nachjagen

zhuī-shàng tā
追上他
ihn einholen

zhuījiū 追究 untersuchen, einer Sache auf den Grund gehen

zhuījiū zuìxíng
追究罪行
ein Verbrechen untersuchen

zhuījiū shìgù-de zérèn
追究事故的责任
die Schuldfrage bei einem Unfall untersuchen

zhǔn 准 erlauben, genehmigen

zhǔn jià
准假
Urlaub genehmigen

bù zhǔn xīyān
不准吸烟
Rauchen verboten

zhǔnbèi 准备 vorbereiten, beabsichtigen, vorhaben

zhǔnbèi zǎocān
准备早餐
Frühstück machen

zhǔnbèi-hǎo-le
准备好了
bereit sein

wèi huìyì zhǔnbèi wénjiàn
为会议准备文件
Dokumente für eine Sitzung vorbereiten

zhǔnbèi huí jiā
准备回家
nach Hause fahren wollen

zhǔnbèi xià-xīngqī kāishǐ gōngzuò
准备下星期开始工作
planen, nächste Woche anzufangen zu arbeiten

zhuō 捉 greifen, fangen

zhuō húdié
捉蝴蝶
Schmetterlinge fangen

zhuō-zhù bú-fàng
捉住不放
etw. fest in der Hand halten

zhuó 着 anlegen

zhuó lù
着陆
ein Flugzeug landet

zhuózhòng 着重 hervorheben, betonen

zhuózhòng zhǐchū
着重指出
mit Nachdruck auf etw. verweisen

zhuózhòng shuōmíng wèntí-de zhòngyàoxìng
着重说明问题的重要性
die Wichtigkeit der Frage hervorheben

zhèlǐ wǒ xiǎng zhuózhòng jiǎng yí-ge wèntí
这里我想着重讲一个问题
hier will ich näher auf ein Problem eingehen

zìháo 自豪 auf etw. stolz sein

wèi ..... ér zìháo
为 ..... 而自豪
auf etw. stolz sein

zìjué 自觉 sich einer Sache bewusst sein, realisieren

zìjué xuéxí
自觉学习
aus eigenem Antrieb lernen

zōng 综 zusammenstellen

zōng-shàng-suǒ-shù
综上所述
zusammenfassend gesagt

zǒngjié 总结 zusammenfassen, resümieren

zǒngjié jīngyàn
总结经验
Erfahrungen zusammenfassen

zǒngjié gōngzuò
总结工作
eine Bilanz der geleisteten Arbeit ziehen

zǒu 走 zu Fuß gehen, fortgehen, laufen, sich bewegen

yīzhí wǎng qián zǒu
一直往前走
immer geradeaus gehen

cháo nán zǒu
朝南走
nach Süden gehen

zhào zhè-ge fāngxiàng zǒu
照这个方向走
in dieser Richtung gehen

qiánmiàn zǒu-bu-tōng-le
前面走不通了
vorne ist kein Durchgang

mòbānchē zǒu-le
末班车走了
der letzte Bus ist weggefahren

zǒukāi!
走开！
hau ab!

zǒu hěn yuǎn-de lù
走很远的路
einen langen Weg machen

zǒu hái méiyǒu zǒu-guò-de dàolù
走还没有走过的道路
einen noch nie beschrittenen Weg gehen

zǒu huítóulù
走回头路
Rückschritte machen

háizi hái bú huì zǒu lù
孩子还不会走
das Kind kann noch nicht laufen

zhōng bù zǒu-le
钟不走了
die Uhr geht nicht mehr

zhè-ge biǎo zǒu-de hěn zhǔn
这个表走得很准
diese Uhr geht sehr genau

wǒmen gāi zǒu-le
我们该走了
wir sollten jetzt aufbrechen

zǒu-guòqu
走过去
vorbeigehen

zǒu-chūlai
走出来
herausgehen

zǒu-jìn chúfáng
走进厨房
in die Küche gehen

zǒu-bu-dòng-le
走不动了
nicht mehr gehen können

zǒu-zhe qù
走着去
zu Fuß hingehen

zǒu lù qù
走路去
zu Fuß hingehen

zǒu hòumén bàn shì
走后门办事
über Beziehungen etw. erreichen

zǒusī 走私 schmuggeln

yǐ zǒusī dúpǐn wéi shēng
以走私毒品为生
vom Drogenschmuggel leben

zòu 揍 schlagen, prügeln

bǎ tā zòu yí-dùn
把他揍一顿
ihm eine Tracht Prügel verabreichen

zū 租 mieten, pachten, vermieten, verpachten

zū sān-shì-fáng
租三室房
eine 3-Zimmer-Wohnung mieten

zū yí-tào gōngyù
租一套公寓
eine Wohnung mieten

zū yì-tiáo xiǎo chuán
租一条小船
ein Boot leihen

zū yí-jià fēijī
租一架飞机
ein Flugzeug chartern

zū dì
租地
Land pachten

zhè-kuài tǔdì yǐjīng zū gěi rén-le
这块土地已经租给人了
dieses Stück Boden ist bereits verpachtet

zǔzhǐ 阻止 verhindern, zurückhalten

zǔzhǐ pànjué
阻止判决
ein Urteil verhindern

bù néng zǔzhǐ qiánjìn
不能阻止前进
den Fortschritt nicht aufhalten können

zǔzhǐ shìtài-de èhuà
阻止事态的恶化
der Verschlechterung einer Situation Riegel vorschieben

zǔ 组 bilden

zǔgǎo
组稿
ein Buch zusammenstellen

zǔchéng 组成 sich aus ... zusammensetzen, bilden

zǔchéng yì-zǔ
组成一组
eine Gruppe bilden

yóu liǎng-ge dàibiǎo zǔchéng
由两个代表组成
sich aus zwei Repräsentanten zusammensetzen

zǔzhī 组织 organisieren

zǔzhī yí-ge dēngshānduì
组织一个登山队
ein Bergsteigerteam bilden

zǔzhī yí-cì zuòtán
组织一次座谈
eine Diskussion veranstalten

zǔzhī yí-cì yǎnchū
组织一次演出
eine Aufführung organisieren

zuān 钻 bohren, gründlich forschen

zuān kǒng
钻孔
ein Loch bohren

zuānyán 钻研 intensiv studieren

zuānyán yīxué
钻研医学
intensiv Medizin studieren

nǔlì zuānyán yèwù
努力钻研业务
sich intensiv in sein Fach vertiefen

zūnchóng 尊崇 ehren, verehren, hochachten

tā shì rénmen zūnchóng-de yīsheng
他是人们尊崇的医生
er ist ein geachteter Arzt

zūnjìng 尊敬 verehren, hochschätzen

zūnjìng lǎoshī
尊敬老师
den Lehrer ehren

fēicháng zūnjìng tā
非常尊敬他
ihn sehr achten

zūnshǒu 遵守 befolgen, einhalten

zūnshǒu guīdìng
遵守规定
sich an Richtlinien halten

zūnshǒu jìlǜ
遵守纪律
die Disziplin einhalten

zūnshǒu gōnggòng chéngxù
遵守公共程序
die öffentliche Ordnung beachten

zūnshǒu shíjiān
遵守时间
pünktlich sein

zūnshǒu fǎlǜ
遵守法律
die Gesetze befolgen

zuò 作 tun, machen

zuò zuòyè
作作业
Hausaufgaben machen

kǎoshì zuòbì
考试作弊
bei einer Prüfung spicken

zuò bàogào
作报告
einen Vortrag halten

zuò jiélùn
作结论
eine Schlussfolgerung ziehen

zhèyàng zuò bǐjiào hǎo
这样作比较好
es wäre besser, so zu handeln

yǐ shǒubiǎo zuò dǐyā
以手表作抵押
eine Armbanduhr verpfänden

zuò chángqī dǎsuàn
作长期打算
auf lange Sicht planen

zuòchū juéduàn
作出决断
eine Entscheidung treffen

zuòchū juédìng
作出决定
eine Entscheidung treffen

zuòchū jùtǐ ānpái
作出具体安排
konkrete Vereinbarungen treffen

zuòwéi 作为 zustande bringen, für etw. halten

wúsuǒ zuòwéi
无所作为
nichts versuchen und nichts zuwege bringen

zuòwéi jièkǒu
作为借口
etw. als Vorwand benutzen

zuò 坐 sitzen, mitfahren

quánjiārén zuò zài yìqǐ
全家人坐在一起
die ganze Familie sitzt zusammen

zuò zài cānzhuō-páng
坐在餐桌旁
am Esstisch sitzen

bèi-zhe tàiyáng zuò
背着太阳坐
mit dem Rücken zur Sonne sitzen

wéi-zhe lúzi zuò
围着炉子坐
um einen Ofen herum sitzen

zuò láo
坐牢
eine Strafe absitzen

zuò zài mǎtǒng-shàng
坐在马桶上
auf dem Lokus sitzen

qǐng zuò!
请坐！
bitte nehmen Sie Platz!

jìn-lái zuò zuò!
进来坐坐！
komm herein und setz dich ein bisschen zu mir!

zuò chē shàngkè
坐车上课
mit dem Bus in die Schule fahren

zuò fēijī qù kūnmíng
坐飞机去昆明
nach Kunming fliegen

zuòtán 座谈 besprechen

zuòtán guójiā dàshì
座谈国家大事
die Lage der Nation besprechen

zuò 做 machen, kochen, zubereiten, sich mit etw. beschäftigen

zuò yīfu
做衣服
Kleidung anfertigen

zìjǐ zuò
自己做
selber machen

zuò cài
做菜
Speisen zubereiten

guǎngdōngrén zuò cài lí-bu-kāi táng
广东人做菜离不开糖
Kantonesen können beim Kochen nicht auf Zucker verzichten

zuò fàn
做饭
Essen kochen

zuò ài
做爱
Sex haben

zuò shēngyì
做生意
Geschäfte machen

zuò mèng
做梦
träumen

zuò èmèng
做恶梦
einen Alptraum haben

zuò-cuò-le
做错了
etw. falsch gemacht haben

cóng zhèlǐ zuò-qǐ
从这里做起
von hier anfangen

bǎ ..... zuò-chéng .....
把 ..... 成 .....
etw. mit etw. fertigen

bǎ miànfěn zuò-chéng miàntiáo
把面粉成面条
aus Mehl Nudeln fertigen

zhào zhèngquè-de yìjiàn qù zuò
照正确的意见去做
sich in seinem Tun von richtigen Ansichten leiten lassen

zuò shǒushù
做手术
operieren

zuò zhěngróng shǒushù
做整容手术
eine Schönheitsoperation machen lassen

zuò hùwài yùndòng
做户外运动
Outdoor-Sport betreiben

zuò jiànměi yùndòng
做健美运动
Bodybuilding machen

zuò měiróng
做美容
sich kosmetisch verschönern lassen

zuò xīn-de fǎxíng
做新的发型
sich eine neue Frisur machen lassen

zhèyàng zuò yǐngxiǎng bù hǎo
这样做影响不好
dieses Vorgehen hätte negative Folgen

duì ..... zuòchū gòngxiàn
对 ..... 做出贡献
einen Beitrag für etw. leisten

Index

A

B

C

D

E

F

G

H

M

N

O

P

Q

R

S

T

U

V

W

Z

Chinesisch. Lesen – Verstehen – Sprechen
Texte zur Geschichte und Kultur Chinas.
Grund- und Aufbauwortschatz

Von Monika Mey
2009. 8°. 162 S., 14 s/w-Abb.,
geb. mit 3 Audio-CD
(978-3-89500-635-7)

Dieses Lehrbuch richtet sich an leicht fortgeschrittene Lernende der chinesischen Sprache und Wiedereinsteiger, die einen fundierten Zugang zum Chinesischen suchen.
Durch kurze Texte zu verschiedenen Themen erhalten die Leser gleich beim Lernen einen Einblick in verschiedene Aspekte der chinesischen Geschichte und Kultur und erweitern so nicht nur ihre Sprachkenntnisse.
Der Grund- und Aufbauwortschatz umfasst ca. 2.000 Vokabeln. Diese stehen direkt unterhalb der Texte, die sich daher auch Lesern mit geringen Vokabelkenntnissen ohne Wörterbuch leicht erschließen.
Alle Lektionen und Vokabeln werden auf drei Audio-CDs abwechselnd von der Autorin und einem Muttersprachler gelesen und erleichtern das selbstständige Lernen und Üben durch wiederholtes Hören und Nachsprechen.

Chinesische Gedichte der klassischen Zeit

Von Michael von Poser
8°. 326 S., geb. (978-3-89500-309-7)

Die Auswahl der in diesem Band enthaltenen Gedichte reicht von der Chin-Dynastie bis zu den südlichen Sung. Jeder Dichter ist mit mindestens drei Gedichten vertreten, das Buch ist weniger eine Blumenlese als eine Präsentation von Dichterpersönlichkeiten. Die deutsche Übersetzung ist dem chinesischen Original gegenübergestellt. Ein ausführliches Nachwort, ein Anhang mit biographischen Notizen zu den Dichtern und ein Glossar erschließen die Besonderheiten chinesischer Dichtung.

Eine Reise in die Berge und ans Wasser ·
Chinesische Malerei und Gedichte der klassischen Zeit

Tuschmalerei von Lili Yuan und Übersetzungen von Michael von Poser
2010. 8°. 64 S., geb. (978-3-89500-750-7)